职业教育城市轨道交通理实一体化系列教材

城市轨道交通客运组织

主　编　陈玉艳　张静静　杨俊义

副主编　常秀娟　孙艳英　陈　青

参　编　赵玉曼　王　楠　马红月　宋　彦

机械工业出版社

本书是根据《国家职业教育改革实施方案》（国发〔2019〕4号）及教育部颁布的《高等职业学校专业教学标准》开发的新形态教材。本书包括理论知识和任务工单两部分。本书的理论知识以项目任务的形式编写，每一个项目为一独立技能单元，每个任务均依据城市轨道交通运营管理岗位群职业能力分析而确定，设计了任务描述、学习目标、理论知识、实践技能、知识拓展、学习小结、知识巩固等环节，极大地缩小了理论学习与岗位作业之间的差距。本书共有六个项目，主要内容包括城市轨道交通客运组织基础、城市轨道交通车站导流设施与设备的运用、城市轨道交通车站客运设施与设备的运用、城市轨道交通车站日常运作、城市轨道交通客流组织、城市轨道交通客运组织方案编制。任务工单具备活页功能，通过任务引导式编制，引导学习者自主学习，提高学习者分析问题、解决问题的能力，从而不断提升相关的职业能力。同时，本书融入了企业岗位要求、职业素养元素以及城市轨道交通站务职业技能等级考核标准，能够做到"岗课赛证"融通，满足企业岗位能力需求。

　　本书内容新颖，理论与实践相结合，重点、难点突出，教学目标明确，借助互联网+及信息技术，使教材内容呈现立体化、可视化、数字化，为学习者独立自主地学习提供了丰富的资源，落实"三教改革"中的教材改革理念。

　　本书可以作为职业院校城市轨道交通专业及相关轨道交通类的教学用书，也可以作为相关研究院所、培训机构的技术培训资料，还可以作为轨道交通爱好者的科普读物。

　　为方便学习和教学，本书配有电子课件、电子教案、任务工单答案、习题答案、课程标准等资源。凡选用本书作为教材的教师均可登录机械工业出版社教育服务网（www.cmpedu.com）注册后免费下载，或者来电咨询：010-88379201。

图书在版编目（CIP）数据

城市轨道交通客运组织／陈玉艳，张静静，杨俊义
主编. -- 北京：机械工业出版社，2024.8. --（职业
教育城市轨道交通理实一体化系列教材）. -- ISBN 978
-7-111-76237-9

Ⅰ. U239.5

中国国家版本馆CIP数据核字第2024U7X620号

机械工业出版社（北京市百万庄大街22号　邮政编码100037）
策划编辑：于志伟　　　　　　责任编辑：于志伟
责任校对：郑　雪　张　薇　　封面设计：张　静
责任印制：任维东
北京中兴印刷有限公司印刷
2024年9月第1版第1次印刷
184mm×260mm · 17.75印张 · 438千字
标准书号：ISBN 978-7-111-76237-9
定价：49.80元

电话服务　　　　　　　　　　网络服务
客服电话：010-88361066　　　机　工　官　网：www.cmpbook.com
　　　　　010-88379833　　　机　工　官　博：weibo.com/cmp1952
　　　　　010-68326294　　　金　书　网：www.golden-book.com
封底无防伪标均为盗版　　　　机工教育服务网：www.cmpedu.com

前 言

随着信息化技术在城市轨道交通中的不断应用，城市轨道交通行业正逐渐向新型化、智慧化转变，传统的建设模式、服务手段和经营方式都面临着极大的机遇和挑战。为了适应城市轨道交通行业的飞速发展，贯彻落实《国家职业教育改革实施方案》（国发〔2019〕4号）及中国共产党第二十次全国代表大会精神，满足城市轨道交通产业对城市轨道交通运营管理人才的最新需求，推动"岗课赛证"综合育人的人才培养模式，编者深入石家庄地铁、上海地铁、成都地铁、西安地铁等多家地铁运营企业，对城市轨道交通客运工作典型的工作项目及工作任务展开调研，立足于城市轨道交通车站核心岗位群，基于项目引领、任务驱动的职业教育理念编写了本书。

本书具有以下特色：

1. 融入"职业素养"元素，推进教材改革

在教学内容和工作任务中，有机融入城市轨道交通客运岗位职业精神、安全意识、职业道德等元素，使学生增强职业自信、传承工匠精神，担负起民族复兴的历史使命，成为有理想、有本领、有担当的社会主义新青年。

2. 校企融合，对接职业岗位标准

在本书编写过程中，编者与石家庄市轨道交通有限责任公司客运高级管理人员深入合作，通过岗位职业能力分析，确定以值班站长、客运值班员、行车值班员、站务员等职业岗位标准为目标，构建基于典型工作过程的教材内容体系，与实际地铁运营管理作业无缝对接，不断缩小学生理论学习与岗位作业之间的差距，培养出符合行业、企业需求的运营管理人才。

3. 推动线上、线下混合式教学模式

遵循"以职业能力为基础、以学生为中心"的课程资源开发理念，不仅开发了实训任务工单，引领学生自主学习，还配套了丰富的数字化教学资源，培养学生多样化的学习模式，让学生在学习的同时，不断地提升职业能力，落实职业素养目标。

4. 落实多样化、过程性课程评价机制

课程评价在关注增值评价的基础上，突出过程性评价和结果性评价相结合，理论与实践相结合，职业能力与职业素养相结合，笔试与操作相结合，自评与他评相结合的考核方式，全面考核学生所学内容，综合评价学生职业能力。

本书以项目任务形式进行编写，以介绍城市轨道交通系统运营管理专业岗位所需的理论知识和操作技能为主，对城市轨道交通客运组织进行了阐述。本书针对客运岗位职业能力的核心点配备了数字教学资源及实训工作单，内容理实一体，在学习理论知识的同时强化实操技能点的训练，让学生在潜移默化中实现学习目标，掌握知识内涵。

本书由河北轨道运输职业技术学院陈玉艳、张静静，石家庄市轨道交通有限责任公司杨俊义担任主编，河北轨道运输职业技术学院常秀娟、孙艳英、陈青担任副主编，河北轨道

运输职业技术学院赵玉曼、马红月，天津交通职业技术学院王楠，黑龙江旅游职业技术学院宋彦参加了编写。具体分工：陈玉艳负责项目五的编写及整书的统稿工作；陈玉艳、张静静、王楠共同编写项目一，陈玉艳、孙艳英、赵玉曼共同编写项目二，陈玉艳、常秀娟、宋彦共同编写项目三，陈玉艳、常秀娟、陈青共同编写项目四，陈玉艳、杨俊义、马红月共同编写项目六，杨俊义作为企业主编，对本书中涉及的与运营管理岗位相关的作业标准及作业流程给予了深入的指导。

在本书的编写过程中，编者阅读了国内外出版的有关教材和资料，引用了部分轨道交通企业的运营资料及相关文献，得到了河北轨道运输职业技术学院于欣杰的有益指导，在此一并表示衷心的感谢。

鉴于编者水平及实践经验的局限性，书中难免有偏颇和不足之处，敬请读者批评、指正。

编　者

二维码索引

名称	图形	页码	名称	图形	页码
车站广播场景确认		38	加装 TVM 空钱箱、票盒		60
全区域广播		38	单程票发售		62
车站出入口及通道区域广播		38	储值卡发售、充值、退款		62
播报效果确认		38	收取及加装自动检票机票盒		63
开启电梯作业		51	手动解锁滑动门		70
关闭电梯操作作业		51	手动操作应急门		70
收取自动售票机操作		60	手动操作端门		70
TVM 收取操作关键步骤提示		60	站台门系统级控制		71

（续）

名称	图形	页码	名称	图形	页码
互锁解除功能操作		72	站台门操作风险提示		75
就地控制盘控制站台门		72	站台门玻璃破碎处置		75
IBP 盘控制站台门		72	灭火器的使用方法		82
使用就地控制盒操作滑动门		72	消火栓的使用方法		83
手动解锁站台门		72	对讲机的使用方法		91
单档滑动门关门故障现场处置		74	乘客投诉接待作业		100
单侧站台门互锁解除操作		74	票款清点操作		101
单档滑动门开门故障现场处置		74	票务封包处置作业		101
整侧站台门开门故障应急处置		75	票务结算交接作业		102、108

（续）

（续）

名称	图形	页码	名称	图形	页码
一级大客流响应处置		146	大客流处置作业		148
二级大客流响应处置		146	列车清客作业		154
三级大客流响应处置		147			

目 录

项目一

城市轨道交通客运组织基础

【情境导入】

　　城市轨道交通客运组织工作起始于城市轨道交通车站，简称为地铁站。城市轨道交通车站是供旅客乘降、换乘和候车的场所，也是列车到发、通过、折返、临时停车的关键地点，与此同时，车站还具有购物、集聚及作为城市景观等一系列功能。它可建于地下、半地下，也可建于地面或高架上。地面站造价低，但是大量占用稀有的土地资源，地铁在运行过程中还会受到天气和其他交通方式的干扰；高架站拔地而起，造价相对较高，在一定程度上与城市其他交通方式隔离，但是会影响城市的景观；地下站既可以充分利用地下空间，又可保障地铁的专属通行权，然而施工难度导致其造价最高。作为车站的工作人员，只有全面地了解车站的类型及特点，系统地认识车站的布局，才能更好地开展客运组织工作，更好地为乘客服务。因此，全面、系统地认识城市轨道交通车站对开展客运组织基础十分重要。

　　本项目介绍了车站的客运组织基础相关内容，重点围绕地铁车站的类型和特点对车站的平面布局展开研究，通过学习可以深入理解车站客运组织作业的环境，为开展客运组织服务工作奠定基础。

任务一　城市轨道交通车站认知

【任务描述】

　　通过本任务的学习，学生对城市轨道交通车站有一个系统、全面的认识，初步熟悉站务员、票务员等岗位的工作场所和工作对象，为未来更好地从事客运组织与客运服务工作奠定基础。

【学习目标】

知识目标	技能目标	素养目标
1. 掌握城市轨道交通车站的类型 2. 理解不同类型车站的特点 3. 掌握城市轨道交通车站用房的功能与布局	1. 能够快速、准确地识别车站的类型 2. 能够结合实际车站正确描述车站的特点 3. 能够正确识别车站用房中的各类设备设施	1. 培养分析问题和解决问题的能力 2. 提高理论联系实际的意识 3. 增强绿色设计理念，提高可持续发展的意识

【理论知识】

一、城市轨道交通车站的分类

1. 按照空间位置不同分类

车站按照修建的空间位置不同可以分为高架车站、地下车站和地面车站。

（1）高架车站　高架车站是指车站主体建筑和设备设施设置在立体高架建筑上的车站，如图1-1所示。高架车站一般分为地面出入口、地面或高架站厅、高架站台的两层或三层结构。

a) 高架站(外)　　　　　　　　b) 高架站(内)

图1-1　高架车站

高架车站的缺点是用地面积较大，对城市景观影响大，大部分城市轻轨车站大多采用高架形式。

（2）地下车站　地下车站是指车站主体建筑和设备设施设置在地下的车站。地下车站一般分为地面出入口、中间站厅和地下站台的两层或三层结构。出入口通道总数不得少于两个。由于建在地下，其工程造价远高于其他两种类型的车站。根据地下车站的埋深可分为浅埋车站和深埋车站。大部分地铁的车站均为地下车站，如石家庄地铁1号线一期工程首开段20个车站均为地下车站。地下车站示意图如图1-2所示。

图1-2　地下车站示意图

（3）地面车站　地面车站是指车站主体建筑和设备设施设置在地面的车站。地面车站的出入口、站厅、站台分布在同一个平面，优点是造价低，缺点是占地面积过大，对线路经过的区域造成地面的人为分割，对城市景观影响很大。目前来讲，地面车站相对比较少见，其示意图如图 1-3 所示。

图 1-3　地面车站示意图

2. 按运营功能的不同分类

车站按其担负的运营功能不同可以分为端点站、一般中间站、换乘站、中间折返站（区域站）。

（1）端点站　端点站是设置在线路两端终点的车站，包括始发站和终到站。端点站除具有供乘客乘降的基本功能外，还可供列车折返、停车检修用。

（2）一般中间站　一般中间站的主要作用是供乘客上、下车，功能比较单一，一般城市轨道交通车站大多属于一般中间站。

（3）换乘站　换乘站设置在两条及两条以上的城市轨道线路交叉点上，除具有供乘客上、下车的基本功能外，其最大的特点是乘客可以从一条线路换乘到另一条线路，最大程度节省了乘客出站、进站及排队购票的时间，为乘客换乘提供了方便。

（4）中间折返站（区域站）　中间折返站是指设在两种不同行车密度交界处的车站，即小交路运行时的折返站。站内设有折返线、渡线和存车线等，可供列车折返和进行列车运行调整，同时具备一般中间站的功能。

3. 按站台形式不同分类

车站按照站台形式不同可以分为岛式车站、侧式车站和岛侧混合式车站。

（1）岛式车站　岛式车站的站台设置在上、下行两条行车线路的中间，这种车站站台的空间利用率高，可以有效利用站台面积调节客流，方便乘客中途改变行车方向，车站管理集中，站厅及出入口可灵活安排，与建筑物结合密切。岛式车站常用于客流较大的车站，其示意图如图 1-4 所示。

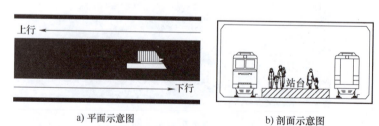

a) 平面示意图　　　　　　　　　b) 剖面示意图

图 1-4　岛式车站示意图

（2）侧式车站　侧式车站站台分别位于上、下行两条行车线路的两侧，站台轨道布置集中，有利于区间采用大的隧道或双隧道双线穿行，具有一定的经济性。侧式车站站台还具有避免不同方向上乘客之间的相互干扰，造价低、改造容易等优点。但是，侧式车站站台的面积不及岛式宽阔，中途改变方向需要经过地下通道或者天桥，不利于客流的调节，而且车站管理较分散。因此，侧式车站多设于城市轨道交通地面站，或者用于两个方向客流量较均衡且不是很大的车站。其示意图如图1-5所示。

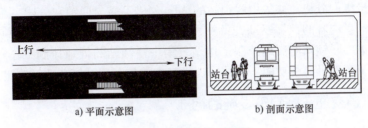

a) 平面示意图　　　　　　b) 剖面示意图

图1-5　侧式车站示意图

（3）岛侧混合式车站　有些城轨车站根据其功能需要，可将站台设置为一岛一侧或一岛两侧等形式，一岛两侧站台又称为港湾式月台。岛侧混合式车站主要用于两侧站台换乘或列车折返作业，如图1-6所示。

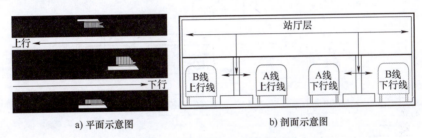

a) 平面示意图　　　　　　b) 剖面示意图

图1-6　岛侧混合式车站示意图

4. 按车站规模的大小分类

地铁车站规模主要根据本站远期预测高峰小时客流量以及所处位置，结合站内设备和管理用房面积、列车编组长度及该地区远期发展规划等因素综合确定，一般可分为3个等级。

（1）A级（大型或甲级）站　A级站指高峰每小时客流量达3万人次以上的车站。它适用于客流量大、地处大型客流集散点以及地理位置十分重要的车站，如大型商贸中心站、大型交通枢纽中心站等。

（2）B级（中型或乙级）站　B级站指高峰每小时客流量在2万~3万人次的车站。它适用于客流量较大、地处市中心或较大居住区的车站，如较大商业区、文化娱乐中心、公园等车站。

（3）C级（小型或丙级）站　C级站指高峰每小时客流量在2万人次以下的车站。它适用于客流量较小、地处郊区的各车站。

5. 按是否具有站控功能分类

城市轨道交通车站按是否具有站控功能可分为设备集中联锁站和非集中联锁站。

集中联锁站主要由ATS分机以及车站现地控制工作站组成。ATS分机是集中联锁站的核心设备，负责与车站联锁系统、车站ATP系统、发车指示器（DTI）进行接口，还负责将联锁采集的表示信息，以及车站ATP设备传递过来的列车位置、状态等信息传递到调度中心ATS。同时，车站ATS分机还要将调度中心传递过来的进路指令及列车运行指令，通过联锁和 ATP 系统传递到地面和车载设备。另外，ATS 分机需要具备本地计划存储功能，当中心 ATS 与车站 ATS 中断时，ATS 分机能够按照预定的计划继续生成指令控制地面和车载设备。ATS 分机还能控制站台上 PIS 的列车目的地显示器、列车到发时间显示器和发车指示器。

非集中联锁站也是由 ATS 分机以及车站现地控制工作站组成，但其 ATS 分机只是一个经过功能裁剪的轻量级的分机。非集中联锁站的 ATS 分机不需与联锁和 ATP 设备接口，只需要完成发车指示器信息内容的计算驱动，另外，负责车站现地控制工作站与中心以及其他系统数据的转发。非集中联锁站的现地控制工作站较集中联锁站的现地控制工作站简单，主要是提供站场以及列车车次号监视功能，另外，提供基本的扣车、跳停办理等功能。

二、城市轨道交通车站建筑设施的构成

车站是轨道交通系统最重要的现代建筑类型，它们除了提供乘客上、下车以外，还具有一系列商业功能，出入口外观设计也是城市景观的一部分。对于城市轨道交通系统来说，各种车站一般都由车站主体、出入口及通道、通风道及风亭（仅地下车站）及其他附属设施 4 部分组成，如图 1-7 所示。

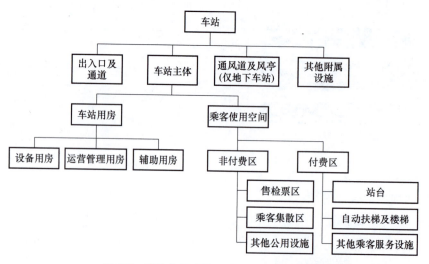

图 1-7 地铁车站建筑（设施）的基本构成

1. 车站主体

车站主体作为列车的停车点，它不仅要供乘客上下车、集散、候车，一般也是办理运营业务和运营设施与设备的地方。车站主体根据使用功能可分为乘客使用空间和车站用房。

（1）乘客使用空间 乘客使用空间是直接为乘客服务的场所，可分为非付费区和付费区，如图 1-8 所示。付费区是指乘客检票进入的车站区域，非付费区是指乘客进入自动检票机前和出自动检票机后的公共区域。

非付费区的最小面积一般可以参照能容纳高峰小时 5min 内聚集的客流量的水平来推算。对于一般的城市车站来说，通常，非付费区的面积应略大于付费区。

（2）车站用房 车站用房包括运营管理用房、设备用房和辅助用房。

1）运营管理用房是车站运营管理人员使用的办公用房，是直接或间接为列车运行和乘客服务的，如图 1-9 所示，它主要包括车站控制室、票务室、站长室、会议室和公安保卫室（警务室）等。

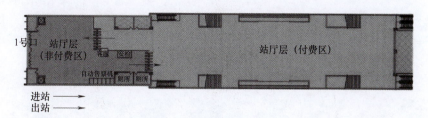

图 1-8　付费区与非付费区

图 1-9　运营管理用房

　　车站控制室是车站运营与管理的中心，通常设在站厅层，室内主要设备有 IBP 盘（综合后备盘）（见图 1-10）、综合控制台（车站监控计算机）、防灾报警设备（见图 1-11）、各种通信联络电话（见图 1-12）、车站广播设备（见图 1-13）、事件报表打印机等。

图 1-10　IBP 盘及综合控制

图 1-11　防灾报警设备

图 1-12　某站车站控制室电话

图 1-13　车站广播设备

车站票务室是车站票务工作的"心脏"，是现金、车票、票务物资的集散地。票务室内有存放现金和有值车票的保险柜、票箱、票款箱、票务钥匙及点钞机、验钞机、点币机、便携式查询机、票务台账等票务工器具，如图 1-14 所示。

a) 文件物品柜 b) 票务专用车 c) 点币机（硬币） d) 点币机（硬币） e) 点卡机（单程票）

f) 票务专用发票 g) 点卡机（单程票） h) 自动售票机的钱箱

图 1-14 票务室内设备及用品

车站票务室也可以作为车站人员进行票务结账、清点钱箱、结算报表等票务工作的区域。客服中心设置在站厅层付费区和非付费区之间，为乘客提供售票、兑零充值及乘客事务处理，如图 1-15 所示。

2）设备用房是为保证列车正常运行、保证车站内良好环境条件和在事故灾害情况下保障乘客安全所需的设备用房。它是直接或间接为列车运行和乘客服务的，可分为弱电设备房和强电设备房。图 1-16 所示为某地铁车站环控电控室，是设备用房的一种。

3）辅助用房是为保证车站内部工作人员正常生活所设置的用房，是直接供站内工作人员使用的，主要包括卫生间、茶水间、更衣室、休息室等。这些用房均设在站内工作人员使用的区域内。图 1-17 所示为某地铁车站员工休息室。

图 1-15 客服中心   图 1-16 某地铁车站环控电控室

2. 出入口及通道

车站出入口的主要作用是吸引和疏散客流，车站出入口的位置应设置在道路两边红线以外、轨道交通沿线主要街道的交叉路口或广场附近，应尽量扩大服务半径，需具有标志性和可识别性，最大程度方便乘客。车站出入口布置应与主客流的方向一致，宜与过街天桥、过街地道、地下街、邻近公共建筑物相结合或连通，统一规划、同步或分期实施。

3. 通风道及风亭

通风道及风亭是为了满足地下车站通风要求而设置的。由于地下车站四周封闭，空气不流通，客流量大、机电设备多，站内湿度较大，空气较为污浊，为了及时排除车站内的污浊空气，给乘客创造一个舒适的乘车环境，需在轨道交通车站内设置通风与空调系统。

图 1-17　某地铁车站员工休息室

风亭具有将地面的新鲜空气送入地铁内的作用。风亭的位置应根据周边环境及城市规划要求进行合理布置。

4. 其他附属设施

城市轨道交通车站中的其他附属设施主要包括照明设施、通风空调系统设施和给排水设施等。

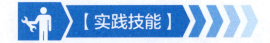

【实践技能】

一、车站类型识别

1. 识别车站的运营功能

图 1-18 所示为上海地铁 11 号线的线路图，结合地铁车站按运营功能不同的分类内容，对该线各个车站进行分类。

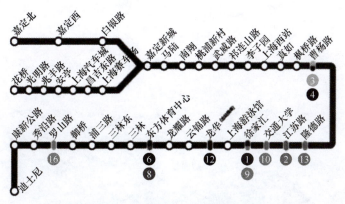

图 1-18　上海地铁 11 号线的线路图

通过前面学习可以知道，车站按其担负的运营功能不同可以分为端点站、一般中间站、换乘站、中间折返站（区域站）。根据图 1-18 可以分析出，上海地铁 11 号线中的端点站为嘉定北站、花桥站、迪士尼站 3 个车站，换乘站为罗山路站、东方体育中心站、龙华站、徐家汇站、交通大学站、江苏路站、隆德路站和曹杨路站，其余各站均为一般中间站。通过此图无法直接确定哪些车站是中间折返站，还需要进一步收集线路行车方案相关信息。但是端点站必然会设计有折返线路，能够实现折返功能，因此，嘉定北站、花桥站和迪士尼站是端点站的同时也是折返站。

2. 识别车站的站台形式

请根据所学内容判断图 1-19~图 1-23 中的站台形式属于哪一种类型。

图 1-19　站台形式 1

图 1-20　站台形式 2

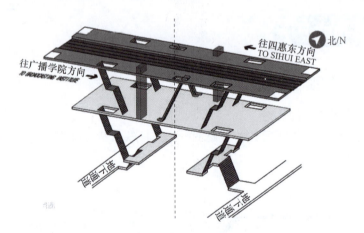

图 1-21　高碑店站

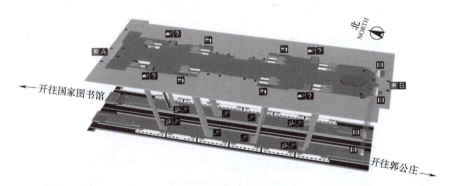

图 1-22　北京西站

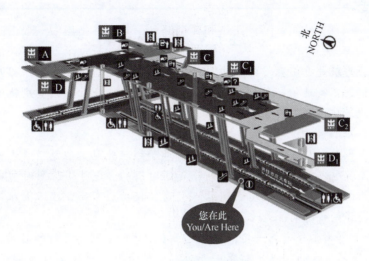

图 1-23　北京地铁宋家庄站

通过分析发现图 1-19 所示的车站站台位于两条线路的中间，很明显为岛式车站。图 1-20 所示车站轨道线路修建在了两个站台的中间，因此为侧式车站。图 1-21 所示的高碑店站首先能够看出它是高架站，因为站台层修建在站厅层的上方，此外，从站台的布局形式分析，该站符合侧式站台的特点，因此也为侧式车站。图 1-22 所示的北京西站站台层中两个站台平行布局，轨道线路分别置于每个站台的两侧，构成两个单独的岛式站台，显然，北京西站整体上应该是双岛式站台。图 1-23 所示的宋家庄地铁站是一个换乘站，以亦庄线为例，其站台布局中有 3 个站台，两条轨道线路，两条轨道线路分布在两个站台之间，中间站台为岛式站台，两侧站台为侧式站台，整体上为岛侧混合式站台。

二、车站控制室布局认知

某站车站控制室的全景图如图 1-24 所示，请根据所学内容分析该站车站控制室中的设施与设备。

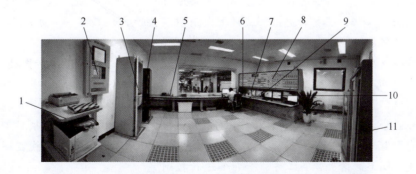

图 1-24　某站车站控制室的全景图

通过前面的学习，可以分析出图中车站控制室各部分的结构：1 为办公用品（打印机）、2 为火灾监控设备、3 为文件柜、4 为 FAS 主机、5 为广播系统控制盒、6 为 ATS 工作站、7 为 CCTV 监控终端、8 为 IBP 盘、9 为专用电话分机、10 为综合监控系统监控终端、11 为备品柜。

知识拓展

"上天入地" 攻克难关

山城的地形既是重庆独特的城市符号，也为轨道交通建设增加了难度。重庆轨道交通纵横交错、不断延伸，每天承载着数百万人次的来来往往，重庆轨道交通建设的背后更是承载着建设者们的智慧和艰辛。

一、设计难

李子坝"单轨穿楼"设计稿大改6次。李子坝轻轨站工程总负责人叶天义说，既不是先有列车，也不是先有楼，楼和列车是同时有的。设计团队同时解决了轨道能顺利穿过、不影响楼栋结构、轨道交通站点交通转换功能布局合理三大难题。仅设计方案，团队就花了两年时间，大改了6次。

"轨道和楼房看似结合在一起，其实是互不干扰的。列车运行的时候，并不会给楼房带来震动。"叶天义说，从大楼第一层算起，轨道有6根托举柱，每根长约为22m，而楼栋的柱子约有90多根，每根高度为69m，两者并不在一起。同时，在6根轻轨柱子与楼房建筑之间，有20cm的安全距离。

叶天义还表示，因为轨道交通采用低噪声和低振动设备，车轮为充气体橡胶轮胎，并由空气弹簧支撑整个车体，运行时噪声远远低于城区交通干线噪声的平均声级75.8dB。

3号线唐家院子站，其周边地势北低南高，北边紧邻居住小区，南边为高边坡。为了便于南边片区的居民坐轨道交通，重庆专门设计总长为60m、垂直落差为28m的自动扶梯，直接接入轨道交通站厅层，并加盖雨棚。

二、施工难

地下30m"盖出两层楼"。地铁9号线沙坪坝段，其总长为3296.9m的主体工程，全部为地下暗挖工程，其上方有西南医院、重庆师范大学宿舍楼等建筑，属于典型的城市建筑密集区浅埋地下暗挖工程。

为了攻克这个全国在建最深地铁车站，施工方对工程结构、风险结构进行分解，还建立了分析模型，对围岩稳定性分析、确定围岩破坏模式，最终决定将传统的"双侧壁导坑法"工法，变更为更经济高效且具有可实施性的新工法——初支拱盖法。

三、环保难

楼房距离施工现场仅6m。地铁18号线歇台子站，施工现场距离居民楼仅6m，扬尘与噪声影响是最难克服的。施工方中铁十五局集团土建一标项目部项目安全总监杨航介绍，他们最大的"武器"就是投资了300多万元修建的"防噪棚"。将施工地的明挖段、砂石仓、风压机罩起来，以确保施工噪声控制在60dB以下。在项目部内，有大数据智能化监测平台，每天的每个时段，包括噪声、扬尘等指标都会被监测。如果出现噪声波动明显的情况，施工方就会对其进行控制。

地铁6号线九曲河段，距离住宅太近，噪声超标影响沿线居民休息。相关部门对该路段采取增加轨道隔音屏、地铁降速、轨道沿线种植高大乔木、沿线道路路面铺设橡胶沥青等降噪措施。

重庆地铁工程的顺利修建，离不开中国工程师们的智慧和坚守。

📚 【学习小结】 ▶▶▶

1. 按照车站修建的空间位置不同可以分为高架车站、地下车站和地面车站。

2. 车站按其担负的运营功能不同可以分为端点站、一般中间站、换乘站、中间折返站（区域站）。

3. 车站按照站台形式的不同可分为岛式车站、侧式车站和岛侧混合式车站。

4. 城市轨道交通车站按是否具有站控功能可分为设备集中站和非集中站。

5. 对于城市轨道交通系统来说，各种车站一般都由车站主体、出入口及通道、通风道及风亭（仅地下车站）及其他附属设施4部分组成。

📝 【知识巩固】 ▶▶▶

一、填空题

1. 车站按照修建的空间位置不同可以分为（　　）、（　　）和（　　）。
2. 车站按其担负的运营功能不同可以分为（　　）、（　　）、（　　）、（　　）。
3. 车站按照站台形式的不同可以分为（　　）、（　　）、（　　）。
4. 城市轨道交通车站按照是否具有站控功能可分为（　　）和（　　）。
5. 车站出入口的主要作用是（　　）。

二、选择题

1. 下列描述中属于岛式站台优点的有（　　）。
A. 车站站台的空间利用率高　　　　　　B. 可以有效利用站台面积调节客流
C. 方便乘客中途改变行车方向　　　　　D. 车站管理集中
E. 站厅及出入口可灵活安排，与建筑物结合密切

2. 下列车站中可能设置折返线的有（　　）。
A. 折返站　　　　　B. 端点站　　　　　C. 一般中间站
D. 换乘站　　　　　E. 设备集中站

3. 乘客使用空间是直接为乘客服务的场所，可分为（　　）。
A. 非付费区　　　　B. 付费区　　　　C. 公共区　　　　D. 设备区

4. 属于车站控制室内设备的有（　　）。
A. IBP 盘　　　　　　　　　　　　　B. 综合控制台
C. 防灾报警设备　　　　　　　　　　D. 车站广播设备
E. CCTV 监控终端

5. 属于车站运营管理用房的有（　　）。
A. 车站控制室　　　B. 票务室　　　　C. 会议室　　　　D. 休息室

6. 属于车站票务室的设备有（　　）。
A. CCTV 视频监视系统　　　　　　　B. 保险柜　　　　C. 点币机
D. 票款箱　　　　　　　　　　　　　E. FAS 主机

三、简答题

1. 岛式站台车站有哪些优缺点？
2. 设备集中站有哪些特点？
3. 乘客使用空间的付费区与非付费区是如何划分的？各有哪些功能？
4. 城市轨道交通车站运营管理室一般有哪些？各有哪些设施？

任务二　城市轨道交通车站的平面布局认知

【任务描述】

城市轨道交通车站的布局形式与设计形式对线路的运营有着十分重要的影响。车站的布局与设计是否合理，直接影响车站的运营状况及客流组织情况。通过本任务的学习，要求学生掌握地铁车站的设计原则及各部分结构的设计要点，从而理解车站各类设施的布局形式，为日后从事客流组织工作奠定基础。

【学习目标】

知识目标	技能目标	素养目标
1. 掌握车站出入口的平面布局 2. 掌握车站站厅层、站台层的平面布局 3. 了解车站其他方面的平面布局	1. 能够正确分析车站出入口的特点 2. 能够准确描述并识别车站站厅层、站台层的设备设施 3. 能够明确车站平面布局设计的几个方面	1. 养成严谨、认真的工作态度 2. 养成吃苦耐劳的劳动精神 3. 提高团队协作意识

【理论知识】

车站在城市轨道交通系统中处于一个核心位置，它既是轨道交通系统对外提供客运服务的窗口，又是系统内部最主要的生产基地；它既是城市轨道交通客运服务的起始点，也是客运服务的终止点。车站的主体是列车的停点，它不仅是供乘客上下车、集散和候车的地方，一般也是办理运营业务和设置运营设备的地方。根据功能的不同，车站的平面组成基本分为两大部分，一部分是与客流直接有关的公共区域，另一部分是与运营管理相关的非公共区域。车站的主要功能区可分为车站出入口、站厅层、站台层、车站设备用房等区域。

一、车站出入口的设计

车站出入口的主要功能是吸引和疏散客流，同时还要考虑美观、大方等艺术特点。因此，出入口的位置最好选在沿线主要街道的交叉路口或广场附近。出入口数量要满足进、出站客流量的通过能力要求，还要结合客流方向来确定。《地铁设计规范》（GB 50157—2013）规定："车站出入口的数量，应根据吸引与疏散客流的要求设置；每个公共区直通地面的出入口数量不得少于两个，每个出入口宽度应按远期或客流控制期分向设计客流量乘以 1.1~1.25 不均匀系数计算确定。"

出入口的车站设备主要有楼梯、电扶梯、直梯、卷帘门、引导标志、集水井等，如图 1-25 所示。

图 1-25　车站出入口设备设施示意图

出入口是车站的门户，其设计不仅要满足地铁建筑的使用功能，外观设计也要美观大方、科学合理。出入口的造型设计方案图如图 1-26 所示。

图 1-26　出入口的造型设计方案图

车站地面出入口的建筑形式应根据所处的具体位置和周边规划要求确定。地面出入口可为合建式（见图 1-27）或者建成独立式（见图 1-28），并宜采用与地面建筑或者风亭合建式。

图 1-27　合建式出入口　　　　　　　　图 1-28　独立式出入口

车站出入口的数量和位置分布设计一方面要满足地铁车站客流的疏散要求，还要考虑到地下通道的顺畅，同时又不能过长；另一方面要考虑能够均匀地、尽量多地吸引地面客流，例如，上海人民广场站出入口位置的分布，既满足一条线路出入口设计的需要，又与其他换乘线路出入口的设计相结合，从最大程度上满足了人民广场附近客流的需求，如图 1-29 所示。此外，地铁出入口的设计还要考虑防灾设计要求，数量不得少于两个，且必须位于车站的两端。

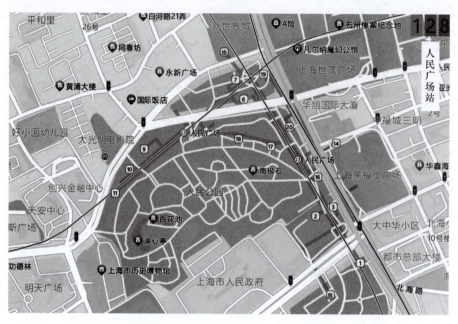

图 1-29　上海人民广场站出入口位置的分布

二、站厅层的设计

站厅是指车站内供乘客购票、检票、换乘的区域，其设计要求是能够迅速、安全、方便地引导乘客完成乘车出行过程。对于乘客而言，站厅是乘客上、下车的过渡空间，站厅内需要设置售票、检票、问询等为乘客服务的各种设施以及起到组织和分配客流的运营设备和升降设备等。

1. 站厅层设施布局应遵循的原则

站厅层布置应分区明确，依据出入口的位置和数量、楼梯与扶梯的位置和数量、售检票系统的位置和数量以及换乘要求对客流进行合理的组织，避免和减少进出站客流的交叉，合理布置管理用房、设备用房，应满足各系统的工艺要求。

2. 站厅层的布置形式

站厅的位置与车站埋深、人流集散情况、所处环境条件等因素有关，站厅设计得合理与否，将会直接影响车站使用效果及站内的管理和秩序。站厅的布置与车站类型、站台形式及布置关系密切。站厅的布置有以下 4 种形式，如图 1-30 所示：

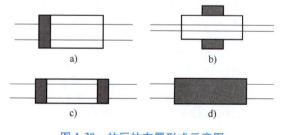

图 1-30　站厅的布置形式示意图

1）站厅位于车站两端的上层或者下层，如图 1-30a 所示。这种布置形式通常用于地下岛式车站及侧式车站站台的上层或高架车站站台的下层。客流量较大者多采用此种布置方式，例如北京地铁复兴门站，如图 1-31 所示。

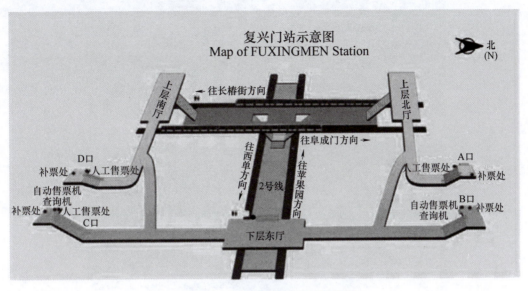

图 1-31　北京地铁复兴门站示意图

2）站厅位于车站上层。这种布置形式常用于地下岛式车站及侧式车站，常用于客流量大的车站，如图 1-30b 所示。北京地铁四惠站、四惠东站都采用此种布置形式，如图 1-32 所示。

3）站厅位于车站的一端。这种布置形式常用于终点站，且车站一端靠近城市主要道路的地面车站，如图 1-30c 所示。

4）站厅位于车站的两侧。这种布置形式常用于侧式车站，一般用于客流量不大的车站，如图 1-30d 所示。北京地铁苹果园站就采用的此种布局形式，如图 1-33 所示。

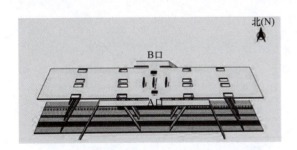

图 1-32　北京地铁四惠东站示意图（改造前）

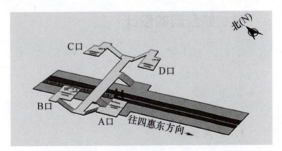

图 1-33　北京地铁苹果园站示意图

3. 站厅层的设施布局

根据站厅层的功能需要，可划分为公共区和设备区。公共区是乘客集散的区域，可以划分为付费区和非付费区。进站乘客在非付费区完成购票后通过检票设备进入付费区，再到站台乘车；出站乘客经过检票设备后进到非付费区出站。客流的通道口主要位于站厅层的公共区，大部分分左、右两侧布置，有利于地面道路两侧出入口的均匀布置。根据《地铁设计规范》的要求，通道最小宽度不应小于 2.4m。非付费区是乘客购票并正式进入车站前的活动区域。站厅非付费区设置售票、咨询、安检、商业、公用电话、银行自动取款机等设施，如图 1-34所示。

a) 客服中心

b) 安检设施

c) 自动售票机

d) 商业及银行ATM

图 1-34　站厅层设备设施

其位置应设在客流不交织和干扰少的地方，并应具有较宽敞的购票空间，每处售票点的售票机不应少于 2 台。

付费区包括站厅、站台、楼梯、自动扶梯、导向标志等其他乘客服务设施等。对于一般车站来说，通常非付费区的面积应略大于付费区，非付费区的最小面积一般可以参照能容纳高峰小时 5min 内聚集的客流量来推算。

三、站台层的设计

站台层主要是供列车停靠、乘客候车及乘降车的区域。站台一般应布置在平直线段上。站台也分为公共区和设备区，一般两端为设备区，中间为公共区。设备区设有设备用房和一些管理用房。公共区的功能是供乘客上、下车和候车用，主要有站台监控亭、乘客座椅、公用电话和紧急停车按钮等设施与设备。

1. 站台长度

车站站台的有效长度一般按远期车辆的编组长度加上允许的停车不准确的误差距离来确定。对于远期列车编组在 6~8 辆的轨道交通系统，站台长度一般为 130~180m。站台上各通道口沿站台纵向均匀设置，满足站台计算长度内任一点距离通道口不得大于 50m，其通过能力满足事故疏散时间不大于 6min 验算。

2. 站台宽度

站台宽度与站台形式及规模相关，岛式站台与侧式站台宽度计算方法不同。站台宽度需以车站上、下行远期超高峰小时候车及上、下车客流综合考虑设计来计算，并考虑站台上占据有效面积的柱子、楼扶梯、屏蔽门或安全护栏及设备和管理用房等设施，得出满足最大客流需求的有效宽度。《地铁设计规范》（GB 50157—2013）规定岛式站台最小宽度不小于 8m。

3. 站台高度

站台高度是指站面至线路走行轨顶面的距离，与车厢地板面与钢轨面距离有关。站台按高度可分为低站台和高站台。站台与车厢地板高度相同称为高站台，一般适用于流量较大、车站停车时间较短的车站。高站台对残疾人、老年人上下车也很有利。一般其站台面至轨顶面为 1100mm，考虑到车辆满载时弹簧的挠度，高站台的设计高度一般低于车厢地板面 50~100mm。站台比车厢地板低的称为低站台，适宜于流量不大的车站。站台的设计要有排水措施。一般情况下，站台横断面应有 2% 的坡度，地下站可设 1% 的坡度。

4. 轨道中心与站台边缘距离

根据车辆类型确定的建筑限界给定了从轨道中心到站台边缘的距离，实际设计时还要考虑 10mm 左右的施工误差。若轻轨车体宽为 2.6m，轨道中心与站台边缘距离可选 1.4m。

四、站台立柱、站台门或安全护栏的设计

1. 站台立柱

站台立柱是站台建筑的一部分，如图 1-35 所示，根据车站规模的大小，其设置数量也不尽相同。立柱位置设置应考虑不能占用乘客通道，尽量避免遮挡乘客或工作人员的视线，同时，车站可以很好地利用立柱的表面来完成其他功能，如悬挂宣传牌、导向标志和广告等。根据站台宽度的不同，有些车站设置双排立柱，有些车站设置单排立柱。

a) 单排立柱

b) 双排立柱

图 1-35 站台立柱

2. 站台门的设计

站台门是为了保证乘客在站台上乘降安全需要而设置的。针对轨道运输车站站台高的特点，为有效防止乘客乘降前、后在站台边沿掉入轨道的事故发生，车站应设置护栏或站台门。

目前，中国各城市新建地铁线路基本上全部安装了站台门，一方面是为了保障乘客候车的安全，另一方面是为了节约车站空调能源，减小列车噪声，为乘客提供良好的候车环境。目前，只有修建年限比较久远的车站，由于条件限制无法修建站台门，才采用安全系数较低的安全护栏，但大部分车站经过技术改进，一般已经加装电动栏杆，作为简易站台门使用，不仅造价低，安全系数也相对提高很多。

五、通道的设计

乘客从车站出入口到站厅层或从站厅层到站台层需要通过一定的通道，通道是联系城市轨道交通车站出入口和站厅层的纽带。不管是地下车站还是地上车站，一般从立体结构上分为 3 层或 2 层，大型换乘枢纽站分层更多，所以每层之间的联系通道设计直接影响站内乘客流线的组织。

车站通道主要由楼梯、电梯和步行道构成。由于地下车站或高架车站一般由地下 2、3 层或地上 2、3 层组成，因此，各层之间都设有楼梯、自动扶梯或垂直电梯，以方便不同需要的

乘客进、出车站和乘车。

1. 车站通道的设计原则

1）车站出入口与站厅相连的通道长度不宜超过 100m，超过时，应采取能满足消防疏散要求的措施。

2）地下出入口通道力求短、直，通道的弯折不宜超过 3 处，弯折角度宜大于 90°。

3）设置必要的照明和通风设施，在通道内设置广告时，应注意内容简洁明快，以画面为主，避免过多文字内容导致乘客长时间驻足观看而影响客流通行。

4）设置排水沟，处理雨水或墙体渗水等。

2. 楼梯

若楼梯的坡度大很容易造成乘客的疲劳感和不安全感，若坡度太小会增加车站占地面积和施工的工程量。因此，应科学地设计坡度。当通道台阶数量多时，在不同段设置缓解平台，同时，应尽量减少工程量和占地面积。楼梯一般采取 26°~34° 倾角，其宽度单向通行不小于 1.8m，双向通行不小于 2.4m。当宽度大于 3.6m 时，应设置中间扶手，且每个梯段不宜超过 18 阶。楼梯在车站发生紧急情况主要用于车站向外疏散乘客，平日进行客流组织时通常为双向使用，当发生大客流时，也可以设置为单向通行，或者在中间加设隔离栏杆来提高楼梯的通行效率。

3. 电梯

电梯是垂直电梯、倾斜方向运行的自动扶梯、倾斜或水平方向运行的自动人行道的总称。

（1）自动扶梯　每座车站至少有 1 个出入通道设置自动扶梯。自动扶梯一般采取 30° 倾角，两台相对布置的自动扶梯工作点间距不得小于 16m；扶梯工作点至前面影响通行的障碍物间距不得小于 8m；当扶梯与楼梯相对布置时，自动扶梯工作点至楼梯第一级踏步的间距不得小于 12m。

按照《城市快速轨道交通工程项目建设标准》的规定，自动扶梯与步行梯的设置标准见表 1-1。

表 1-1　自动扶梯与步行梯的设置标准

提升高度	上行	下行	备用
$H \leq 6$	步行梯 △	步行梯	
$6 < H \leq 12$	自动扶梯	步行梯 △	
$12 < H \leq 19$	自动扶梯	自动扶梯	步行梯 △
$H > 19$	自动扶梯	自动扶梯	自动扶梯

注：1. H 分别代表站台至站厅，或站厅至地面高度。无站厅时，指站台至地面的高度。

2. "△" 表示在重要车站或主要楼梯口也可设置自动扶梯。

（2）垂直电梯　平台须离路面 150~450cm；为方便轮椅使用者，应设置斜坡；采用玻璃外墙增加站内透明度，各层电梯门宜安排在相反方向，方便有需要的乘客寻找识别。车站垂直电梯设置在出入口、站厅层和站台层，一般给有需要的人士使用，如伤残人士和携带大件行李的乘客或其他特殊情况人员。

六、车站设备、管理用房的设计

车站设备、管理用房是为保证设备正常运行、改善站内环境、进行运营管理和为乘客服务而设置的，是车站的重要组成部分。表 1-2 和表 1-3 给出了上海市轨道交通地下车站的设备用房和管理用房设置要求，可作为一般设计参考，再结合各地不同的情况进行调整。

表 1-2 地下车站管理用房表

房间名称	参考面积/m²	设置要求
车站控制室	30	站厅层，便于观察客流情况的位置
客服中心（票厅）	6	进出站通道近闸机处
站长室	12	车站控制室旁
警务室	12+15	近站厅乘客活动区域
站务员室	4~5	站厅端部近公共区
AFC 票务室	15	站厅端部管理用房区
通信仪表室	12×2	近车站控制室
交接班室	30	站厅管理区较为安静处
更衣室	16	站厅管理区较为安静、隐蔽处
男女公厕	15+18	非付费区进、出站通道边，付费区站台端部近乘降区
管理区厕所	8	站厅管理区较为安静、隐蔽处
茶水	4	站厅端部管理用房区近公共区
安全门管理室	20	站台层靠近车控室一侧
清扫	4×2	公共区端部
垃圾堆放点	2	近公共卫生间
检修及备品用房	15~20	站厅或站台端部
驾驶室	10	仅设在折返站站台层靠近道岔区
列检室	10	仅设在折返站站台层靠近道岔区

表 1-3 地下车站设备用房表

房间名称	参考面积/m²	设置要求
通信设备室	90	近车站控制室布置，含通信机械 60m²、电源室 30m²（包括 FAS/BAS 电源）
信号设备室	17/19	近综控室布置，一般车站为 17m²，集中站为 19m²（包括 1 间电缆引入间）
民用通信专用机房	90	包括公网覆盖、电源机房、网络维修
民用通信检修机房	15	5 个车站左右设一间
区间通风机房		根据工艺布置
环控机房		根据工艺布置
冷水机房		根据工艺布置
小通风机房		根据工艺布置
环控电控	48×2	靠近环控机房设置
牵引变电所	220	尽量设在站台层，运输通道通畅。牵引混合变电所 320m²
降压变电所	140+25+10	尽量设在站台层，内设控制室 25m²，值班室 10m²
消防泵房	36	有水喷淋，带防污装置
污水泵房	18	靠近厕所位置
废水池	20	设置站台层最低端
烟烙尽	根据计算布置	保护半径为 120m
配电室	8×4	站厅、站台各两间，靠近公共区，其中一间含 AFC 配电

七、风亭、通风道及冷却塔的设计

1. 风亭的设计

地面风亭是通风道在地面口部的建筑物，其作用是采集新鲜空气及排风。地面风亭一般均设有顶盖及围护墙体，墙上设有一道门，供运送设备使用。风亭上部设有通风口，通风口外面设有金属百叶窗。通风口下缘距地面的高度一般不小于2m，特殊情况下通风口可酌情降低，但不宜小于0.5m。位于低洼及临近水面的风亭应考虑防水淹设施。图1-36所示为石家庄地铁某站风亭。

a)   b)

图1-36　石家庄地铁某站风亭

2. 通风道的设计

随着社会的发展和科学技术的进步，在国内外修建的轨道交通车站中，逐步采用了以机械通风为主的通风方式，普遍采用了环控设备，车站内温度和湿度得到了控制，地下环境得到了很大的改善。但环控设备的增加，势必会导致增大车站规模。为了控制车站规模，缩短轨道交通车站的总长度，节约投资，部分环控设备可设在通风道内。车站一般至少设置两个通风道，地面通风道与风亭相通，地下通风道与站台隧道相通，通风道一般设在车站吊顶内或站台板下的空间内。通风道部分结构如图1-37所示。

图1-37　通风道部分结构

3. 冷却塔的设计

冷却塔的功能主要是为车站的环境控制系统散热，也是出地面的结构。冷却塔是利用水与空气流动接触后进行冷热交换产生蒸汽，蒸汽挥发带走热量达到蒸发散热作用的装置。环境控制系统中利用对流传热和辐射传热等原理散去制冷空调中产生的余热，从而降低水温，以保证系统的正常运行。冷却塔装置一般为桶状，如图1-38所示。地铁车站冷却的功能主要是为车站的环境控制系统散热，冷却塔为中央空调系统最前端的水循环系统，也可以说是空调主机系统的冷却水系统，是地铁车站需建出地面的建筑之一。冷却塔原则上按车站"一端布置，每站一组"设置。当冷却塔工作时一般有噪声污染，所以建筑位置一般与行人或乘客活动区域保持一定距离。

图 1-38 冷却塔

八、安全设施的设计

1. 紧急疏散的设计

在车站紧急疏散设计中，车站内所有人行楼梯、自动扶梯和出入口宽度总和应分别能满足远期高峰小时设计客流量在紧急情况下，6min 内将一列车满载乘客和站台上候车乘客（上车设计客流）及工作人员疏散到安全地区，此时车站内所有自动扶梯、楼梯均上行，其通过能力按正常情况下的 90% 计算。

2. 人防设施的设计

地下车站平时以交通运营为主，战时或特殊情况下是人员和物资交通运输的安全通道，紧急时作为人员的临时掩蔽场所使用，保障人民生命和财产安全。地铁人防工程能够抵御外部灾害威胁，提高整座城市的防空抗毁综合防护能力。

3. 消防设施的设计

消防设计时，车站内划分防火分区，一般中间公共区（售检票区或站台）为一个防火分区，设备用房区各为一个防火分区。现场级火灾监控与报警设备包括火灾传感器、手动报警器、感温电缆、紧急电话插孔和干粉灭火器等。

4. 防洪涝设施的设计

防洪涝设施是基于城市轨道交通地下铁道车站防洪等特殊要求而设置的不可或缺的设施，其他高架及地面车站则对该类设施要求标准相对低一些。地铁水灾主要是暴雨、排水系统不畅、地震、战争等导致地面大量积水涌入地铁隧道内造成事故，危及乘客生命财产安全。因此，防洪涝设施主要对地铁与地面连接相通处进行设计。

（1）加高通道口　主要有加高车站出入口台阶（见图 1-39）和风亭口（见图 1-36），具体高度按照实际地势地貌情况而定。必要时出入口可设置全封闭或半封闭密闭门，风亭设置防雨设备。

（2）车站出入口设活动挡板　根据地铁所处位置，处于洪水常发地带的地铁应在出入口设置活动挡板，两侧墙面要有挡板卡槽。另外，在雨季应常备防洪沙袋和防滑垫等设备，如图 1-40 所示。

九、照明的设计

地铁车站的地下地域特征及地铁运营性质决定了地铁内照明种类的多样化，按属性分，有应急照明、节电照明、标志照明、出入口照明、一般照明、广告照明、事故照明等若干种。

图1-39　加高的通道口

a) 防洪挡板

b) 防洪沙袋　　　c) 防洪卡槽

图1-40　活动挡板及防洪沙袋

【实践技能】

一、无障碍设计的认知

1. 无障碍设计的介绍

城市轨道交通乘客中有乘轮椅者、拄盲杖者及使用助行器者等行动不方便的乘客，运营单位应当针对这些乘客的特点，制订相应的服务规范，为这些乘客提供便捷的服务。无障碍通道设计突出"以人为本"，针对地铁车站设置的位置不同，其设计形式主要有以下几种类型：

第1种为无障碍电梯设计，可以设置于地面出入口与站厅之间以及站厅和站台之间，如图1-41所示。

图1-41　无障碍电梯的设计

第2种为轮椅升降台，通常设计在没有设置无障碍电梯的地铁车站的某个出入处，为有特殊需要的乘客提供方便的进站通道，如图1-42所示。

第3种为盲道设计，盲道通常设计在各出入口通道及无障碍电梯口，一直连续设计到站台中心处的车厢门处，在站台层，上行和下行两个方向都需要铺设，如图1-43所示。

图 1-42　轮椅升降台

图 1-43　站台层盲道

2. 无障碍设施使用的注意事项

车站的无障碍设计是为了满足行动不便的乘客的通行需求，在日常运营过程中，针对无障碍设施要有明显的标识，能够让乘客快速找到。对于轮椅升降台，主要由车站工作人员协助使用，通常情况下可以折叠放置，在乘客有需要时，按下轮椅升降台旁边的求助按钮，车站的工作人员就会过来提供帮助。盲道主要是为盲人或者有视觉障碍的乘客使用的，在日常运营过程中不允许被其他设备设施占用，车站工作人员在使用导流设备时一定要注意不要占用盲道，要保持盲道的畅通。

二、车站平面图的绘制

1. 车站平面布置原则

1）站厅层布置应分区明确，依据出入口的位置和数量、楼梯与扶梯的位置和数量、售检票系统的位置和数量以及换乘要求对客流进行合理的组织，避免和减少进、出站客流的交叉，合理布置管理用房和设备用房，应满足各系统的工艺要求。

2）站台层布置需以车站上、下行远期超高峰小时设计客流量来计算站台宽度，根据线路走向及换乘要求确定站台形式。根据车站需要布置设备或管理用房区。

3）车站出入口应设置于道路两边红线以外或城市广场周边，需具有标志性或可识别性，以利于吸引客流、方便乘客。有条件的出入口考虑地面人行过街的功能。出入口规模应满足远期预测客流量的通过能力，并考虑与其他交通的换乘和接驳大型公共建筑所引起的客流量。

4）车站主要服务设施应包括自动扶梯、电梯、售票机、检票机、空调通风设施等。

2. 车站出入口布局的绘制

车站出入口布局的绘制首先要对车站所处的位置进行调研，明确车站周边的主干道路、公交线路、公交站的分布情况以及周边的物业形态构成情况。其次，明确车站出入口的数量及分布方向，为车站内的出站导向提供依据。

3. 车站站厅平面布局图的绘制

站厅平面布局图的绘制主要按照以下步骤来完成：

1）绘制车站的轮廓线，明确车站的付费区和非付费区及出入口和通道的位置。

2）调研车站站厅层非付费区的设施与设备情况，具体到每一种设施与设备所处的相对位置和数量（自动售票机、安检、ATM、商铺等），并用图示标出。

3）调研付费区与非付费区分界线上的设施与设备情况，包含其相对位置、数量和功能等分析（进出站闸机、客服中心、导流围栏等），并用图示标出。

4）调研站厅付费区的分布情况，如楼梯、自动扶梯、垂直电梯所处的位置、开启的方向等。

5）按照一定比例绘制出站厅平面布局图。

6）对乘客的流动路线进行分析，规划该站的进站流线和出站流线。

4. 车站站台层布局的绘制

首先要确定站台的类型，然后对站台的长度和宽度进行调研，按一定比例绘制出站台层的示意图。然后，对站台上面的设备设施进行调研，绘制出楼梯、自动扶梯、垂直电梯所处的位置及数量，标志其开启的方向。如果有换乘路径时，注意换乘路线的规划情况。

 知识拓展

智慧车站——天津地铁 6 号线渌水道站

智慧车站智慧在哪里？

渌水道站，为 6 号线二期（渌咸段）的智慧车站试点站，结合车站客流、运营管理、车站设备等多维度的数据，通过后台一体化智慧分析平台，为乘客打造一个智慧化、多维化、舒适化的乘车环境。

相比传统车站，智慧车站建设新增智能安检、大客流感知、环境感知、一键开关站、视觉监护、人员行为轨迹追溯、语音购票及问询、智能客服、智能调光、车站温湿度智能管控、智能导向、能源管理、预案管理启动、应急事件处置、应急事件评估等多项功能。另外，在车站控制室内设置智慧车站综合运管平台，该平台以 3D 场景展示本车站设备实时状态信息的虚拟现实场景，包括地铁站厅、站台范围内车站实时运行情况，包括但不限于列车上下行到站情况、视频监控画面、FAS、AFC、电扶梯运行情况、公共区及机房环境参数、客流热力图等，辅助车站人员直观了解当前车站的运营情况。

智能安检 实现禁带品智能分析报警功能，并实时与后台安防系统进行信息共享。

大客流感知 通过对重点区域，如出入口、公共区电扶梯口、安检点、换乘通道、站台候车区的区域人流拥挤度进行分析，超出预设数值后产生大客流告警。

环境感知 通过采集车站温度和湿度等环境指标，在人机界面实时直观展示环境数据信息，同时在环境参数达到临界值或超标时，可对监测到的环境指标进行分级预警，以提示相关工作人员进行后续处理。

一键开关站 通过 CCTV 视频平台辅助检查确认出入口、站厅、电扶梯、屏蔽门、垂直电梯（物品遗留）位置有无相关物品及人员逗留，并将相关数据及分析结果上传至综合运管平台，最终统一按照设定流程进行开关站操作。

视觉监护 物品迁移报警——通过对站内重点资产划定区域进行智能分析，若发生资产搬移及迁移行为将产生告警。人员跌倒报警——在电扶梯正常运行后，可对电扶梯人员跌倒情况在综合运管平台进行告警。

人员行为轨迹追溯 通过对站内路径进行巡查以及录像回放，查看站内自定义区域视频，以达到追溯的目的。

语音购票及问询 语音购票机具备模糊查询、自动规划路径的功能，乘客说出目的车站，可以快速获得出行信息并实现购票。

智能客服 以替代人工为目标，提供票务服务处理、综合资讯查询、智能音视频交互等业务。乘客可直接和设备或地铁客服人员对话，自助完成车票更新和补票等业务，如遇其他问题可通过连接人工座席解答。

智能调光 采用 DALI 照明智能调光技术，实现站厅、站台、通道公共区照明智能调光。

车站温湿度智能管控 通过车站风水联动系统的节能控制软件计算输出各种设备运行状态指令，实现各环控空调设备的运行状态控制，实现温湿度智能控制。

智能导向 车站新增多块智能导向牌，其中，对于易变信息采用电子屏，可根据运营需求，即时更换车站周边信息（建筑、大厦等）、车站周边公交信息。另外，车厢拥挤度信息通过信号系统传输至地面 PIS，并在车站 PIS 屏上显示。

能源管理 ISCS 通过通信管理主机、PSCADA、高压电表等获取本站电能数据，通过 BAS 获取智能水表及节能系统数据，在综合运管平台上梳理电能、水量及节能运行模式数据，对车站运行耗能进行总结分析。

预案管理启动、应急事件处置和评估 在应急事件的感知基础上，启动相应的应急事件预案。如车站发生火灾应急场景时，综合运管平台界面推送火灾应急场景下的预案处置内容，提示操作员进行相关操作。此外，综合运管平台可以协调相关设备（如 PA 等）进行联动操作。

除了配备了智能设施与设备，渌水道站还设置了母婴室、爱心通道，无障碍卫生间也配置了自动门，乘坐地铁更加方便、舒适，极大地满足了乘客出行需求。

【学习小结】

1. 车站出入口的主要功能是吸引和疏散客流，同时要考虑美观、大方等艺术特点。
2. 站厅是指车站内供乘客购票、检票、换乘的区域。
3. 站台层主要是供列车停靠、乘客候车及乘降车的区域。
4. 车站通道主要由楼梯、电梯和步行道构成。
5. 地面风亭是通风道在地面口部的建筑物，其作用是采集新鲜空气及排风。

【知识巩固】

一、填空题

1. 根据站厅层的功能需要，可划分为（   ）和（   ）。
2. 站厅层公共区是乘客集散的区域，可以划分为（   ）和（   ）。
3. 地铁车站站台按高度可分为（   ）和（   ）。

二、选择题

1. 地铁车站必须为（   ）提供紧急疏散照明。
A. 因交通流量及运营条件而需要的站台，特别是在高架及地下车站和相关出入口

B. 紧急疏散的路径上

C. 隧道内避难所（站台下的安全室及桥型通道除外）

D. 紧急出口，包括相关出入口的乘客服务基础设施

2. 属于地铁车站防洪涝设施设计的有（　　）。

A. 加高通道口   B. 车站出入口设活动挡板

C. 防洪沙袋   D. 防滑垫

3. 地铁车站现场级火灾监控与报警设备包括（　　）。

A. 火灾传感器   B. 手动报警器   C. 感温电缆

D. 紧急电话插孔   E. 干粉灭火器

三、简答题

1. 站厅非付费区和付费区一般设置有哪些设施与设备？

2. 什么是站台的有效长度？

项目二

城市轨道交通车站导流设施与设备的运用

【情境导入】

随着城市轨道交通建设的提速，地铁在给市民生活带来便利的同时，也在不断提升乘客服务现场满意度。南京大行宫地铁站是一座地处市中心的换乘站，由于客流规模较大，部分乘客在站内"迷路"后，便会致电 12345 政务热线平台寻求帮助。如何引导乘客安全、顺利、迅速地完成进站、乘车、出站的过程？

南京地铁首先增设了导向标识，用最全信息确保乘客完成车站旅程；其次，采用最新技术提升服务质效，不仅降低了标识的故障维修率，还提升了服务质量；南京地铁还利用最优路径保持导向连贯性理论优化导向系统。一块小小导向牌，背后凝聚着南京地铁人的努力与心血。

"以乘客之思维，按照乘客乘车惯性，我们把所有路线都走了一遍，设想乘客可能会存在的驻足点，想要获取哪些信息，如需要前往哪个方向、换乘几号线、去往哪个出站口等各种信息，一一标注每个地点所需的导向牌位置、内容等，最终形成系统性的导向标识。"南京地铁王曼曼说道。标识导向信息需要细致与耐心。南京地铁的导向系统升级受到了乘客颇多好评。

本项目以乘客导向为线索，从乘客乘车需求出发，重点介绍城市轨道交通车站的各类导流设施与设备。

任务一　车站导向标识系统的运用

【任务描述】

导向标识作为一种视觉符号可以起到导向、识别和限制等作用，好的标识能够造成强烈的视觉冲击力，可以简洁、迅速、准确地传达信息。地铁导向标识不但为乘客提供导向及其他信息服务，而且承担着疏导人流的作用。导向标识设计的标准性和合理性直接影响地铁交通运营的效率。

【学习目标】

知识目标	技能目标	素养目标
1. 理解导向标识的作用 2. 掌握导向标识的分类 3. 掌握导向标识设计的要点	1. 能够准确识别不同类型的导向标识 2. 能够对现有导向标识系统进行优化设计	1. 培养分析问题、解决问题的习惯 2. 提高全心全意为乘客服务的意识

【理论知识】

一、导向标识系统的作用

地铁车站内导向标识系统的主要功能是引导乘客安全、顺利及迅速地完成整个车站的旅程，避免乘客滞留在车站内引起拥堵。在紧急疏散时，导向标识必须能清晰地引导乘客顺利地离开危险区域及车站。

二、导向标识设置的原因

乘客在乘坐地铁出行过程中，从其意图乘坐地铁开始直到顺利乘坐地铁完成出行目的为止，整个过程都离不开各类信息的引导。乘客需求导向标识的原因大致可以归纳为以下几类：

1）外来乘客对该城市交通不熟悉，需要尽可能详细的信息。

2）正常健康者在面对相同、相似的空间和设施时易发生错误，需要明确标记信息。

3）乘客在黑暗中辨别导向标志困难，有趋光性，需要有能发光的标识。

4）幼小儿童对生僻字、简化字、非口语化语言不宜理解，对鲜艳色彩和易辨认的图形标记敏感，需要卡通类提示标识。

5）老年人、拐杖使用者和听觉障碍者对声音诱导听不到或反应迟钝，对位置需要反复求证和确认。

6）轮椅使用者的视点较低且恒定，特殊设施应予以标示。

7）视觉障碍者对面积过大的导向标志不便掌握理解，需要针对性标识。

三、导向标识的分类

乘客导向标识大都为静态导向信息，由反映特定服务信息内容的图形、符号、文字、颜色和几何形状等元素组成，一般设置在车站外、出入口、通道、站厅、站台和车厢等处。按照导向标识的功能不同，导向标识可以分为引导性导向标识、警示性导向标识和服务性导向标识。

1. 引导性导向标识

引导性导向标识是指引导乘客进站、乘车、出站以及换乘最为主要的一种导向标识，其作用是清晰、准确地将乘客从起始点引导至目的地。引导性导向标识包括进站导向标识、出站导向标识、换乘导向标识、疏散导向标识等。

图 2-1　进站导向标识

（1）**进站导向标识**　进站导向标识是指将乘客从地面经由出入口、通道、站厅非付费区、进站检票口、楼扶梯、站台引导至所乘目的列车的导向标识，如图 2-1 所示。

（2）**出站导向标识**　出站导向标识是指将乘客从城轨列车引导至目的地车站，经由站台、楼扶梯、出站检票口、站厅非付费区、通道、出入口直至地面的导向标识。其主要包括楼扶梯导向、换乘导向、地面信息、出口导向（按 20~30m 连续设置）等标识，如图 2-2 所示。

（3）**换乘导向标识** 换乘导向标识是指将乘客从某线路的站台引导至另一条线路的站台，经由站台、楼扶梯、站厅付费区、楼扶梯至另一站台的导向标识。其主要包括楼扶梯导向、换乘方向、乘车导向等标识，如图 2-3 所示。

图 2-2 出站导向标识

图 2-3 换乘导向标识

（4）**疏散导向标识** 疏散导向标识一般设在自站台设备区和公共区至车站出入口。在天花板或站房房顶下方或沿地面和墙壁连续设置（包括在隧道墙壁上连续设置引导往车站方向的疏散标识），引导乘客在紧急情况下迅速疏散，如图 2-4 所示。

（5）**特殊导向标识** 特殊导向标识主要指无障碍设计的特殊导向信息标识，它体现了城市精神文明，如残疾人电梯、盲道等标识，如图 2-5 所示。

图 2-4 疏散导向标识

图 2-5 特殊导向标识

2. 警示性导向标识

警示性导向标识包括警告信息和禁止信息等。在有安全隐患的地方或禁止乘客某种行为时，均会设置一种或多种明确的警示性标识，如"禁止跳入股道""当心触电""禁止倚靠站台门""小心碰头""禁止饮食"等标识，如图 2-6 所示。

3. 服务性导向标识

服务性导向标识包括列车运营、标准时间、公用电话、警务站、卫生间、车站广播、宣传标识、系统适用法律等，如图 2-7 所示。

图 2-6 警示性导向标识

图 2-7 服务性导向标识

【实践技能】

一、导向标识的设计要求

1. 导向标识设置的方式

车站乘客导向标识的设置方式包括附着式、悬挂式、悬臂式、柱式、摆放式和站立式等，如图 2-8 所示。

图 2-8　柱式、悬挂式、摆放式导向标识

2. 导向标识设计的原则

乘客导向标识系统应本着乘客"看得见、看得清、看得懂、找得到"的原则设计，以标识系统化设计为导向，综合实现信息传递、识别、辨别和形象传递等功能。乘客导向标识系统设计要做到以下几个方面：

（1）**醒目性**　导向标识设置的位置应显而易见，避免被其他固定物体遮挡，标识本体脱颖而出，板面信息清晰可辨，与广告之间应有一定间隔，易于让旅客在复杂的站区环境中及时发现，避免旅客因寻找标识长时间停留，导致客流拥堵。导向标识在夜间使用时，应保证有足够的照明或使用内置光源，方便旅客识别。

（2）**易辨性**　导向信息中的图形符号、中英文字、数字等彼此之间应清晰可辨，可通过笔画粗细、字体形式和色彩对比等来实现。同时，标识图形、文字的间隔群组方式、行列间距、周边留白等版面设计也会直接影响旅客对导向信息的判断。版面信息排版方式应首先考虑人体生理特征及阅读习惯，版面信息应以横向排版为主，将视觉重心作为优选区，将主要的导向信息和乘客最需要获取的信息排列在此位置，以达到快速导向的效果。

（3）**合理性**　标识必须设置在乘客流线相应节点的位置，能为乘客提供在此位置最需要的信息。设置方向应与主客流来向垂直。应尽量避免引导乘客改变方向的情况。避免标志重复设置，混淆乘客感观。

（4）**连续性**　为了保证乘客在进出站过程中不产生疑问，导向信息的连续表示非常重要。导向系统的点位设置不能仅考虑单体，而要前后关联，相互呼应，避免形成导向信息的断链。

（5）**整体性**　导向标识系统的设计应注重整体性。各类标识在形式、材质、规格、色彩等方面都要保持统一，形成一个较为稳定、连贯的体系，使旅客不易混淆。

（6）**安全性**　车站在发生火灾时，烟雾积聚会遮挡部分导向标识，所以在疏散通道应设置发光的导向标识，这样能对安全起到很好的辅助作用。

3. 导向标识的颜色

导向标识的颜色根据标识内容，依据国家关于公共场所信息标识相关标准规范可分为红色类、黄色类、蓝色类和绿色类。一般禁止、停止类标识用红色，警告和安全注意提示类用黄色，指令性标识（如导向标识等）用蓝色，安全通行类用绿色标识，如紧急疏散出入口或安全出口导向标识等。

4. 导向标识的符号

导向标识的符号应满足国家相关标准规范以及国际惯用的符号或图形等，便于乘客识别和辨认。我国城市轨道交通信息标识大部分不是很规范，应参照《标志用公共信息图形符号》（GB/T 10001.1—2023）来设计。随着我国对外开放的不断深入，各城市轨道交通文字性信息标识应尽可能采取双语标识，即中文和英文，特殊地区可加入当地语言，但最多不应超过3种文字。

5. 导向标识的形状

导向标识的形状一般采用几何形状，如正方形、三角形、长方形、圆形等。例如导向标识一般用长方形，警示性标识用圆形或方形，禁止性标识多用三角形或圆形等，如图2-9所示。

图2-9　导向标识的形状

二、导向标识设计的方法

车站在日常运营之初，已经结合车站的实际情况对车站的导向标识系统进行了设计，在运营过程中，主要是对车站各类导向标识的优化和调整，以及在车站的客流组织方案发生变化之后的临时导向标识的制作及设置。其具体的设计步骤如下：

1）对车站现有的导向标识系统进行调研和分析，找到存在的问题；或者根据新的客流组织方案，分析需要增加的导向标志的类型、数量及应该设置的位置。

2）根据导向标识设计的原则及要求制作出相应的导向标识。

3）根据客流组织需要设置和粘贴临时导向标识。

4）对完善后的导向系统进行验证，查验其有效性。

5）优化、完善最初的方案，确定最终设置方案。

 知识拓展

车站的导流辅助设施与设备

在日常的客流组织过程中，车站出入口、自动售检票设备、自动扶梯、导向标识、临时导流设施与设备等在客流导向方面都发挥着重要的作用。合理地运用这些设施与设备实现客流的导向、引导乘客按照既定路线进、出站是客流组织的关键工作。

常用的导流辅助设施主要有伸缩隔离带（1米栏、伸缩围栏）、警戒带、活动围栏（移动栏杆）、固定围栏（栏杆）、临时公告、临时导向等，如图2-10所示。

移动栏杆

1米栏

固定围栏

临时公告及临时导向

公告栏

图2-10　城市轨道交通常用的导流辅助设施

1. 移动栏杆

城市轨道交通系统常用的移动栏杆主要是不锈钢材质的，有的是带滑轮的可以伸缩的移动门式围栏，有的是不带滑轮，一段一段可以拼接在一起使用的围栏，即铁马。这类导流设施使用起来比较方便，既可以起到隔离的作用，也可以起到导流的作用，一般在使用过程中常与车站的客运设施与设备或者其他导流工具配合使用。其常见的使用方法有以下几种：

1）在地铁出入口处可以用来划分地铁属地与公共用地，规范地铁出入口的停车秩序。

2）在自动售票机之间可以用来规范乘客排队购票，防止拥挤，提高乘客的购票速度；放置在自动售票机前用来提示乘客该设备暂时停止使用。

3）与自动扶梯配合使用时，一般放置在自动扶梯的出梯口，引导乘客不要在自动扶梯出梯口聚集，快速通行。

4）配合伸缩围栏一起围城蛇形阵，在客流较大时放慢乘客的通行速度，减轻车站的客流压力。

2. 伸缩隔离带（1米栏）

伸缩隔离带又称为1米线、栏杆座、警戒线，有多种形式，在城市轨道交通系统中广泛地用于客流的隔离和导流。这类导流设施常设置在暂停使用或者已发生故障还没有来得及维修的设施与设备前，提醒乘客不要靠近，或者设置在相邻的自动售票机之间，用来规范乘客排队买票；当车站发生紧急情况时，可通过设置伸缩隔离带隔离纠纷区域；有大客流发生时，可以配合铁马组成可以调整排队长度的蛇形阵，来减慢乘客的出行速度。

3. 固定栏杆

固定栏杆常设置在地铁车站的站厅层，用于付费区与非付费区的分隔，或者用于通道通行方向的分隔。此种隔离栏杆在日常客流组织中一旦设置了很少改变。因此在设置前需要确认是否要设置固定栏杆。

4. 临时公告及临时导向

临时公告和临时导向一般是与车站的隔离设施配合使用，用来提示乘客隔离带设置的原因，为乘客做好解释工作。在有大客流发生时，也可以通过设置临时导向标志引导乘客按照既定的路线通行。

5. 公告栏

公告栏一般张贴城市轨道交通车站的线路信息、车站的管理信息、失物招领信息、乘客须知、车站临时发生变动的一些信息等，用于提示乘客规范乘车。

【学习小结】

1. 按照导向标识的功能不同，导向标识可以分为引导性导向标识、警示性导向标识和服务性导向标识。

2. 车站乘客导向标识的设置方式包括附着式、悬挂式、悬臂式、柱式、摆放式和站立式等。

3. 乘客导向标识系统应本着乘客"看得见、看得清、看得懂、找得到"的原则设计。

4. 依据国家关于公共场所信息标识相关标准规范可分为红色类、黄色类、蓝色类和绿色类。导向标识的形状一般采用几何形状，如正方形、三角形、长方形、圆形等。

【知识巩固】

一、填空题

1. 按照导向标识的功能不同，导向标识可以分为（   ）、（   ）和（   ）。

2. 乘客导向标识系统应本着乘客（   ）的原则设计。

3. 一般禁止、停止类标识用（   ）色，警告和安全注意提示类用（   ）色，指令性标识（如导向标识等）用（   ）色，安全通行类标识用（   ）色标识，如紧急疏散出入口或安全出口导向标识等。

二、选择题

1. 车站导向标识系统设计要做到（   ）。

A. 醒目性　　　　B. 易辨性　　　　C. 连续性　　　　D. 整体性
E. 安全性　　　　F. 合理性

2. 车站导向标识一般用（   ）。

A. 圆形　　　　B. 方形　　　　C. 三角形　　　　D. 长方形

三、简答题

1. 车站导向标识有哪些作用?
2. 车站导向标识的设计需要遵循哪些原则?

任务二　车站广播系统及 PIS 的运用

 【任务描述】

乘客在乘车过程中除了需要详细的导向标识系统的引导外,车站的广播系统和乘客信息系统也发挥着重要作用,尤其是在有突发情况发生时,语音广播及视频图像广播是引导乘客快速疏散必不可少的工具。

【学习目标】

知识目标	技能目标	素养目标
1. 掌握广播系统的分类及广播信息的优先级 2. 了解广播用语的内容 3. 了解 PIS 的结构及功能 4. 掌握 PIS 信息播放的优先级	1. 能够正确区分广播信息的优先级别 2. 能够正确播放广播内容 3. 能够正确区分 PIS 信息的优先级 4. 能够正确操作 PIS 播放信息	1. 养成规范作业的职业习惯 2. 培养分析问题、解决问题的习惯 3. 锻炼遇事沉着、冷静的心理素质

 【理论知识】

一、广播系统

1. 广播系统的分类

根据广播对象的不同,车站的广播系统可以分为乘客的广播和面向运营人员的广播。

(1) 面向乘客的广播　面向乘客的广播的主要作用是向乘客及时通报地铁运行信息(列车到站、离站、线路换乘等),播放音乐改善候车环境,紧急情况时组织、疏散和安抚乘客。面向乘客的广播主要由正线广播和列车广播组成。

正线车站广播的功能主要是控制中心调度员、各车站值班员向乘客进行公众语音广播,通告地铁列车运行、安全、向导等服务信息,向工作人员发布作业通知等。在发生紧急情况时,对列车内和车站内的乘客进行疏散向导广播。车站值班员只对本站进行广播,控制中心调度员可对全线进行广播。正线广播主要包括以下功能:

① 控制中心调度员可对全线车站的广播设备进行遥控开关机,选站、选区广播或全线统

一广播。

② 车站值班员可对本站所有选区、多个选区或单个选区进行广播，并设有自动广播、手动广播和紧急广播3种模式。

车站广播场景确认　　全区域广播　　车站出入口及通道区域广播　　播报效果确认

③ 具有话筒广播、线路输入广播、语音广播、语音段选择、CD广播等信源选择功能。

④ 可接收防灾信号并自动启动紧急广播播音。设有紧急广播按键，按下此键可自动循环播放预先录制的防灾语音段。

⑤ 站台无线广播的功能主要用于站台值班人员可携带无线移动手持终端，在站台区内安装有无线对讲接收器和无线广播控制器任意地点进行广播。

⑥ 列车进站自动预告广播。

列车广播设备具有全自动、半自动、人工播放3种播音方式，广播的输出控制可以设置起点站、终点站、消音、暂停、越站、广播监听等；可从控制中心对列车进行广播，客室广播音量应能根据噪声级别具有自动调整功能。

（2）面向运营人员的广播　面向运营人员的广播的主要作用是发布有关通知，紧急召唤检修、抢修人员等。

根据广播方式的不同，其可分为人工语音广播、语音合成广播、音乐广播和多路平行广播等。

2. 广播系统的优先级

广播系统由控制中心和车站两级控制。正常情况下以车站广播为主，在事故抢险、组织指挥时，以控制中心广播为主。其中，控制中心广播的优先级顺序是环控调度员高于行车调度员，行车调度员高于维修调度员。控制中心广播优先级高于车站广播。

车站广播终端设备设置在车站控制室内，其控制盒如图2-11所示，现场工作的优先级别最高，控制中心广播其次，背景音乐广播最低。预先录制语句广播优先级见表2-1。

表2-1　预先录制语句广播优先级

广播用语类型	紧急广播	服务中止	非正常列车服务	站内设备故障	现场录制广播	客流组织	最后末班车	温馨用语	乘客提示	站台自动广播
优先级	2	2	3	3	4	4	4	5	5	6

多个广播的优先权相同时，以先来先处理的原则处理或排队。

图2-11　车站广播系统控制盒

3. 广播用语

在运营过程中遇到特殊情况时，需要工作人员进行现场人工广播来发布实时信息。常见的特殊情况有以下几种：

（1）运营延误　广播用语是：由于设备故障，本次列车的运营将受到延误。由此给您带来的不便，敬请原谅。

（2）列车退出服务，到站清客　广播用语是：各位乘客，本次列车将停止运营服务。请您携带好随身物品，在站台等候下次列车，谢谢您的合作。

（3）区段运行（短交路）　广播用语是：各位乘客，本次列车的终点站是××站，请去往方向的乘客等候下次列车，谢谢您的合作。

（4）列车通过车站不停车　广播用语是：本次列车将在××站通过不停车，去往××站的乘客请在站台等候后续列车。由此给您带来的不便，敬请谅解。

（5）封站　广播用语是：各位乘客请注意，奉上级指示，现在××线××站至××站列车的运营服务将暂停。去往受影响车站的乘客，请按照指示标志转乘××公司提供的免费接驳专用车，由此给您带来的不便，敬请谅解。

二、乘客信息系统

乘客信息系统（Passenger Information System，PIS）是指为站内、车内乘客提供有关安全、运营及服务等综合信息的设备的总称。PIS以计算机系统为核心，利用网络技术、多媒体传输、显示技术，在指定时间，通过车站和车载显示终端将指定信息显示给指定人群。其终端显示器如图2-12所示。

图 2-12　车站及列车内 PIS 显示器

PIS包括信息发布和信息查询的功能。PIS通过控制中心、广告制作中心、车站控制等系统，对所需的信息实施编辑、制作和传递，并通过车站或列车上的显示器为乘客及工作人员提供以运营信息为主、商业广告为辅的多媒体综合信息显示。在正常状态下播放列车运行信息、出行信息、政府公告、公益广告等多媒体资讯等。在紧急状态下中断其他信息，发布各种救援和疏散指示等文本或图像信息，辅助防灾疏散引导工作。此外，乘客还可以通过触摸屏自行查询气象信息和换乘信息等。

1. PIS 的结构

PIS从结构上可划分为控制中心子系统、车站子系统、车载子系统、网络子系统、车辆段子系统和车地无线通信子系统6个子系统，其网络拓扑如图2-13所示。

（1）控制中心子系统　控制中心通过接口采集外部信息流，如地面交通路况、天气预报等，对内它将所需的信息以及列车运行状况等进行整合，经编辑、处理手段生成内部信息，

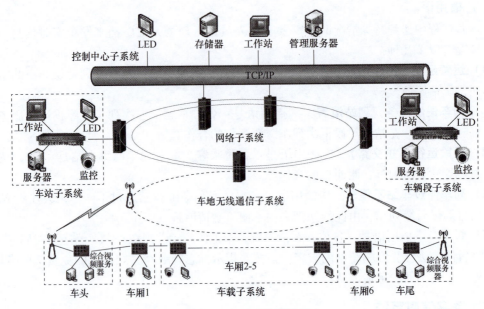

图 2-13 PIS 网络拓扑图

按既定规则或版式播出，以达到向乘客传递信息的目的。

(2) 车站子系统 车站子系统集中监控本车站内的 PIS 设备，接收并下载中心子系统的数据，如命令、各类信息内容（连同节目列表）、系统参数（时钟信息等），并分发至车站内的 PIS 每个显示终端，除此还负责外部系统数据的导入、导出，控制站内 PIS 每个显示终端的信息发布和站务信息的编辑保存。

车站子系统的主要设备包括车站服务器、车站操作工作站、显示控制器、各类显示终端。

(3) 车载子系统 车载子系统用 WLAN 接入技术，可以实现列车与地面之间的双向高速实时通信。车载设备通过接收无线传输的信息，经处理后实时地在列车车厢 LCD 上进行音频和视频播放。

(4) 网络子系统 网络子系统利用系统自身构建的以太网络给 PIS 提供网络通道，该通道用来传输从中心到各车站、车辆的各种数据信息、视频信息和控制信息。网络子系统包括有线网络、无线网络和车载局域网络 3 部分。

(5) 广告制作子系统 广告制作子系统主要用于广告节目的制作和播放，它提供直观方便的界面供业务人员与广告制作人员制作广告节目、编辑广告时间表、控制指定的显示屏或显示屏组播放节目，并将制作好的素材经审核通过后通过网络传输到控制中心和各车站播出。

(6) 备用中心 备用中心设置在车辆段，当控制中心发生灾难性事故时，实现控制中心的主要功能，代行控制中心的职责。

2. PIS 的终端显示

PIS 的显示终端一般设在比较醒目的地方，常见的终端显示设备及位置主要有以下类型：

① 出入口外的户外双基色 LED 显示屏。

② 出入口通道连接站厅处 LED 显示屏。

③ 下行自动扶梯上部 LED 双基色大屏幕。

④ AFC 闸机群上方 LED 条屏。

⑤ 车站触摸屏（LCD）查询机。

⑥ 站台双面等离子屏。

⑦ 列车车厢内等其他地点。

3. PIS 的功能

（1）信息播出功能　PIS 会将信息分为 4 种形式播出，包括紧急状态信息、重要信息、预定信息和一般信息。PIS 播出的信息主要包括：

① 乘客引导信息、乘车须知等。

② 即时显示列车到达和离开的时间。

③ 重要通知和突发事件的通知。

④ 各种广告信息和便民信息。

⑤ 转播电视节目。

⑥ 时钟信息。

⑦ 其他内容。

（2）预先设定紧急信息的功能　PIS 可以预先设定多种紧急灾难告警模式（如火警、恐怖袭击等），并设定每种模式的警告信息及各种警告发布参数，方便自动或人工触发进入告警模式。当指定的灾难发生时，PIS 就会进入紧急灾难告警模式。此时，相应的终端将显示乘客警告信息以及人流疏导信息。

（3）实时显示功能　屏幕上不同区域的信息可根据数据库信息的改变而随时更新。实时信息的更新可以采用自动方式或手动方式。实时信息包括数字电视、网上新闻、天气和通告等。工作人员可以即时编辑指定的提示信息，并发布至指定的终端显示屏，提示乘客注意。

（4）时钟同步显示功能　PIS 可以读取时钟系统的时钟基准，并同步读取整个 PIS 所有设备的时钟，确保终端显示屏幕显示时钟的准确性。屏幕可以在播出各类信息的同时提供时间显示服务。在没有安装时钟的地方，通过播放时间列表，可以设置终端显示屏或指定的子窗口显示多媒体时钟。

（5）多语言支持功能　PIS 可以支持简体中文、繁体中文、英文，同时混合输入、保存、传输和显示，也支持 Windows XP 操作系统文字的导入、保存、传输和显示。

（6）集中网管维护功能　为确保系统正常运行，PIS 提供了完备的网管功能。控制中心设置的中心服务器可以实时监控各终端节点的状态，车站服务器管理各自车站的乘客显示终端。

（7）权限管理功能　PIS 是一个面向公众的信息系统，系统分布范围广、节点众多，因此信息安全性十分重要，做好对操作员权限的管理便成了重要工作之一。每个站台的操作员工作站均受 OCC（地铁控制中心）的操作员控制，OCC 的操作员可设定每个车站的操作员工作站以及其信息录入权限。

4. PIS 信息显示的优先级

PIS 每天都给乘客提供大量的乘客信息，确保乘客安全、顺畅地到达目的地。根据各种信息的紧急情况，PIS 系统设置了信息显示的优先级，具体如下：

1）紧急灾难信息的优先级最高，然后依次是列车服务信息、旅客导向信息、站务信息、公共信息和商业信息。

2）高优先级的信息可中断低优先级信息的播出；当高优先级信息被触发时，低优先级信息被中断而停止播出。

3）如果出现紧急信息，自动进入紧急信息播出状态，其他信息播放终止，系统以醒目的方式提示乘客紧急疏散，直到警告解除为止。

4）相同优先级的信息按信息产生的先后顺序播放。

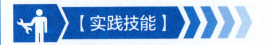【实践技能】

一、广播系统的操作

1. 广播控制盒的使用

通常，车站里可以通过广播控制盒来播放广播，使用方法如下：

1）用户登录，输入正确用户名和秘密登录系统。

2）选择分区，根据需要选择要播放广播区域：站台、站厅或出入口等。

3）选择播放方式。

若需要人工广播，直接单击"寻呼"，广播话筒下面会有红色光带亮起，然后就可以对着话筒进行人工广播了。需要停止时，单击"停止"按钮。广播区域可以单独选择某一个区域，也可以选择某几个区域。需要紧急人工广播时，可直接通过"ALL"按钮启动人工广播功能。

若需要播放语音合成的运营广播，选择正确的分区后，点选"播放"功能，单击屏幕上"PA广播"，选择对应的广播内容，可以先单击"预设"或者"播放"，通过"预设"可以预先通过广播盒内部听取广播内容，确认内容正确后可以单击"播放"，就可以播放相应广播了。需要停止时可以选择"停止"。另外，对于广播主机，可以根据提示设置定时广播。

2. 定时广播的使用

定时广播的步骤如下：

（1）新建定时方案 在主界面单击"定时任务"进入"定时点设置"界面，如图2-14所示。单击"方案操作"按钮，在弹出的对话框中单击"新建"按钮，然后输入方案名称并单击"确定"，也可使用默认方案。

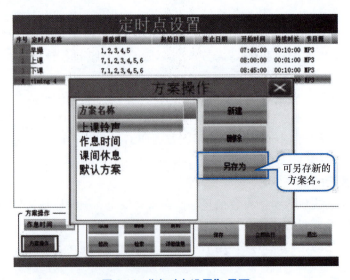

图2-14 "定时点设置"界面

（2）**添加定时点**　单击"定时操作"中的"添加"按钮会弹出设置界面，在此界面上对定时点的名称、时间和电源等进行设置。名称可按自己的定义编辑，时间有 3 种方式："按天""按周"或者按"特殊定时点"，界面如图 2-15 所示；电源默认选择不控制。

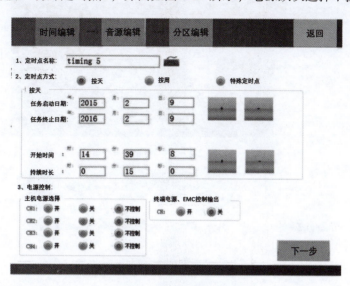

图 2-15　添加定时点界面

（3）**调用定时方案**　定时方案新建设置完成后，在"方案操作"栏中选择一个定时方案，如图 2-16 所示，单击"立即执行"按钮即可调用该定时点方案。

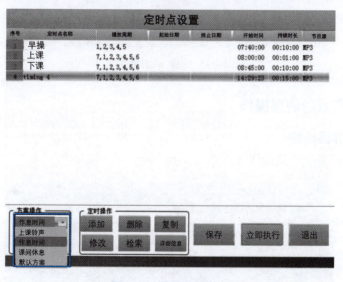

图 2-16　调用定时方案

（4）**浏览定时点信息**　单击图 2-17 所示主界面下的"今天预览"按钮，进入定时点浏览界面，如图 2-18 所示，该界面可以看到当天的全部定时点，单击"详细信息"可以查看定时点的信息，包括每个定时点执行的情况等。还可以在该界面上对某个定时点进行"禁止 & 启用"的状态转换。

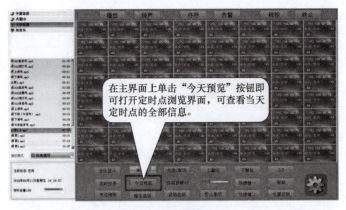

在主界面上单击"今天预览"按钮即可打开定时点浏览界面，可查看当天定时点的全部信息。

图 2-17　主界面

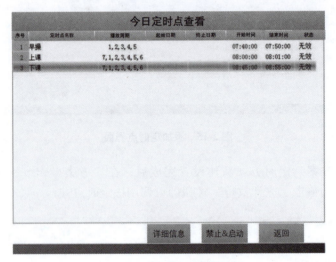

图 2-18　定时点浏览界面

二、PIS 发布紧急信息操作

1. 常规操作界面概览

PIS 发布紧急信息的常规操作界面如图 2-19 所示。

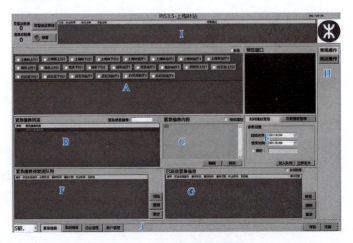

图 2-19　PIS 常规操作界面

A 区域为选择目的地区域：显示本站的所有播放点，可以选择将紧急信息发送至哪些播放点。B 区域为紧急信息列表区域：查询选择车站控制室可以发送的紧急信息。紧急信息主要有3 类，即预定义紧急信息、半预定义紧急信息和全自定义紧急信息。其中，预定义的紧急信息不可编辑，全自定义紧急信息可以自行编辑。C 区域为紧急信息内容区域：显示用户所选择的紧急信息内容，对于可编辑信息，可以编辑后保存。D 区域为预览窗口区域：预览紧急信息内容。E 区域为播放类型设置区域：可根据需要选择适当的播放类型（时段播放、次数播放、时长播放）。F 区域为紧急信息待发送列队：显示等待发送的紧急信息，可以进行"撤销"或"清空"操作。G 区域为已发送的紧急信息区域，可对紧急信息进行"撤销"或"重发"操作。H 区域为"常规操作"与"高级操作"的切换。I 区域为故障报告区域。J 区域为功能选择区域：可选择发布紧急信息、发布实时信息、查询日志、账户管理、帮助、注销功能。

2. 发布紧急信息的流程

车站控制室发布紧急信息的流程如图 2-20 所示。

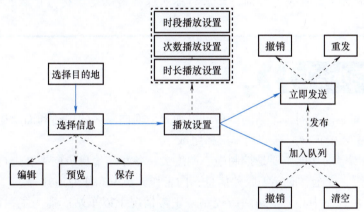

图 2-20　车站控制室发布紧急信息的流程

常规发布紧急信息流程说明如下：

1）选择目的地（图 2-19 中 A 区域），可以复选本站的区域、本站的出入口（LED）。

2）从紧急信息列表中选择要发布的信息（图 2-19 中 B 区域），单击列表中某信息，显示在图 2-19 中的 C 区域。

3）根据信息类型可以进行紧急信息"编辑""保存"和"预览"。

4）设置紧急信息的播放类型。

5）发送紧急信息可以选择"立即发送"或"加入列队"。

6）已发送的紧急信息可以根据需要进行"隐藏""撤销""重播"操作。

 知识拓展

北京地铁背后的"发言人"，通过车站显示屏与乘客对话

一条条轨道线路将距离拉近，一个个相聚又走散的故事被安装在车站、隧道、列车上的摄像头默默记录着。而摄像头背后，有一群积极的"发言人"。他们历时 8 年，终于在国际轨道交通通信领域争取到了"话筒"，将北京轨道交通的一系列设备标准变成了国内外主流厂家均遵循的工程建设标准。

这群拥有绝对话语权的"发言人"就是北京轨道交通路网管理有限公司综合通信检测实验室的工作人员。整个团队包括 12 名实验室工作人员，每天，他们通过摄像头与城市聊天，通过实时刷新的数据预判轨道运行的状态，通过车站的显示屏和千万乘客对话。

20 世纪 80 年代，整个中国的电信市场几乎被欧洲、美国和日本垄断。当时有七个国家为中国市场提供 8 种制式的交换机，导致通信网络互联互通极其复杂，通信费用居高不下，这就是通信业界著名的"七国八制"。现如今中国已经培育出华为等世界知名通信设备制造企业。2013 年，按照北京市交通委员会的要求，路网公司启动视频监视系统和 PIS 应用规范和检测规范的编制工作。《北京市轨道交通视频监视系统摄像机点位设置和安装设计指导手册（试行）》的颁布及实施，彻底改变了我国通信行业在世界通信领域里的发展地位。

十几年的应用实践告诉人们，北京的标准遵循的就是国标，日后也将引领国内轨道交通行业。

【学习小结】

1. 根据广播对象的不同，车站的广播可以划分为面向乘客的广播和面向运营人员的广播。面向乘客的广播主要由正线广播和列车广播组成。

2. 正线车站广播的功能主要是控制中心调度员、各车站值班员向乘客进行公众语音广播，通告地铁列车运行、安全、向导等服务信息，向工作人员发布作业通知等。

3. 广播系统由控制中心和车站两级控制。正常情况下以车站广播为主，在事故抢险、组织指挥时，以控制中心广播为主。

4. PIS 从结构上可划分为控制中心子系统、车站子系统、车载子系统、网络子系统、广告制作子系统和备用中心 6 个子系统。

【知识巩固】

一、填空题

1. 根据广播对象的不同，车站的广播可以划分为面向（   ）的广播和面向（   ）的广播。

2. 面向乘客的广播主要由（   ）广播和（   ）广播组成。

3. 正常情况下以（   ）广播为主，在事故抢险、组织指挥时，以（   ）广播为主。

二、选择题

1. 下列针对广播系统的描述正确的有（   ）。

A. 正线车站广播的功能主要是控制中心调度员、各车站值班员向乘客进行公众语音广播

B. 广播系统用于通告地铁列车运行、安全、向导等服务信息

C. 向工作人员发布作业通知

D. 在发生紧急情况时，对列车内和车站内的乘客进行疏散向导广播

2. 下列信息通过 PIS 发出优先级最高的是（　　　）。

A. 紧急灾难信息　　　　　　　B. 列车服务信息

C. 旅客导向信息　　　　　　　D. 站务信息

三、简答题

1. 正线广播系统有哪些功能？
2. PIS 有哪些功能？

任务三　车站电梯系统的运用

【任务描述】

电梯系统在车站客流组织方面发挥着很重要的作用，在给乘客在站内的通行带来方便的同时，也提高了通道的通行效率。电梯系统一旦发生故障就会威胁乘客的生命安全，在日常运营过程中如何正确操作车站的电梯系统呢？电梯系统发生故障后车站工作人员应该如何采取正确的措施呢？通过本任务的学习，一起来解决这些问题。

【学习目标】

知识目标	技能目标	素养目标
1. 了解电梯系统的内、外部结构 2. 掌握电梯系统的日常操作方法 3. 理解电梯系统发生故障后的处置措施	1. 能够准确识别电梯系统的结构 2. 能够正确开启及关闭电梯系统 3. 电梯系统发生故障后能够采取恰当的措施	1. 养成规范作业的职业习惯 2. 锻炼遇事沉着、冷静的心理素质 3. 提高安全意识，防患于未然

【理论知识】

城市轨道交通电梯系统是城市轨道交通系统的一个重要组成部分，由垂直电梯、自动扶梯和自动人行道组成。

一、垂直电梯

垂直电梯是一种垂直运送人或物的起重机械，一般设置在出入口、站厅层和站台层之间。在城市轨道交通车站，垂直电梯是无障碍通道设计的一部分，一般是给有需要的人士使用，如伤残人士和携带大件行李的乘客或其他特殊情况人员。

1. 垂直电梯的基本结构

垂直电梯的主要组成部分包括主机、控制柜、门机构、轿厢、井道件、安全部件、承重和人机界面。其外部基本结构如图 2-21 所示。

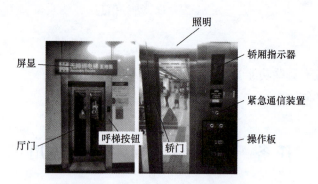

照明

轿厢指示器

紧急通信装置

操作板

屏显

厅门

呼梯按钮

轿门

图 2-21　垂直电梯的外部基本结构

2. 垂直电梯的安全保护装置

(1) 安全回路　在电梯运行前必须关紧轿门，如果厅门锁或轿门锁的任何安全开关被打开，轿厢会自动停止运行。

(2) 紧急通信装置　紧急通信装置安装在轿厢内部，按下按钮，可以和控制室工作人取得联系。

(3) 安全靴和照片传感器　电梯有门接触回动装置，如果碰到障碍物，门会重新打开，同时有照片传感器，即使没有碰到任何物品，但是检验到有障碍物，门也会自动打开。

(4) 称载装置　称载装置是为了防止电梯超载而设置的。当电梯超载时，会发出警报声音，提示电梯超载，以保障乘客安全。

(5) 安全钳　当轿厢向上、下运行时，出现断绳、打滑、超速和失控情况时，限速器会断开安全针开关，切断曳引机电源使之制动，并拉起安全钳拉杆使安全钳钳头卡住导轨，不使轿厢下坠。

(6) 缓冲器　缓冲器是电梯最后一道安全保护装置，当电梯失控撞向底坑时，能吸收和消耗电梯的能量，使其安全减速停止在底坑。

3. 垂直电梯常用的运行模式

(1) 自动运行模式　垂直电梯自动运行模式是城市轨道交通车站最常用的一种模式，轿箱内操作板和门厅呼叫按钮都可以控制电梯。

(2) 司机操作模式　司机操作模式是指有专门的运行员在电梯内运行电梯的模式。在该种模式下，电梯运行方向可以改变，由操作者通过呼叫登记。

(3) 独立运行模式　在独立运行模式下，将取消所有的门厅呼叫，只有在轿厢内可以控制。当电梯到达时，门会自动打开。但是要关闭门，需要按操作板上的"关闭"按钮直到轿门完全关上，如果在门关闭期间松开按钮，门会重新打开。

(4) 消防运行模式　在消防运行模式下，所有的轿厢和门厅呼叫都会被取消，电梯将自动运行到车站疏散层，开门放人后停运，直至消防模式恢复。

4. 垂直电梯发生故障时的救援

当系统错误或者断电时，如有乘客被困在电梯轿箱内，就需要进行紧急营救。紧急营救必须由受过电梯紧急营救培训的人员进行。作为车站工作人员，主要任务是安抚乘客和配合救援。其具体做法如下：

1）接到求救信息后要与乘客沟通，确认电梯内的人员数量和人员情况，上报故障报警中，并提醒乘客在接到指示之前不得进行任何操作（如扒开梯门等）。

2）通过电梯内的通信装置先稳定乘客情绪，注意与乘客沟通，安慰乘客，让乘客保持镇静，并告知乘客维修人员将马上进行维修。

3）故障电梯应立即停用，放置暂停服务牌。

4）等待专业救援人员进行维修和救援。

二、自动扶梯

自动扶梯是由一台特种结构形式的链式输送机和两台特殊结构形式的胶带输送机组合而成的，用于不同层高间运载人员上下的一种连续输送机械。与垂直电梯不同的是，自动扶梯具有连续输送功能，能够在短时间内输送大量乘客，其主要特点有输送能力大，生产效率高；可设置上、下行，满足不同需要；在断电或发生电源故障时，可作为普通楼梯使用。安装自动扶梯的目的是将进入车站或下车出站的乘客垂直、快速、舒适地运送到站台或地面上。自动扶梯的设置数量应与相应的步梯或通道通过能力相匹配，一般根据设置位置的高峰小时客流量计算确定。对出站客流还应考虑客流不均衡系数。

自动扶梯的运行方向应有明确醒目的指示牌，在自动扶梯两端应配备紧急停止开关，自动扶梯出入口应有开阔的空间。

1. 自动扶梯的构成

自动扶梯的基本结构包括主驱动系统、润滑系统、安全保护系统和电气控制系统。主驱动系统由驱动牵引主机、主驱动链条和主驱动轮系统组成；润滑系统对主驱动链、扶手带驱动链及扶梯进行实时润滑，确保扶梯平稳运行；电气控制系统包括主控制柜、操作面板、检修控制盒及各种安全保护开关。自动扶梯的外部结构主要包括扶手带、旁板、围裙板（也称为保护裙板）、梯级、梳齿板和踏板；内部结构主要包括桁架、驱动链、梯级链、减速机、电动机、主驱动轴、梯级链张紧装置、导轨、扶手带驱动装置、控制系统、安全装置等，自动扶梯操作盘、控制盘、防尘密封橡胶、安全开关等部件。其基本结构如图 2-22 所示。

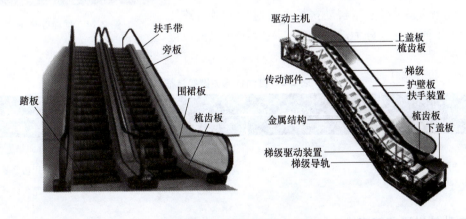

图 2-22　自动扶梯的基本结构

2. 自动扶梯的操作按钮

目前，各城市轨道交通系统使用的自动扶梯品牌和型号不尽相同，而各品牌的操作程序也有差异。

在自动扶梯扶手的上、下及左、右两端，有紧急停止按钮、上行/下行钥匙开关、报警/停止钥匙开关等操作按钮，用于自动扶梯的现场操作及控制，如图 2-23 所示。

图 2-23　自动扶梯按钮及开关

1）紧急停止按钮，用于当自动扶梯出现威胁乘客安全等紧急事故时自动扶梯的紧急停止。

2）"上行/下行"钥匙开关，用于自动扶梯运行方向的选择。

3）"报警/停止"钥匙开关，用于自动扶梯开启前的鸣笛及自动扶梯的正常停止操作。

4）"自动/手动"钥匙开关，自动位，正常运行；手动位，安装、修理等。

在自动扶梯内侧面面板的上、下端部贴有安全提示形象图。以生动形象的图示方式向乘客提示乘坐自动扶梯的安全注意事项，如图 2-24 所示。

图 2-24　乘梯安全须知

3. 自动扶梯的关键级

自动扶梯的关键级根据自动扶梯本身对乘客通行路线的影响程度不同，可以分为超关键级、关键级和非关键级 3 种，见表 2-2。

表 2-2　自动扶梯关键级特征

级别	项目		
	是否唯一通行	日常维护时间	故障修复时间
超关键级	是	非运营时间	必须立即修复
关键级	否	非运营时间	可先停用再修复
非关键级	否	可在运营时间	可先停用再修复

4. 自动扶梯运营管理模式

自动扶梯及电梯设备是车站设备管理的重点之一，一期工程车站自动扶梯及电梯遵循"无人值守，自动监视"的原则进行管理，即车站均不设专职工作人员，只在每天运营开始前和结束后，由值班工作人员在现场进行启动与关停。

正常条件下自动扶梯及电梯均采用就地控制方式。同时，自动扶梯及电梯的运行状况由车站设备监控系统（EMCS）进行监视并将运行状态信息传输到控制中心，但车站 EMCS 不控制自动扶梯和电梯的运行。

在紧急或灾害情况下，车站控制室值班工作人员可通过车站控制室紧急停止按钮使全站自动扶梯停止运行，作为固定楼梯疏散乘客。同时，车站控制室值班人员可通过防灾报警控制台上的电梯消防迫降功能按钮，使站内垂直电梯即刻运行到基站（站厅层/出入口地面）后停止运行，同时不再响应轿厢指令和层站召唤。

【实践技能】

一、自动扶梯的日常操作

1. 自动扶梯日常启动操作

1）运行前的准备工作。

① 检查扶梯踏板、扶手带、梳齿板和围裙板，围裙板与梯级间的间隙。清除夹在间隙里面的碎纸、小石子和口香糖等杂物。

② 检查自动扶梯周围的安全设施（三角区的护板，防止进入的栅栏、隔板和防护网）有无破损等异常状况。

③ 确认紧急按钮是否处于正常状态。如果处于动作状态，必须将其恢复到正常状态。

2）开启扶梯的要点。

① 确认自动扶梯梯级和踏板上没有乘客。

② 鸣响警笛提醒周围人不要靠近，自动扶梯即将开启。

③ 用钥匙起动扶梯，扶梯运行。

④ 观察有无异常声响及振动，正常后，乘坐 1 次。

3）自动扶梯日常关闭操作。

① 确认有无发生异常声响或振动。如有问题，则停止运行。停止运行之前不允许乘客进入自动扶梯的梯口。

② 鸣响警笛，确认自动扶梯附近或扶梯梯级上无人后，用钥匙开启停止开关，自动扶梯则停止运行。

③ 正常停止运行后，应采取措施，如用栅栏挡住梯口，设置"暂停使用"停止使用牌，防止乘客将其当作楼梯使用。一天的正常运行结束后，须认真检查并清扫扶梯踏板、扶手带、梳齿、围裙板以及扶梯下部专用房。

4）紧急停止按钮使用程序。

① 当出现异常状况须使用紧急停止按钮时，应大声通知乘客"紧急停止，请抓住扶手"后，再进行操作。

② 紧急停止按钮操作。

a. 现场操作：正常情况下红色罩呈向外突出状，操作时用手指按动凸起状态变为塌陷状态，操作后用手指按动红色罩周围，使其中部恢复正常。

b. 车站控制室操作：按压按钮，最后复位拔起按钮，如图 2-25 所示。

5）扶梯转换运行方向的操作程序。

开启电梯作业

关闭电梯
操作作业

目前，自动扶梯都支持双向运行，地铁车站在日常客流组织中，可以根据客流疏散的需要调整自动扶梯的运行方向。地铁客流疏散时优先保障出站客流，当客流量较大时，可以考虑将进站方向的自动扶梯反向运行调整为出站方向。其换方向运行的操作步骤如下：

① 鸣响警笛，确认扶梯梯级上无人后，用钥匙开关开启停止开关，将钥匙拔出。

② 待扶梯停止运行后，将钥匙插入运行开关，开启希望运行方向的开关。

6）自动扶梯日常检查操作。

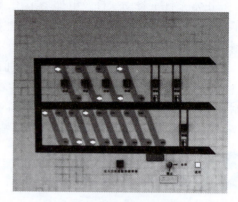

图 2-25　车站控制室 IBP 盘
自动扶梯控制图

① 扶手带是否有异常膨胀或者老化，是否附有口香糖、有无污垢，如有，则擦去。

② 梯级是否有异物，螺钉是否松动，梳齿及梯级面板是否有断裂或者损伤。

③ 搭乘并感觉扶梯是否顺畅平稳且安静，扶手带和梯级是否同步。

④ 按下按钮使扶梯停止（定期测试）。

二、自动扶梯常见问题处理

1）当发现扶梯异响，运行异常后，应及时关闭电梯。

2）若出现扶梯急停，要立即到现场查看是否有乘客受伤，是否有异物。确认符合开放条件后，才能重新起动。

3）当故障发生时，现场工作人员必须保证及时停梯，并疏散扶梯上的乘客。

4）若扶梯无法起动，可用钥匙多试几次；若仍无法起动，应报机电人员维修，报告故障扶梯编号和故障现象。

5）当扶梯停止使用后，要在扶梯出入位置设置相应的提示牌和安全围栏（上、下均要放置），并做好宣传解释工作。

6）扶梯不能使用，将会导致步梯或者通道的压力增加，在重点时段，要在通道和站厅等位置提前对客流进行控制。

7）当客流压力很大时，可将扶梯临时作为步梯使用，但由于扶梯梯阶高，需提醒乘客注意，客流压力减缓后重新开放使用。

 知识拓展

自动扶梯中的"黑科技"

武汉地铁 5 号线徐家棚站，安装了一台由网络摄像机、路由器、就地终端及显示屏幕等集成的自动扶梯安全乘梯监控系统。该系统融合了人工智能技术，实时监控并识别乘梯人员不安全行为，如人员摔倒、逆行、携带大件行李或推婴儿车乘坐扶梯及扶梯出口人群拥堵等。一旦乘客遇到上述情况，扶梯扶手附近将出现灯光警示、语音提醒，就地终端及显示屏幕弹窗播报，既能够及时提示乘客，也能够同步提醒周边车站值班人员及时处置。

　　上海申通地铁集团在上海地铁某车站19台自动扶梯上部署了自动扶梯智能安全监控系统。在监测出乘客摔倒、拥堵等事件后，第一时间对自动扶梯侧进行控制，可以最大限度降低进一步伤害的发生。

　　1）监测到乘客摔倒时：车站控制室自动扶梯智能监控系统立即弹框显示实时视频并进行声光提醒，车站控制室管理人员通过监控系统屏幕确认后，可立即按下紧急停止按钮，制停自动扶梯；自动扶梯侧语音播报："发生乘客摔倒，请注意安全。"

　　2）监测到乘客逆向行走时：自动扶梯侧语音播报装置高音量播报"请不要逆向行走"。

　　3）监测到自动扶梯出口拥堵时：车站控制室自动扶梯智能监控系统立即弹框显示实时视频并进行声光提醒，车站控制室管理人员通过监控系统屏幕确认后，可立即按下紧急停止按钮，制停自动扶梯，或安排现场人员疏散乘客；自动扶梯入口侧语音播报："自动扶梯出口处发生拥堵，请不要继续进入。"

【学习小结】

　　1. 城市轨道交通电梯系统是城市轨道交通系统的一个重要组成部分，由垂直电梯、自动扶梯和自动人行道组成。

　　2. 自动扶梯的外部结构主要包括扶手带、旁板、围裙板（也称为保护裙板）、梯级、梳齿板和踏板。

　　3. 在自动扶梯扶手的上、下及左、右两端，有紧急停止按钮、上行/下行钥匙开关、报警/停止钥匙开关等操作按钮，用于自动扶梯的现场操作及控制。

【知识巩固】

一、填空题

　　1. 城市轨道交通电梯系统是城市轨道交通系统的一个重要组成部分，由（　　）、（　　）和（　　）组成。

　　2. 在自动扶梯扶手的上、下及左、右两端，有（　　）按钮、（　　）钥匙开关、报警/停止钥匙开关等操作按钮，用于自动扶梯的现场操作及控制。

二、选择题

　　1. 自动扶梯起动前需要做的检查工作有（　　）。

　　A. 检查扶梯踏板、扶手带、梳齿板和围裙板，围裙板与梯级间的间隙。清除夹在里面的碎纸、小石子和口香糖等杂物。

　　B. 检查自动扶梯周围的安全设施有无破损等异常状况

　　C. 确认紧急按钮是否处于正常状态

　　D. 如果紧急停止按钮处于动作状态，无须将其恢复到正常状态

　　2. 自动扶梯日常检查项目主要有（　　）。

　　A. 扶手带　　　　　　　　　　B. 围裙板　　　　　　　　　　C. 梯级

D. 乘客舒适感　　　　　E. 急停按钮

三、简答题

1. 启动自动扶梯时的要点有哪些？
2. 自动扶梯造成客伤时，车站工作人员可以采取哪些措施？

任务四　AFC 系统设备的运用

【任务描述】

自动售检票（AFC）系统在地铁中的应用，不仅为乘客购票、检票、乘车带来了极大的便利，也在很大程度上降低了地铁车站工作人员的工作强度，改变了其工作方式。随着二维码支付及人脸识别技术的应用，AFC 系统架构不断发生变化，智能、便捷、高效的 AFC 系统成为未来的发展新趋势。车站工作人员要能够适应新形势，掌握新技能才能更好地服务乘客。

【学习目标】

知识目标	技能目标	素养目标
1. 熟悉 AFC 系统的内、外部结构 2. 掌握 AFC 系统各终端设备的功能 3. 掌握 AFC 系统终端设备的日常操作方法	1. 能够准确识别 AFC 系统各终端设备的结构 2. 能够引导乘客正确使用 AFC 系统各终端设备 3. 能够正确操作 AFC 系统终端设备并简单处理故障	1. 养成严谨、认真的工作态度 2. 养成规范作业的职业习惯 3. 培养学生的创新意识

【理论知识】

一、AFC 系统的简介

城市轨道交通自动售检票（Automatic Fare Collection，AFC）系统作为城市轨道交通运营管理的组成部分，是城市轨道交通票务收益的重要系统，是多项高新技术和统计、财务等专业知识的综合运用，利用自动售票机、半自动售票机、自动检票机等终端设备，以实现城市轨道交通的售票、检票、计费、收费、统计、清分结算和运行管理等全过程的自动化的票务管理系统。

二、AFC 系统的框架

城市轨道交通 AFC 系统从空间上可以分为彼此相对独立又紧密联系的 5 个结构层次，由上至下分别是清分系统层、线路中央计算机系统层、车站计算机系统层、车站终端设备层和票卡层，如图 2-26 所示。

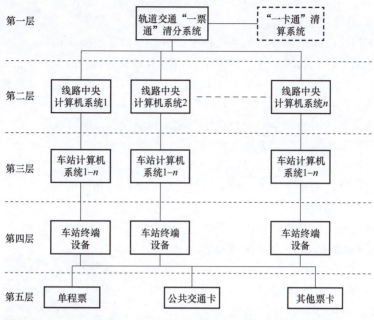

图 2-26 城市轨道交通 AFC 系统的结构

三、AFC 系统的终端设备

城市轨道交通车站的票务作业的核心内容是对城市轨道交通 AFC 系统各类终端设备的合理运用。城市轨道交通车站 AFC 系统的终端设备主要包括自动售票机（TVM）、半自动售票机（BOM）、自动检票机（AG）、自动查询机（TCM）、自动充值机（AVM）等，如图 2-27 所示。

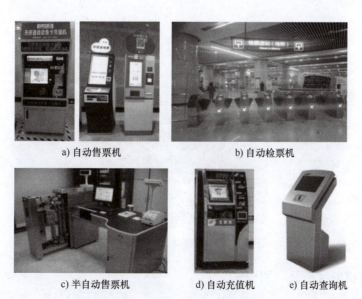

a) 自动售票机 b) 自动检票机

c) 半自动售票机 d) 自动充值机 e) 自动查询机

图 2-27 城市轨道交通车站终端设备

1. 自动售票机

（1）自动售票机的功能　自动售票机（Ticket Vending Machine，TVM）设于车站非付费区内，能接受乘客使用纸币或硬币以及二维码支付等方式进行自助式购买地铁单程票和对储值票进行充值。其具体功能如下：

1）接受乘客的购票选择，并在购票过程中给出提示信息及操作指导。

2）可以接受乘客投入的现金（或储值票、信用卡等其他付费介质）并自动完成识别，对无法识别的现金（或储值票、信用卡）予以退还。目前，大多数自动售票机还支持电子支付（如移动二维码支付）手段完成交易。

3）自动计算乘客投入的现金数量及购票金额，自动找零。

4）自动完成车票校验、车票发售及出票。

5）对各部件的工作状态进行自动监测，并向车站计算机系统上报工作状态。

6）接收车站计算机系统下发的参数和控制命令，并执行相应的操作。

7）存储并上传交易信息。

8）对本机接收的现金及维护操作进行管理。

（2）自动售票机的结构　为了实现乘客自助购票的目的，常见的供乘客操作和浏览的自动售票机面板包括运营状态显示器、操作指南、触摸屏、乘客显示器、储值票读卡器、纸币投入口、硬币投入口、找零口、取票口、打印凭条出口、请求帮助按钮等，如图 2-28 所示。

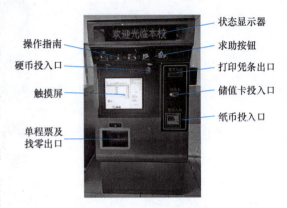

图 2-28　自动售票机的外部结构

自动售票机的内部主要由主控单元模块（ECU）、纸币处理模块、硬币处理模块、单程票发售模块、储值卡处理单元、电源模块、凭条打印机、维护面板等部件构成，如图 2-29 所示。

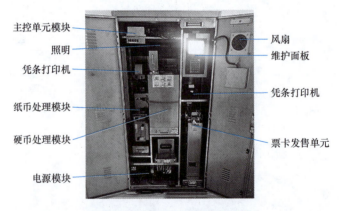

图 2-29　自动售票机的内部结构

2. 自动售票机的状态及识别模式

自动售票机常见的运营模式主要有正常服务模式、降级服务模式、暂停服务模式、维修模式和关闭服务模式 5 种。这些模式可以通过车站计算机下发参数设置，也可以根据自动售票机模块的状态自动调整。在相应的工作模式时，运营状态显示器和乘客显示器上会有明显的提示信息，工作人员或乘客可以根据乘客信息显示器上显示的字样判断运行模式。

四、半自动售票机

半自动售票机（Booking Office Machine，BOM）通常安装在售/补票房或车站服务中心内，采用人工方式完成车票发售、加值、车票分析（验票）、退票、卡内信息资料更新、查询、挂失、票卡异常处理、密码设置等票务处理功能，因此，半自动售票机又称为人工售/补票机或票房售/补票机。针对半自动售票机的操作是车站客服中心岗日常的作业内容。

1. 半自动售票机的功能

1）车票发售功能。可以发售单程票、储值票、纪念票等各种票卡。

2）车票分析功能。对车票的有效性进行分析，查询历史交易记录和车票状态等。

3）票务处理功能。对于无法正常进、出站的车票进行票务更新，发售出站票，受理车票挂失、车票续期等其他服务。

4）接收车站计算机下达的各种参数及指令，同时向车站计算机上传交易数据。

5）售票员需要输入识别码和密码等信息，确认后才可进入交互界面；交接班时需通过交接确认操作，才可重新进入交互界面。

6）具有钱箱和票箱管理功能。

7）具有自动检测、自动诊断故障的功能，并发出故障报警。

8）具有操作记录和统计功能。

9）具有单机工作能力，完成正常功能和数据存储能力不少于 7 天。

10）处理车站行政事务，对行政处理进行记录。

11）为车站运营部门提供相关信息服务，半自动售票机将自动按照系统设置要求定时将相关资料上传到车站计算机，以便车站管理部门进行分析、统计，提高地铁运营的整体服务品质和效率。

2. 半自动售票机的结构

半自动售票机由主控单元、操作员显示器、乘客显示器、票箱、票卡读写器、票据打印机、键盘、鼠标、单程票发售模块和电源及主控单元等组成，如图 2-30 所示，负责非付费区与付费区乘客票务处理。

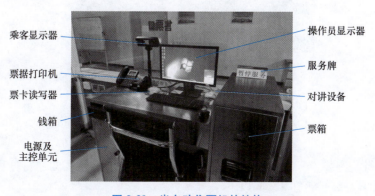

图 2-30　半自动售票机的结构

3. 半自动售票机的状态及模式识别

1）售票模式。设于非付费区，可以发售除出站票以外的票卡，并进行乘客票务处理和相关的其他服务。

2）补票模式。设于付费区，对无票乘客发售出站票，此外，还支持车票更新操作。

五、自动检票机

自动检票机也称为闸机（Automatic Gate，AG），是实现乘客自助进、出站检票交易的设备。

自动检票机按照功能不同可以划分为进站检票机、出站检票机和双向检票机。其中，进站检票机设置在车站的入口处，用于对进站乘客所持车票的有效性进行检查和判断，并做出相应的处理或发出相应的警告和提示；出站检票机为乘客出站检票使用，可对出站乘客所持车票的有效性进行检查和判断，并做出相应的处理或发出相应的警告和提示；双向检票机同时具备进站检票机和出站检票机的功能，可根据运营需要，通过车站计算机本地操作对其功能进行设定。

1. 自动检票机的功能

自动检票机能够自动对车票进行有效性检验，对有效车票进行相应处理后放行乘客，对无效车票拒绝放行；对车票处理结果给出明确的提示信息；对通道的通行状态给出明确的指示；对特殊车票的使用给出明确的提示；对需要回收的车票执行回收操作；对各部件的工作状态进行自动监测，并向车站计算机系统上报工作状态；存储并上传交易信息；接收紧急按钮信号并控制设备的操作。

2. 自动检票机的结构

（1）自动检票机的外部结构　自动检票机主要由票卡读写器、乘客显示器、乘客通行检测装置、扇门、报警提示装置、车票投入口（仅出站检票机和双向检票机有）、方向指示器等组成，如图 2-31 所示。

图 2-31　自动检票机的外部结构

1）票卡读写器。用于读取票卡内的信息，对其有效性进行检验。进站票卡读写器可读取单程票和储值票的信息，出站票卡读写器只能读取储值票的信息，单程票卡读写器只能读取单程票的信息。

2）乘客通行检测装置。安装于自动检票机通道的两侧，对乘客的通行过程进行监控，还能检测通过的乘客身高是否在 1.3m 以下。

3）方向指示器。安装在自动检票机两端的前面板上，用以指示乘客在自动检票机的通行通道方向，由表示"通道可用"的绿色指示灯和"通道不可用"的红色指示灯组成，如图 2-32 所示，使乘客可以在远处依据该指示器选择通道。

图 2-32　方向指示器

4）乘客显示器。安装在自动检票机上盖的端部，向上倾斜 15°，以方便乘客观察显示内容。自动检票机在正常服务模式下，显示欢迎界面；乘客刷卡时显示票卡是否合法、有效，对有效票卡显示允许进、出站的指示；出闸时显示可用余额和扣款金额；对无效票卡做出相应的提示信息。

（2）自动检票机的内部结构　自动检票机的内部主要由机芯、主控单元、维护单元、储票箱、单程票回收模块（出站闸机）和电源模块等构成。

1）机芯。安装在自动检票机中间位置，其核心部件接收通行控制传感器的信号传输给工控机，从而打开或关闭闸门，保证持有效票的乘客能安全通过通道。

2）主控单元。主要负责控制其他部件的运行，并记录自动检票机的所有交易、状态、操作和台账，且实时上传数据。

3）维护单元。安装在自动检票机的内部，位于储票箱的上部，维护人员通过维护单元来检查各个部件以及传感器的状态。

4）储票箱。安装在自动检票机的内部，位于自动检票机底部，用于存储单程票，内部带有电子 ID 和计数器，以便让系统内所有设备可以直接获取储票箱编号和存储的票数。

5）单程票回收模块。乘客投入的有效单程票被送入储票箱，而乘客投入的无效票及其他物品（如硬币）被退回到退票口。

6）电源模块。由变压器和直流开关电源组成，为自动检票机内部各功能模块提供稳定电源。

3. 自动检票机的状态及模式识别

自动检票机的模式一般有正常服务模式和停止服务模式两种。自动检票机根据系统的运营开始和结束时间自动进入正常服务模式和停止服务模式。

（1）正常服务模式　自动检票机进入正常服务模式后，方向指示灯显示绿色的"↙"图标，根据事先设置的进站自动检票机、出站自动检票机和双向自动检票机运行模式正常运行，处理票卡，并开、合闸门。

（2）停止服务模式　当运营结束后或因自动检票机故障等异常情况须关闭时，自动检票机处于关闭状态，方向指示灯显示红色的"×"图标，乘客显示器显示"暂停服务"字样。

六、自动查询机

自动查询机安装在车站非付费区，是 AFC 系统中的自助查询设备，为乘客提供票卡自动查验和信息通知等服务。其可查询票卡的有效性、票卡类型、余额或剩余次数、使用有效期以及历史交易信息，如图 2-33 所示。

1. 自动查询机的功能

1）对储值票和单程票进行查验。

2）显示储值票的余额和最近 10 次乘车交易记录，显示单程票的票额。

3）具有中英文显示功能，能显示票卡类别和有效期。

4）具有自诊断功能，并输出报警信号。

2. 自动查询机的结构

自动查询机由主控单元、乘客显示器、票卡读写器和电源模块等组成。

1）主控单元。主要负责控制其他部件的运行，完成信息查询及运营管理等。

图 2-33　某站自动查询机

2）乘客显示器。显示设备的工作状态及票卡信息。

3）票卡读写器。用于读取票卡内的信息，对其进行检验和操作。

4）电源模块。为自动查询机内部各功能模块提供稳定的直流电源。

【实践技能】

一、自动售票机的日常作业

自动售票机在运营过程中，不需要经常"开机"和"关机"操作，一般情况下只需要对其进行运行模式转换设置。因此，在车站日常工作中，针对自动售票机的作业内容主要是对自动售票机票盒和钱箱的操作。

（1）自动售票机票盒操作　自动售票机票盒操作要点及步骤如下：

1）打开自动售票机维修门。

2）在操作面板上登录操作员号，输入维护模式代码，进入"维护模式"。

3）拉出滑板，取出票盒。

4）放入新票盒。

5）关闭自动售票机维护门。

（2）自动售票机钱箱安装操作　自动售票机钱箱安装操作要点如下：

1）打开自动售票机维护门，进入"维护模式"，输入安装/取出钱箱代码。

2）安装自动售票机硬币钱箱。

3）安装自动售票机纸币钱箱。

4）安装自动售票机纸币回收模块。

5）钱箱数据复位完成后，进行签退操作。

6）关闭自动售票机维护门，并锁紧。

收取自动售票机操作

TVM 收取操作关键步骤提示

加装 TVM 空钱箱、票盒

（3）自动售票机钱箱收取操作 自动售票机钱箱收取操作要点如下：

1）进入维护模式，输入清币代码。

2）收取硬币找零箱。

3）收取纸币找零箱。

4）收取硬币回收箱。

5）收取纸币回收箱。

6）输入复位码，签退，关闭维护门。

（4）自动售票机常见故障处理 自动售票机常见的故障原因和解决方法见表2-3。

表2-3 自动售票机常见的故障原因和解决方法

序号	故障现象	可能的故障原因	解决方法
1	开机无显示	无电源输入	检查电源及显示器、部件连接；如未解决，则联系专业维护人员
		部件连接异常	
2	提示暂停服务（非上级系统控制）	票卡发售模块异常	检查部件电源、通信连接和各模块是否安装到位；如未解决，则联系专业维护人员
		硬币、纸币处理模块异常	
		维护门在打开状态	关闭维护门；如未解决，则联系专业维护人员
3	维修面板通信故障，不亮	主控程序未启动	启动主控程序
		维修面板与主机的接线故障	检查连接；如未解决，则联系专业维护人员
		维修面板硬件故障	
4	维护单元显示乱码	维修面板芯片松动/固件更新异常	联系专业维护人员
5	登录不成功	输入用户名或密码错误，或者中心计算机未授权	重新输入
6	设备报警	未在限定时间内登录	重新登录
		3次登录均失败	人工验证用户名和操作密码
		未进行登录而直移动纸币、硬币、票卡发售模块，取走钱箱、票箱	登录，输入用户名和操作密码/但是报警已经上传

二、半自动售票机的日常作业

1. 半自动售票机的日常操作

半自动售票机的日常作业步骤如下：

1）启动人工售补票机，确认设备正常。

2）在屏幕相应位置输入操作员ID号及密码，登录系统，登录界面如图2-34所示。

3）单击"确认"或按"回车键"进入系统默认界面。

4）根据乘客需要选择对应功能为乘客提供服务，图2-35所示为车票分析界面。

5）当操作人员需暂时离开或退勤时，单击"注销"按钮，进行退签操作。

单程票发售

储值卡发售、充值、退款

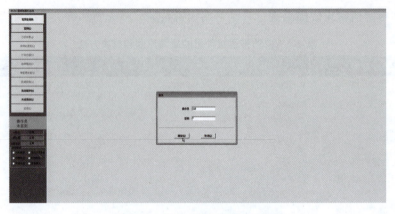

图 2-34　半自动售票机登录界面

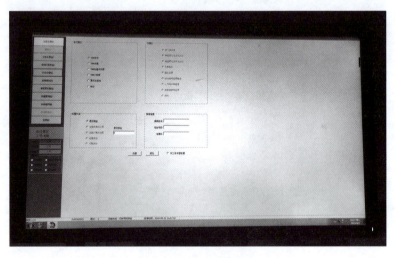

图 2-35　车票分析界面

2. 半自动售票机的日常维护和故障处理

（1）**日常维护**　设备外部清洁，需要清洁工控机、读写器、打印机、操作员显示器、乘客显示器，清洁时不得使用溶剂，表面不得残留灰层和污物等。乘客显示器和操作员显示器应用柔软的干布擦拭干净。

设备状态检查，检查设备和部件的指示灯是否正常显示，检查乘客显示器、触摸屏、状态显示器，屏幕显示应亮度适中，无笔画缺损、无漂移，如发现异常，及时调节或上报。

（2）**故障处理**　半自动售票机简单故障处理见表 2-4。

表 2-4　半自动售票机简单故障处理

序号	故障现象	故障原因	解决方法
1	无法正常充值	储值卡读卡器没有正确连接	正确连接储值卡读卡器
2	屏幕显示"网络连接失败"	可能是网络出现故障	1）检查半自动售票机和服务器之间的网络连接是否正常 2）检查系统服务器软件是否正常运行
3	乘客显示器没有显示	可能是乘客显示器电源没有打开或者连接错误	打开乘客显示器电源或者检查线缆连接
4	不能打印凭条	可能是打印机电源没有打开或者打印纸已经用尽	打开打印机电源或者正确安装打印纸
5	无法发售单程票	单程票发售模块内没有放入车票或者票箱没有正确安装	1）放入发售用车票 2）正确安装票箱
6	起动后显示"暂停服务"，不能进入工作状态	可能是维修门没有关上	检查维修门并将维修门全部关紧上锁
7	打印的凭条没有内容	打印机色带没有安装或者已经用尽	正确安装色带或更换色带
8	起动后操作员显示器没有显示	内部工控机没有开机或显示器处于关闭状态	打开工控机电源或打开显示器电源

三、自动检票机的日常作业

1. 自动检票机的开启

自动检票机在非运营情况下处于暂停服务模式，在运营开始前，一般由行车值班员通过车站计算机进行开启作业，将自动检票机的状态调整为正常服务模式。

2. 自动检票机的关闭

运营结束后，行车值班员要确保将所有自动检票机调整为暂停服务模式。末班车发车前将进站检票机设置为暂停服务模式，运营结束后，所有的出站检票机设置为暂停服务模式。

3. 自动检票机更换单程票回收箱

运营结束后，站务人员要对自动检票机的单程票回收箱及废票箱进行清点、回收操作。其具体操作方法与自动售票机单程票箱操作类似。

4. 自动检票机日常维护及常见故障处理

（1）日常维护

1）清洁设备外部。清洁机器外壳和显示器的灰尘，保证机器表面无粘物和浮尘。

2）清洁车票传输机构。清洁所有压轮、滚轮、传送带，不得有污物，发现有传送带老化或松弛时要及时上报，清洁传感器，降低传感器造成故障的概率。

收取及加装
自动检票机
票盒

3）检查设备显示是否正常。其主要检查部位包括乘客显示器、读写器指示灯、方向指示灯、警告灯等，如发现异常，及时上报或更换。

4）检查设备运行状态。在设备运行时，检查是否有异常声响或其他故障等。

（2）常见故障处理　自动检票机常见故障处理见表 2-5。

表 2-5　自动检票机常见故障处理

序号	故障现象	解决办法
1	起动后警告灯亮	起动设备后机器会对传感器进行测试，如果测试失败，会亮起警告灯，这种问题一般是传感器的透窗被灰尘或异物遮挡导致的，可清洁传感器并重新起动设备即可
2	屏幕显示"网络连接失败"	检查检票机和服务器之间的网络连接是否正常，检查系统服务器软件是否正常运行
3	起动后显示"暂停服务"，不能进入工作状态	检查维修门，并将维修门全部关紧上锁；检查维修面板是否已注销

 知识拓展

智能、便捷、高效的 AFC 系统

一、AFC 系统市场体量稳固增长

AFC 系统是融计算机技术、信息收集和处理技术、机械制造技术于一体的自动化售票、检票系统，是利用计算机集中控制自动售票、自动检票，以实现自动收费、自动统计的自动化网络系统。轨道交通是 AFC 系统的典型应用领域，AFC 系统不仅是轨道交通系统发展的一个趋势，也是城市信息化建设的一个重要体现。

二、售检票支付形式革新

当前，AFC 系统售检票支付形式变得更加智能化。呼和浩特、深圳、杭州、天津、福州、昆明、西安、郑州等城市扫码过闸客流比例已达到 60% 以上，绝大多数城市扫码过闸比例都超过客流的 1/3，增长势头强劲。

在扫码购票方面，在售检票支付形式上，乘客使用手机在售票机上扫码购票已经成为购票的主要方式，大大减少了现金的使用。AFC 专委会统计数据显示，内地开通轨道线路城市中有 23 个城市扫码购票比例超过 50%，济南、广州更是超过 90%，展现出全面普及、覆盖的趋势。

在人脸识别方面，技术含量最高的智慧票务（人脸识别），是轨道集团按照国家《信息安全技术 个人信息安全规范》及《信息系统安全等级保护基本要求》，在严格保证信息安全的基础上进行的创新技术研发。通过人脸识别技术实现了自助购票和自主查询等功能，大大提高了服务效率。

三、城市轨道交通 AFC 系统的发展趋势

当前，国内 AFC 系统有传统架构不断优化、新型架构逐渐应用；票卡虚拟化，支付方式多样化；乘车实名化、检票一体化等趋势。随着人脸识别等生物识别技术在轨道交通 AFC 系统的逐步应用，可推行地铁乘车实名制，帮助构建信用后付费的体系，从而建成更加智能、便捷、高效的 AFC 系统。

【学习小结】

1. 城市轨道交通 AFC 系统的 5 个结构层次，由上至下分别是清分系统层、线路中央计算

机系统层、车站计算机系统层、车站终端设备层和票卡层。

2. 车站端设备安装在各车站的站厅，直接为乘客提供售检票服务，由自动售票机、半自动售票机、进出站检票机、验票机、查询机、自动充值机等组成。

3. 自动售票机设于车站非付费区内，能接受乘客使用纸币或硬币以及二维码支付等方式进行自助式购买地铁单程票和对储值票进行充值。

4. 半自动售票机通常安装在售/补票房或车站服务中心内，采用人工方式完成车票发售、加值、车票分析（验票）、退票、卡内信息资料更新、查询、挂失、票卡异常处理、密码设置等票务处理功能。

5. 自动检票机按照功能不同可以划分为进站检票机、出站检票机和双向检票机。

【知识巩固】

一、填空题

1. 半自动售票机简称为（　　）机，通常安装在售/补票房或车站服务中心内。

2. 自动检票机按照功能不同可以划分为（　　）、（　　）和（　　）。

3. 自动检票机上的方向指示器安装在自动检票机两端的前面板上，用以指示乘客在自动检票机的通行通道方向，由表示"通道可用"的（　　）指示灯和"通道不可用"的（　　）指示灯组成。

4. 自动售票机常见的运营模式主要有（　　）、（　　）、（　　）、维修模式和关闭服务模式5种。

二、选择题

1. 城市轨道交通 AFC 系统的5个结构层次，由上至下分别是（　　）。

A. 清分系统层 　　　　B. 线路中央计算机系统层 　　　　C. 车站计算机系统层

D. 车站终端设备层 　　E. 票卡层

2. 车站 AFC 终端设备安装在各车站的站厅，直接为乘客提供售检票服务，主要包括（　　）。

A. 自动售票机 　　　　B. 半自动售票机 　　　　C. 进出站检票机

D. 自动充值机 　　　　E. 查询机

三、简答题

1. AFC 系统的架构分为哪几层？各有什么功能？

2. 车站计算机具备哪些功能？

3. 自动售票机的日常作业有哪些？

项目三

城市轨道交通车站客运设施与设备的运用

【情境导入】

案例1：据北京地铁官方微博发布，2014年11月6日晚18：57，地铁5号线惠新西街南口站一位女性乘客在乘车过程中卡在屏蔽门和车门之间，列车起动后掉下站台，车站工作人员立即采取列车紧急停车和线路停电措施，迅速将受伤乘客抬上站台，由120急救车送往医院。该乘客经医院全力抢救无效于20：20死亡。

案例2：【新民晚报·新民网】2020年10月14日上午9点左右，上海地铁发布消息：地铁9号线因站台门故障，徐家汇往马当路方向列车限速运行，发车班次间隔延长，预计晚点超过15min。上午9点21分，《新民晚报》记者获悉，9号线站台门故障已排除，全线运营恢复正常。

以上案例中，乘客在乘坐地铁过程中都遇到了地铁的客运服务设备设施的故障，轻者导致出行延误，重者失去生命。那么乘客应该如何正确地使用地铁的服务设施呢？车站工作人员在设备发生故障后该如何正确处理，才能减少事故造成的延误时间，保障乘客的出行安全，提高服务质量呢？通过本项目的学习，探索一下答案吧。

本项目主要介绍了地铁站台门系统、火灾报警系统、电话系统、闭路电视监视系统以及AFC系统终端设备等的结构、各部分的功能、各设备的控制方式以及常见的故障处置作业。

任务一　站台门系统的运用

【任务描述】

站台门系统作为保障乘客在站台候车时的安全屏障，在国内外城市轨道交通系统中被广泛应用，那么站台门系统是由哪些结构组成的呢？在实际运营过程中，如果站台门系统发生了故障，站台工作人员应该如何处理呢？

【学习目标】

知识目标	技能目标	素养目标
1. 掌握站台门的结构 2. 理解站台门系统的作用 3. 掌握站台门系统的控制方式 4. 掌握站台门系统的常见故障类型及现象	1. 能够快速、准确地识别站台门的类型及结构 2. 能够采用正确方法手动开启站台门 3. 能够正确操作就地控制盒及就地控制盘 4. 能够选择恰当的方式控制站台门系统	1. 培养严谨、认真的工作态度 2. 养成规范作业的职业习惯 3. 培养分析问题和解决问题的意识 4. 培养遇事沉着、冷静的心理素质

【理论知识】

一、站台门系统的类型及作用

1. 站台门系统的类型

站台门是安装在站台边缘，将列车运行区域与站台区域隔离的门体系统。站台门是一种新型的轨道交通设备，当列车到达车站和离站出发前，该设备能自动进行活动门的开、关控制。

从目前各国设置的站台门类型来看，主要有封闭型和半封闭型两种。

（1）封闭型 封闭型站台门是一道自上而下的玻璃隔墙和活动门，沿着车站站台边缘和两端头设置，把站台候车区与列车进站停靠区完全分开，是具有密封性能的站台门，如图3-1所示。这种类型的站台门通常被称为屏蔽门，多用于地下车站，主要功能是增加车站站台的安全性、降低能耗以及加强环境保护。

（2）半封闭型 半封闭型站台门是一道不封顶的玻璃隔墙和活动门，有全高式和半高式两种形式。

1）全高式站台门的门体高度超过人体高度，门体顶部距离站厅顶部之间有一段不封闭空间，不具有密封性能，一般用于地下车站，如图3-2所示。与封闭型站台门相比，两者的结构形式基本相同，只是全高式站台门的上部一般有格栅设计，不是完全封闭的。

图3-1　封闭型站台门

图3-2　半封闭型站台门（全高式）

2）半高式站台门的门体高度不超过人体高度，一般为1.2~1.5m，也称为可动式安全栅，不具有密封性能，一般用于地面车站和高架车站，如图3-3所示。

2. 站台门系统的作用

站台门作为站台公共区域与轨道列车之间的可控通道，能够在列车进站时配合列车车门动作打开和关闭，为乘客提供上、下车的通道。其主要作用包括：

（1）安全 防止乘客或物品因车站客流拥挤或其

图3-3　半封闭型站台门（半高式）

他原因落入轨道，更好地管理乘客，避免非工作人员进入隧道，从而为城市轨道交通实现无人驾驶创造条件。

（2）节能 减少站台区与轨道区之间气流的交换，降低空调系统的运营能耗。地铁站台门系统可使空调设备的冷负荷减少 35% 以上，环控机房的建筑面积减少 50%，空调电耗降低 30%，有明显的节能效果。

（3）环保 减小列车运行噪声及活塞风对站台候车乘客的影响，改善乘客候车环境。

（4）经济 对车站整体空间布置进行简化，减少设备容量、数量、土建工程量等投资建设成本，产生了良好的社会效益和经济效益。

二、站台门系统的构造

站台门系统由机械和电气两部分构成，机械部分包括门体结构和门机系统（传动部分、锁紧装置），电气部分包括门机系统（驱动部分）、电源系统、控制与监视系统。

1. 门体结构

门体结构主要由顶箱、门状态指示灯、立柱、踢脚板、门槛和门本体等部分组成，如图 3-4 所示。

（1）顶箱 顶箱上一般会设置一些导向标志，但其主要功能是对内部零件进行密封保护，并采取防电磁干扰措施。从材料选择和密封设计上说，顶箱既能减振，又能有效地屏蔽外界的电磁干扰。

（2）门状态指示灯 门状态指示灯通过显示颜色、显示方式（常亮、闪烁等）来表示站台门所处的状态。

（3）立柱 立柱及其下面的底座是主要承重结构，底座通过绝缘件与站台板进行螺栓连接，既保证牢固可靠，又保证站台门系统与站台板地面绝缘隔离。

图 3-4 站台门门本体的结构（一）

（4）踢脚板 踢脚板采用的是不锈钢材料，主要是用来防止乘客有意或无意地踢脏或踢碎门体玻璃。

（5）门槛 门槛一般采用铝合金材料，并在表面上用一种凸凹结构作防滑处理。门槛位于所有滑动门的下端，因为这些地方是乘客最有可能踏过的区域，其主要作用是保护乘客经过时不会摔倒，同时防止乘客触电。

（6）门本体结构 门本体结构是机械结构部分中最重要的部分，一般可分为滑动门、固定门、应急门和端门 4 类，如图 3-5 所示。

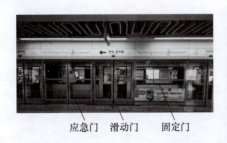

图 3-5 站台门门本体的结构（二）

1）滑动门。滑动门是指在列车进站时可以和车门同时开、关的活动门。其数量与列车客室车门数量相同，并具有障碍物探测功能。正常情况下，滑动门的开、关由门机驱动机构操作，由门控单元（Door Control Unit，DCU）控制。滑动门上设有手动开门扳手，紧急情况下，轨道侧的乘客可通过扳手手动开门，工作人员可从站台侧使用专门钥匙解锁开门。

2）应急门。应急门是在紧急情况下供乘客逃生用的门。一般来说，每列车都对应有一道应急门，在紧急情况下乘客能够在轨道侧手动打开应急门逃生。应急门上设置有应急推杆，可以用其将门扇向站台方向旋转90°平开，如图3-6所示。

3）固定门。固定门设在双扇滑动门之间。根据滑动门的间距，在满足门本体结构强度和刚度的前提下，一般采用整体固定门。

4）端门。端门位于站台的两个端头，将乘客区与设备区分开。正常情况下由列车司机或车站工作人员手动打开。端门在轨道侧设有手动开门推杆，在站台侧设有门锁和隐蔽的开门机构。

手动解锁滑动门

手动操作应急门

手动操作端门

图3-6　应急门打开状态

2. 门机系统

门机系统（见图3-7）主要包括门机梁、电动机、减速器和传动装置、门锁、导轨、行程开关以及门机相关的附件（如电源开关、接线端子等）。

3. 控制系统

站台门的控制系统主要由中央接口盘（PSC）、就地控制盘（PSL）、就地控制盒（LCB）、远程监视设备（PSA）、门控单元（DCU）、通信介质及通信接口等设备组成。一般来说，除线路两端车站外，其余车站均设有中央接口盘（PSC），用来控制站台两侧所有的站台门。每侧站台门都由一套独立的逻辑控制子系统组成，确保一侧站台门的故障不影响另一侧站台门的正常运行。

控制系统具有系统级控制、站台级控制和手动级控制3种形式，其中，以手动级控制为最高优先级，系统级控制为最低优先级。

图 3-7　站台门门机系统（顶箱内）

（1）系统级控制　系统级控制就是信号系统通过中央接口盘来控制站台门。中央接口盘由单元控制器和监视系统构成。每个单元控制器控制一侧站台，各单元控制器都配有与相应侧信号系统进行接口的设备。监控机监视站台门系统，接收和发送站台门信息。中央接口盘一般设在车站设备房内。系统级控制如图 3-8 和图 3-9 所示。

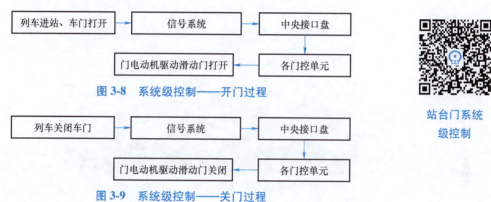

图 3-8　系统级控制——开门过程

图 3-9　系统级控制——关门过程

站台门系统级控制

（2）站台级控制　站台级控制是通过两侧站台的就地控制盘或者通过 IBP 盘上的站台门开关对站台门施行的紧急控制。

1）就地控制盘。图 3-10 所示为不同厂家生产的就地控制盘控制面板。每侧站台的发车端均设置就地控制盘，安装在端门内，供列车司机在驾驶室瞭望或离开驾驶室进行操作。在站台门系统发生故障时，站台站务员可以通过操作就地控制盘协助列车司机发车。就地控制盘上一般设有关闭锁紧状态指示灯、互锁解除状态指示灯、互锁解除钥匙开关和开关门钥匙开关等。

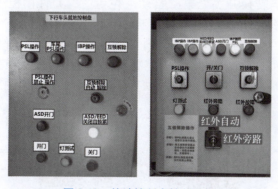

图 3-10　就地控制盘控制面板

① 关闭锁紧状态指示灯。该指示灯用来提醒司机所有站台门是否关闭且锁紧。一般来说，当所有门单元关闭并锁紧后，指示灯亮；否则，该指示灯将熄灭。

② 互锁解除状态指示灯。当强制执行互锁解除钥匙开关时，该指示灯亮。

③ 互锁解除钥匙开关。此开关一般为自动复位的钥匙开关，即当转动的力释放后，钥匙通过自动复位功能自动回到正常位置。操作互锁解除钥匙开关可将"互锁解除"信号送到信号系统，发送强制发车信号，允许列车离站，一般在站台门故障时使用。

互锁解除功能
操作

④ 开关门钥匙开关。该开关设有关门位、开门位等档位，通过旋转开关到达各自位置，可以向该侧所有滑动门发出开、关门命令。

2) IBP 盘。IBP 盘以站台每侧的站台门为独立控制对象，一般设在车站控制室内。在车站紧急情况下（如发生火灾），可以操作 IBP 盘上的开门按钮打开滑动门，该命令属于紧急状态下的紧急开门命令，优先级高于就地控制盘控制和系统级控制。图 3-11 所示为不同地铁公司 IBP 盘控制面板的站台门控制部分。

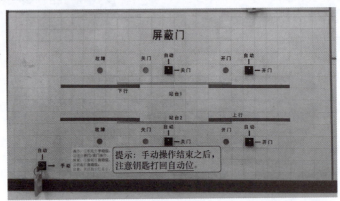

图 3-11 IBP 盘控制面板（站台门控制部分）

（3）手动级控制 手动级控制也称为就地控制，是通过每个门单元的就地控制盒来进行开、关门操作或者由工作人员通过钥匙进行开、关门操作。

每个滑动门都配有一个就地控制盒，便于工作人员就地操作。就地控制盒（见图 3-12）一般设"自动、关门、开门、隔离"四位钥匙或设"自动、隔离、手动"三位钥匙。以四位钥匙为例，当转换开关处于"开门"位置时，站台门系统的滑动门打开；当转换开关处于"关门"位置时，站台门系统的滑动门关闭；当转换开关处于这两个档位时，站台门不执行来自中央控制盘的命令。当转换开关处于"自动"位置时，允许门控单元接收中央控制盘的"开门命令"与"关门命令"。当转换开关处于"隔离"位置时，单个滑动门单元与系统隔离，隔断本单元的电力供应，不影响整个系统的正常工作，以便于维修。

当就地控制盒无法实现对故障站台门的控制时，可以由工作人员在站台侧滑动门钥匙控制区（见图 3-13）通过应急钥匙将站台门手动打开；或者乘客在轨道侧使用滑动门上的手动解锁把手，自行打开站台门。

就地控制盘
控制站台门

IBP 盘控制
站台门

使用就地控制盒
操作滑动门

手动解锁站
台门

图 3-12　就地控制盒

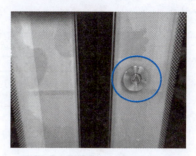
图 3-13　滑动门三角钥匙控制区

4. 电源系统

电源系统主要由驱动电源、控制电源和系统配电柜等组成。

三、站台门系统的故障处置

在信号系统正常工作时，由于站台门和信号系统的联动性，如果站台门意外打开，则列车无法进站；如果站台门无法关闭，则列车无法出站。因此，作为车站工作人员必须及时处理站台门故障，保障列车的正常运行。地铁运营公司有关站台门故障处理的总体原则是在确保安全的前提下，优先保证行车。常见的站台门故障有单门开、关门故障和多门（含整侧）开、关门故障。车站工作人员在站台门发生故障时，应根据站台门控制系统的优先级别结合具体的情况需要对站台门进行控制。

站台门的"三级五控制"中，系统级控制优先级最低，然后依次为站台级就地控制盘控制、IBP 盘控制、就地控制盒控制、应急钥匙手动解锁。

【实践技能】

一、单对滑动门无法正常关闭的故障处置

根据信号系统的工作过程，只有所有的站台门关闭且锁紧后，中央接口盘才会发送门全关闭信号到信号系统，信号系统才能允许列车离站。因此，当单对滑动门无法正常关闭时，列车将无法出站。此时工作人员必须及时到现场查看原因，如不能立即解决，应切断该对滑动门与信号系统的联动性保证列车出站，留守并提醒乘客不要靠近故障站台门，从而保证乘客安全和减少列车延误。

以某地铁运营公司为例，单对滑动门无法正常关闭时的处理流程如图 3-14 所示。

二、多对（≥3）滑动门无法正常关闭的故障处置

当多对滑动门无法正常关闭时，可以先通知司机使用就地控制盘关闭该侧所有滑动门，如未关闭成功，则需要站务员操作就地控制盘上的互锁解除来发出强制发车信号。

某地铁公司多对（≥3）滑动门无法正常关闭时的处理流程如图 3-15 所示。

三、单对滑动门无法正常开启的故障处置

单对滑动门无法正常开启时，会影响乘客的下车，给乘客带来不便，此外，该故障门有可能会出现意外打开的情况，存在一定的安全隐患。在处置过程中，首先要检查引导轨处是

否有异物，然后进行相应控制。

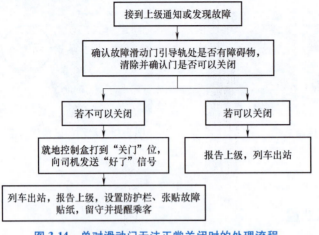

图 3-14　单对滑动门无法正常关闭时的处理流程

单档滑动门
关门故障现
场处置

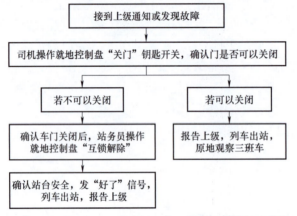

单侧站台门互
锁解除操作

图 3-15　多对（≥3）滑动门无法正常关闭时的处理流程

某地铁公司单对滑动门无法正常开启时的处理流程如图 3-16 所示。

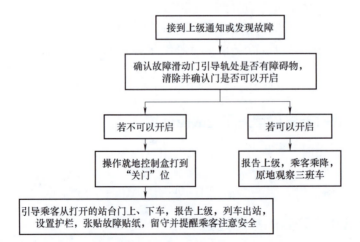

单档滑动门
开门故障现
场处置

图 3-16　单对滑动门无法正常开启时的处理流程

四、多对（≥3）滑动门无法正常开启的故障处置

多对滑动门无法正常开启时，对乘客下车速度有很大的影响，容易造成上、下车时间过长，站台乘客秩序混乱等突发状况。在处理过程中，需要注意确保每节车厢至少有一档或两档滑动门是开启的。

某地铁公司多对（≥3）滑动门无法正常开启时的处理流程如图3-17所示。

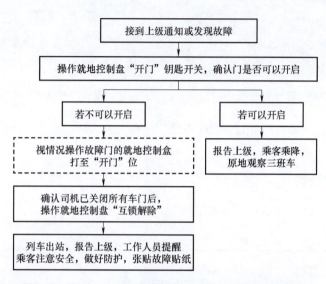

图3-17　多对（≥3）滑动门无法正常开启时的处理流程

为了确保乘客候车安全，车站工作人员在工作过程中必须熟练掌握站台门不同级别控制方式的适用条件，做到具体问题具体分析，时刻保持沉着、冷静，根据现场情况，严格按照作业标准进行现场故障处置，避免造成巨大的人员伤亡和财产损失。正所谓"业精于勤，荒于嬉；行成于思，毁于随"。在日常的培训过程中，车站工作人员要养成严谨、务实的工作作风，才能做好乘客安全的守护人。

五、站台门玻璃破碎或破裂

当站台门发生破碎或破裂现象时（见图3-18），首先要保证乘客的安全，防止乘客或物品掉入轨道，还要防止列车进站时的活塞风造成站台门的爆裂。

整侧站台门开门
故障应急处置

站台门操作
风险提示

站台门玻璃
破碎处置

具体处理要点如下：

1）指派工作人员在故障站台站岗监护，以防止乘客或物品掉入轨道。

2）设置故障指示牌，并做好防护，提醒乘客远离故障站台门，防止乘客受伤，如图 3-19 所示。

图 3-18　破碎站台门　　　　　　　　　图 3-19　防护破碎站台门

3）将破裂玻璃用封箱胶纸粘贴，防止突然爆裂，如已破碎，应马上进行清理，同时，防止玻璃碎片危及乘客安全或影响行车。

六、实训工单任务

结合所学内容完成任务工单站台门系统的故障处置相关任务。

💡 知识拓展

站台门的发展史

早在 20 世纪 60 年代，在列宁格勒（现俄罗斯圣彼得堡）的地铁系统已采用类似站台门的钢门来保证乘客的安全。1983 年，法国自动捷运系统 VAL 的里尔地铁（Lille Metro）生产商马特拉公司（Matra）向瑞士的玻璃门生产商 Kaba Gilgen AG 为列车月台特别订造自动滑门，成为世界上最早安装玻璃站台门的铁路系统。其后，欧洲及亚洲多个地区的铁路系统相继采用站台门，成为当时铁路系统的安全标准之一。

我国大陆地区最早安装站台门系统的是广州地铁 2 号线，随后上海、深圳、天津、北京等城市的地铁安装了地铁站台门。随着地铁站台门的普及，国内多家站台门生产企业逐渐打破了其核心技术被国外几家企业垄断的局面。2006 年 4 月，深圳方大集团研发出具有自主知识产权的国产化站台门系统，通过国家评审，并且于 2007 年 3 月与深圳地铁签订一号线续建工程地铁站台门系统的总承包合同，标志着我国的地铁站台门产业已经进入世界先进行列。

在我国现阶段，各地铁公司越来越注意到站台门在保障候车乘客安全及便于运营管理方面有着不可忽视的作用。目前，全国各城市新开地铁线路都加装了全高式或半高式站台门系统。

📚 【学习小结】 »»»

1. 站台门是安装在站台边缘，将列车运行区域与站台区域隔离的门体系统。
2. 站台门系统可分为封闭型和半封闭型两种，封闭型主要为全高式站台门，半封闭型可分为全高式和半高式两种。

3. 站台门系统由机械和电气两部分构成，机械部分包括门体结构和门机系统（传动部分、锁紧装置），电气部分包括门机系统（驱动部分）、电源系统、控制与监视系统。

4. 站台门门本体结构是机械结构部分中最重要的部分，一般可分为滑动门、固定门、应急门和端门4类。

5. 站台门的控制系统主要由中央接口盘（PSC）、就地控制盘（PSL）、就地控制盒（LCB）、远程监视设备（PSA）、门控单元（DCU）、通信介质及通信接口等设备组成。控制系统具有系统级控制、站台级控制和手动级控制3种形式，其中，以手动级控制为最高优先级，系统级控制为最低优先级。

6. 站台门的故障处置要本着"先通后复"的原则，在确保乘客安全的前提下，第一时间保证列车的正常运行，减少延误时间。

 【知识巩固】

一、填空题

1. 站台门系统可分为（　　）和（　　）两种，前者主要为全高式站台门，后者可分为（　　）和（　　）两种。

2. 站台门门本体结构是机械结构部分中最重要的部分，一般可分为（　　）、（　　）、（　　）和（　　）4类。

3. 站台门控制系统具有（　　）、（　　）和（　　）3种形式。

二、选择题

1. 下列站台门的控制系统中，优先级别最高的是（　　）。

A. 系统级控制　　　　　　　　　　B. 站台级控制

C. 手动级控制　　　　　　　　　　D. IBP盘控制级

2. 就地控制盘上面有（　　）。

A. 关闭锁紧状态指示灯　　　　　　B. 互锁解除状态指示灯

C. 互锁解除钥匙开关　　　　　　　D. 开、关门按钮

E. 开、关门状态指示灯

3. 下列方式中可以打开应急门的有（　　）。

A. 站台侧通过钥匙开启

B. 轨道侧通过压杆开启

C. 系统控制

D. 就地控制盒打到"开门"位

E. 就地控制盘操作开门按钮

三、简答题

1. 单对滑动门发生故障时应如何处理？

2. 多对滑动门发生故障时应如何处理？

任务二　火灾报警系统的运用

【任务描述】

火灾报警系统（FAS）是城市轨道交通重要的安全设施之一，对地铁消防起着至关重要的作用。通过本任务的学习，使学生清楚地了解火灾的相关知识，同时，掌握地铁中火灾报警系统的构成，掌握火灾报警系统的工作过程和火灾确认方式。

【学习目标】

知识目标	技能目标	素养目标
1. 了解地铁火灾的分类及特性 2. 掌握火灾报警系统的组成 3. 掌握火灾报警系统的报警流程	1. 能够正确区分地铁火灾的类型 2. 能够正确识别火灾报警系统的设备设施 3. 能够正确确认车站火灾	1. 加强安全意识，提高安全技能 2. 养成规范作业的职业习惯 3. 培养遇事沉着、冷静的心理素质

【理论知识】

一、地铁火灾的分类及特性

1. 火灾的分类

依据《火灾分类》（GB/T 4968—2008）的规定，火灾根据可燃物的类型和燃烧特性，分为 A、B、C、D、E、F 6 类，详见表 3-1。

表 3-1　火灾的分类

A 类火灾	固体物质火灾	这种物质通常具有有机物质性质，一般在燃烧时能产生灼热的余烬，如木材、煤、棉、毛、麻、纸张等火灾
B 类火灾	液体或可熔化的固体物质火灾	如煤油、柴油、原油，甲醇、乙醇、沥青、石蜡等火灾
C 类火灾	气体火灾	如煤气、天然气、甲烷、乙烷、丙烷、氢气等火灾
D 类火灾	金属火灾	如钾、钠、镁、铝镁合金等火灾
E 类火灾	带电火灾	物体带电燃烧的火灾
F 类火灾	烹饪器具内的烹饪物（如动植物油脂）火灾	烹饪器具内的烹饪物（如动植物油脂）火灾

2. 地铁火灾的特性

火灾会产生大量的烟、有毒气体、有毒物质和热辐射。地铁客流量大、设备集中，大都为地下车站，这给火灾的扑救带来了很大的难度。地铁火灾主要有以下特性：

1）排烟困难、散热慢。

2）高温、高热全面燃烧。

3）安全疏散困难。

4）扑救困难、危害大。

二、火灾自动报警系统

城市轨道交通车站火灾防护系统由火灾监控系统、报警系统和灭火系统组成，包括自动灭火装置和人工灭火消除系统。由于车站是乘客高度聚集的场所，对车站服务范围内的消防有着极高的要求。火灾自动报警系统的探测点分布在站厅、站台、设备用房和管理用房等处，对保护区域进行火灾监视。火灾自动报警系统设备的配置一般分为中心设备配置、车站级（车站、车辆段、停车场控制室）设备配置和现场级设备配置（火灾探测器的设置、监控设备设置、供电电源）3 个级别。

火灾自动报警系统由火灾探测设备、手动报警设备、火灾报警控制器、消防及控制设备和气体灭火系统组成。它能在火灾初期，将烟雾、热量和光辐射等物理量通过感温、感烟和感光等火灾探测器变成电信号，传输到火灾报警控制器，并同时显示出火灾发生的部位，记录火灾发生的时间。

1. 火灾探测设备

火灾探测设备是指可以根据火灾参数触发火灾报警信号的设备，它主要包括智能光电感烟探测器、智能感温探测器、线形感温电缆、红外对射式感烟探测器、红外火焰探测器等，如图 3-20 所示。火灾探测设备分布在站厅、站台、一般设备用房和管理用房等处，对保护区域进行火灾监视。

a) 智能光电感烟探测器　　　b) 智能感温探测器　　　c) 红外火焰探测器

d) 红外对射式感烟探测器　　　e) 线形感温电缆

图 3-20　火灾探测设备

2. 手动报警设备

手动报警设备主要包括手动报警按钮、消火栓报警开关和消防报警电话等，如图 3-21 所示。在站厅层、站台层、出入口通道和设备区等区域均设有手动报警按钮。报警区域内每个防火分区至少设有一个手动报警按钮。从一个防火分区内的任何位置到最邻近的一个手动报警按钮的步行距离不超过 30m。在上述区域中，若设有消火栓箱，则手动报警按钮一般安装在靠近消火栓箱处，且明显可见。

a) 手动报警按钮　　b) 消火栓报警开关　　c) 消防警铃　　d) 消防报警电话

图 3-21　手动报警设备

3. 火灾报警控制器

火灾报警控制器是火灾报警系统的指挥中心，它可以接收火灾探测设备、手动报警按钮的报警信号，并将其转换为声光报警信号，提示报警部位，记录报警信息。火灾报警控制器设在车站控制室内，一般有"手动"和"联动"两个档位，如图 3-22 所示。

4. 消防及控制设备

1）消防设备主要包括消火栓系统、灭火器、防火卷帘、防火门、防烟排烟系统和空调通风系统等，如图 3-23 所示。其中，消火栓是消防供水设施的终

图 3-22　火灾报警控制器

端，在灭火时提供较高压力的水源供直接灭火或为消防车供水。灭火器是在火灾初期用来灭火的设备。防火卷帘、防火门等是用来划分防火分区的设备。

a) 消火栓　　b) 灭火器　　c) 灭火器材箱　　d) 消防报警电话

图 3-23　消防设备

2）控制设备主要包括室内消火栓系统的控制装置、防烟排烟系统及空调通风系统的制装置。图 3-24 所示为车站控制室内 IBP 盘上面的消防及防烟排烟系统控制盘。此外，还有防火门、防火卷帘的控制装置，电梯回降控制装置，以及火灾应急广播消防通信设备、火灾应急照明与疏散指示标志的控制装置等的部分或全部。

5. 气体灭火系统

城市轨道交通采用的气体灭火系统主要包括卤代烃类气体类灭火系统和惰性气体类灭火系统。气体灭火系统大都安装在重要电气设备房内，由机械管网部分和控制系统部分组成。机械管网部分主要包括气瓶（见图 3-25）、管道、喷嘴、瓶头阀和选择阀等；控制系统部分主

要包括控制主机和气体灭火控制器（见图 3-26）。一般来说，车站重要电气设备房外都会设置气体灭火控制器，用来控制该设备房内的气体灭火设备。

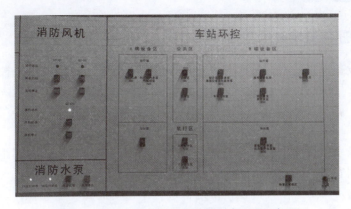

图 3-24　消防及防烟排烟系统控制盘（IBP 盘面）

图 3-25　气体灭火系统中的气瓶

图 3-26　气体灭火控制器

6. 车站级火灾自动报警系统的结构

城市轨道交通的火灾自动报警系统一般为两级管理、三级控制模式。两级管理是在地铁运营控制中心设置消防指挥中心，在各车站、车辆段、主变电所等处设置防灾控制室；三级控制为中央级、车站级和就地级控制。车站级火灾自动报警系统的结构如图 3-27 所示。

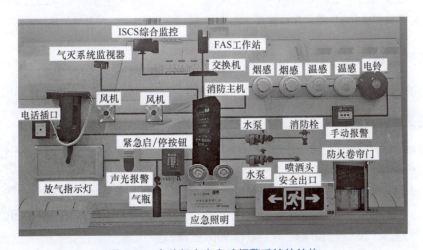

图 3-27　车站级火灾自动报警系统的结构

一、火灾自动报警系统的工作过程

当火灾探测设备探测到火灾参数或手动报警设备被触发时，火灾报警控制器会发出声光报警，车站工作人员听到报警后应第一时间派人去现场确认火情，如果火灾属于误报，则切断报警；如果火灾属实，则根据火灾具体情况进行灭火，并根据需要在控制器上确认火灾，启动消防联动。其具体工作过程图如图 3-28 所示。

地铁车站一旦发生火灾，车站的工作人员必须坚守岗位，在第一时间组织乘客疏散，确保乘客快速转移到安全地区；对于初期火灾，要能够迅速、及时地使用灭火器材或者消火栓系统进行初期灭火。车站工作人员在正常运营过程中，要提高安全意识，防患于未然，严格执行车站的巡视制度。

二、车站级火灾确认方式

车站级火灾确认方式如图 3-29 所示。

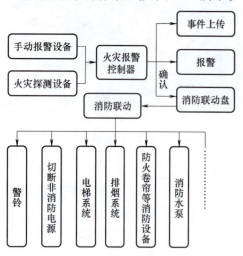

图 3-28　火灾自动报警系统的工作过程图

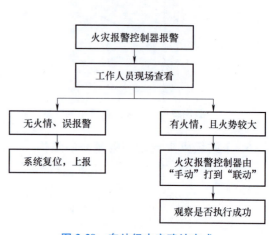

图 3-29　车站级火灾确认方式

三、火灾自动报警系统的报警流程

火灾自动报警系统的自动响应需要满足一定火情条件，具体条件及响应流程如图 3-30 所示。

四、各类消防器材的运用

1. 灭火器的使用方法

城市轨道交通系统中常用的灭火器主要为二氧化碳灭火器、泡沫灭火器和干粉灭火器。

二氧化碳灭火器的使用方法：右手握住喷嘴，左手执筒底边缘，上下摇晃，在上风源处，拔掉铅封和保险销，对准火源根部，按压灭火器压把。使用时，应尽量防止皮肤直接接触喷筒和喷射胶管而造成冻伤，扑救电气火灾

灭火器的使用方法

时，如果电压超过 600V，切记要先断电后扑灭。

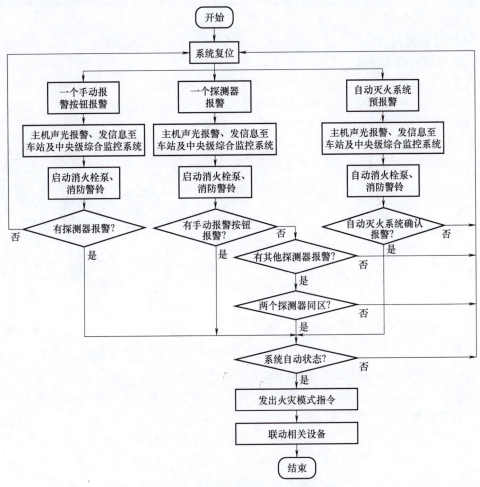

图 3-30　火灾自动报警系统的报警流程

泡沫灭火器的使用方法：首先右手拿住泡沫灭火器的压把，左手托住其底部，拿出灭火器。把灭火器提到着火的地方，用右手提就可以。用左手托住灭火器底部边缘，右手摀住它的喷嘴处。把灭火器倒过来拿起，再上下用力晃动，接着放开喷嘴。左手托住桶底，右手抓桶耳朵，喷嘴对向火苗处，开始时离火苗 8m 远，然后逐渐靠近，直到把火扑灭。灭火后，要把灭火器的喷嘴朝下，卧放在地面上。

干粉灭火器的使用方法，第一步：用双手上下摇晃干粉灭火器（目的是松开干粉灭火器中的干粉）。第二步：取下干粉灭火器上的铅封。第三步：拔出干粉灭火器的销子。第四步：与火源保持安全距离（2~3m），左手握住喷嘴，将喷嘴对准火根部，右手压下手柄。

2. 消火栓的使用方法

消火栓的使用方法如下：

1）打开消火栓门，按下内部火警按钮（按钮是报警和启动消防泵的）。

2）取出消防水带，向着火源点延伸展开。

3）一人接好枪头和水带奔向起火点。

4）另一人接好水带和阀门口，要确保接口把牢。

消火栓的使用
方法

5）逆时针打开阀门，有水流出。

6）手握水枪头及水管，向有火的地方喷去，即可灭火。注意：如果是电引起的起火，要先切断电源，不然会发生触电。通常消防柜是没有上锁的。

3. 消防服的使用方法

（1）消防服的摆放步骤

消防服是消防员们在灭火的时候穿的防护服装。消防服用于防止热量对于人体的伤害，是灭火时最基本、最适合的个人防护装备。消防服摆放步骤如下：

1）将裤子套在消防鞋上；将上衣叠好，放在消防鞋的前面。

2）将安全带折成四折放在上衣的前面。

3）将头盔放在安全带的前面。消防服如图 3-31 所示。

（2）消防服的穿戴步骤

1）检查消防服是否完好无损，如有破损或损坏应及时更换。

2）穿上室内服或室外服，注意要将拉链拉好，领口、袖口要收紧。

3）穿上避火服，注意将所有扣子扣好，包括头盔、手套和靴子。

图 3-31　消防服

4）检查所有装备是否牢固，如发现松动或脱落应及时调整。

（3）消防服穿戴的注意事项

1）在紧急情况下，不要急于穿戴消防服，要先了解火势和危险程度。

2）穿戴消防服时要保持冷静，不要慌张，以免造成不必要的伤害。

3）穿戴完毕后，要及时检查装备是否完好，如有损坏应及时更换。

4）在火场救援过程中，要时刻关注自己的装备和身体状况，如有不适要及时撤离。

4. 防毒面具的使用方法及注意事项

1）防毒面具使用前检查。使用前，需检查面具是否有裂痕和破口，确保面具与脸部贴合密封性；检查呼气阀片有无变形、破裂及裂缝；检查头带是否有弹性；检查滤毒盒座密封圈是否完好；检查滤毒盒是否在使用期内。

2）防毒面具的佩戴方法（见图 3-32）。将面具盖住口鼻，然后将头带框套拉至头顶；用双手将下面的头带拉向颈后，然后扣住；风干的面具请仔细检查连接部位及呼气阀、吸气阀的密合性，并将面具放于洁净的地方，以便下次使用；请不要用有机溶液清洗剂进行清洗，否则会降低使用效果。

3）防毒面具使用的注意事项：佩戴时如闻到毒气微弱气味，应立即离开有毒区域。有毒区域的氧气占总体积分数的 18% 以下、有毒气体占总体积分数 2% 以上的地方，各型滤毒罐都不能起到防护作用。每次使用后，应将滤毒罐上部的螺母盖拧上，并塞上橡胶塞后存储，以免内部受潮。滤毒罐应存储于干燥、清洁、空气流通的库房环境，严防潮湿、过热，有效期为 5 年，超过 5 年的应重新鉴定。

1 保持弹性头带平顺（不卷曲），将上方弹性头带扣连接好，同样将下方弹性头带连接好。将下头带套在头部，放到耳朵以下。将头带卷曲的部分理顺

2 将上头带拉过头顶，放到耳朵以上、脑后较高的位置。将头带卷曲的部分理顺

3a 拉头带来调整头带松紧，通过从头带扣后面推头带扣活动的部分

3b 可以不用把口罩从头上摘下就能降低头带松紧度

4 将双手指尖放在金属鼻夹顶部，用双手一边向内按压，一边向两侧移动，塑造鼻梁形状。用单手捏鼻夹会导致密合不当，降低口罩防护效果，应使用双手

5 每次佩戴时都应进行佩戴气密性检查，为检查口罩和脸的密合，用双手完全罩住口罩，快速吸气，请小心不要影响口罩的佩戴位置，口罩内应该有负压感觉，若感觉有任何泄漏，重新根据步骤3和4调整口罩

图 3-32　防毒面具的佩戴方法

 知识拓展

地铁微型消防站

微型消防站以救早、灭小和"三分钟到场"扑救初起火灾为目标，配备必要的消防器材，依托单位志愿消防队伍和社区群防群治队伍。其有消防重点单位微型消防站和社区微型消防站两类，是消防安全重点单位和社区建设的最小消防组织单元。

一、人员配备

1）微型消防站人员配备不少于6人。

2）微型消防站应设站长、副站长、消防员、控制室值班员等岗位，配有消防车辆的微型消防站应设驾驶员岗位。

3）站长应由单位消防安全管理人兼任，消防员负责防火巡查和初起火灾扑救工作。

4）微型消防站人员应当接受岗前培训，培训内容包括扑救初起火灾业务技能、防火巡查基本知识等。

二、站房器材

1）微型消防站应设置人员值守、器材存放等用房，可与消防控制室合用；有条件的，可单独设置。

2）微型消防站应根据扑救初起火灾的需要，配备一定数量的灭火器、水枪、水带等灭火器材；配置外线电话、手持对讲机等通信器材；有条件的站点可选配消防头盔、消防服、消防鞋、破拆工具等器材。

3）微型消防站应在建筑物内部和避难层设置消防器材存放点，可根据需要在建筑之间分区域设置消防器材存放点。

4）有条件的微型消防站可根据实际选配消防车辆。

三、职守联动

1）微型消防站应建立值守制度，确保值守人员24h在岗在位，做好应急准备。

2）接到火警信息后，控制室值班员应迅速核实火情，启动灭火处置程序。消防员应按照"3分钟到场"的要求赶赴现场处置。

3）微型消防站应纳入当地灭火救援联勤联动体系，参与周边区域灭火处置工作。

【学习小结】

1. 依据《火灾分类》（GB/T 4968—2008）的规定，火灾根据可燃物的类型和燃烧特性，分为A、B、C、D、E、F 6类。

2. 火灾自动报警系统设备的配置一般分为中心设备配置、车站级设备配置和现场级设备配置3个级别。

3. 火灾自动报警系统由火灾探测设备、手动报警设备、火灾报警控制器、消防及控制设备和气体灭火系统组成。

4. 火灾报警控制器是火灾报警系统的指挥中心，它可以接收火灾探测设备、手动报警按钮的报警信号，并将其转换为声光报警信号，提示报警部位，记录报警信息。

5. 消防设备主要包括消火栓系统、灭火器、防火卷帘、防火门、防烟排烟系统和空调通风系统等。

6. 气体灭火系统大都安装在重要电气设备房内，由机械管网部分和控制系统部分组成。

【知识巩固】

一、填空题

1. 火灾探测设备分布在站厅、站台、一般设备用房和管理用房等处，对保护区域进行（　　　）。

2. 火灾报警控制器设在车站控制室内，一般有（　　　）和（　　　）两个档位。

3. （　　　）是消防供水设施的终端，在灭火时提供较高压力的水源供直接灭火或为消防车供水。

4. 气体灭火系统大都安装在（　　　）内，由机械管网部分和控制系统部分组成。

二、选择题

1. 属于车站消防设备的有（　　　）。
A. 感温探测器　　　B. 感烟探测器　　　C. 消火栓系统
D. 灭火器　　　E. 防火卷帘

2. 一般来说，车站重要电气设备房内都会设置（　　　）。
A. 气体灭火系统　　B. 自动喷淋系统　　C. 消火栓灭火系统　　D. 灭火毯

3. 城市轨道交通的火灾自动报警系统一般为两级管理、三级控制模式，其中，三级控制为（　　　）。

A. 中央级　　　　　B. 车站级　　　　　C. 就地级

D. 远程级　　　　　E. 行调级

三、简答题

1. 地铁火灾有哪些特性？

2. 地铁车站火灾报警系统包含哪些设备？

3. 地铁车站如何确认火灾的发生？

任务三　城市轨道交通专用通信系统

【任务描述】

城市轨道交通通信系统是确保城市轨道交通正常运营的中枢神经，它为城市轨道交通运营各系统、各部门和控制中心之间相互传递信息提供传输手段和通道，确保整个系统正常运营。通过本任务的学习，要求学生了解城市轨道交通通信系统的组成及相应的功能，学会正确地运用城市轨道交通的通信系统。

【学习目标】

知识目标	技能目标	素养目标
1. 了解城市轨道交通通信系统的组成 2. 掌握电话子系统的功能及特点 3. 掌握 CCTV 监视系统的功能	1. 能够明确城市轨道交通通信系统的功能 2. 能够正确运用电话子系统 3. 能够正确运用 CCTV 系统	1. 培养团队协作的意识 2. 培养严谨、务实的工作态度 3. 培养全心全意为乘客服务的意识

【理论知识】

城市轨道交通通信系统可以为城市轨道交通工作人员提供内部、外部联络用通信手段；为运营人员之间提供及时、有效的通信服务，这些通信包括调度、列车、维修、管理等各生产人员之间的无线和有线通信。通信系统还应与当地市公众电信网连通，提供市话通信。列车为无人驾驶运行模式时，车厢内设置的乘客与控制中心的通信联络装置应实现值班人员与乘客的双向语音通信，值班人员与乘客通话应具有最高优先权。

通信系统还可以将大量的监控数据进行传输，为调度指挥及相关人员提供有关设备、行车、灾害的信息传输和现场图像作为决策依据，并提供发布各种控制和指挥命令的通信手段。

城市轨道交通通信系统包括传输子系统、电话子系统、有线广播子系统、闭路电视子系统（CCTV 系统）、无线通信子系统和时钟子系统。

一、传输子系统

传输子系统应满足通信各子系统和其他系统信息传输的要求，为各系统提供传输通道。传输系统不仅传输本部门的所有语音数据、文字和图像信息，还需传输信号、电力、自动售检票、防灾报警和环控等部门集中监测监控的实时和非实时的信息。除此以外，通信各子系统，即广播、时钟、电话、闭路监视等的各类信息的传送也需要利用传输子系统完成。传输子系统具体的功能有：为电话、广播、闭路电视等传输语音和图像信息，为无线通信系统提供信道，为供电电力监控系统提供信道，为 AFC 系统提供信道，为环控系统及防灾报警系统提供信道；为办公及其他自动化系统提供信道。

二、电话子系统

城市轨道交通的电话子系统是利用同一套程控交换机网组成的，包括公务电话子系统和专用电话子系统。车站控制室内电话终端如图 3-33 所示。

图 3-33　车站控制室内电话终端

1. 公务电话系统

公务电话多用于完成行政管理通话功能，是为城市轨道工作人员与地铁内部及外部进行公务联络的通信子系统，其分布在每一个车站及公司本部、车场、控制中心等区域。

各车站、控制中心、各系统设备的维修单位、各管理单位内部以及各单位之间利用程控交换机联成程控交换机网络，形成城市轨道交通的内部办公电话网。某地铁车站公务电话如图 3-34 所示。

2. 专用电话系统

专用电话多用于完成运营通话功能，是调度员和车站、停车场值班员指挥列车运行和下达调度命令的重要通信工具，是为列车运营、电力供应、日常维修、防灾救护、票务管理提供指挥手段的专用通信系统。其主要包括调度电话、站间电话和轨旁电话。

（1）调度电话　调度电话用于行车调度、电力调度、环控调度、专用调度所和各车站、车辆运用单位等用户之间的直接通话，可以实现单呼、组呼、全呼等调度功能。某地铁车站调度电话如图 3-35 所示。

（2）站间电话　站间电话由专用通道传递，拿起话筒即直接接通，主要办理行车业务用，如图 3-36 所示。

（3）轨旁电话　轨旁电话指设置在线路轨道旁的电话，如图 3-37 所示，用于供有关专业人员和调度及其他有关分机联系，及时报告运行线路发生的故障及其他紧急情况。一般轨道旁隔一定距离就设置一部轨旁电话机。

图 3-34　某地铁车站公务电话

图 3-35　某地铁车站调度电话

图 3-36　站间电话

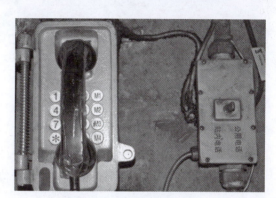

图 3-37　轨旁电话

三、有线广播子系统

有线广播子系统的主要作用：对外向乘客及时通报运营信息，播放温馨提示或音乐，以改善候车环境；在故障等非正常情况下通报行车、客运等安排情况；对内可紧急召唤检修、抢修人员和车站其他工作人员等。广播子系统应保证控制中心调度员和车站值班员向乘客通告列车运行以及安全、向导等服务信息正确无误，向工作人员发布作业命令和通知及时准确，发生灾害时可兼作救灾广播。

四、CCTV 系统

CCTV 系统的结构如图 3-38 所示。

CCTV 系统主要用于供控制中心的调度人员或车站的值班人员实时、有选择地监视沿线各车站或本站站台及站厅的状况；监视客流动态，以确保乘客进、出站及乘降列车的安全和有序；监视列车在车站的作业情况，以确保行车安全。该系统能够为控制中心的调度员、各车站值班员、列车司机等提供有关列车运行、防灾、救灾、乘客疏导以及社会治安等方面的视觉信息，如图 3-39 所示。

1）中心一级的用户［如行车调度员、环控（防灾）调度员］应能任意选择车站和车站内摄像机的图像，并切换至相应的监视器上，其操作终端如图 3-40 所示。

2）车站一级的用户（如车站值班员）应能任意选择本站内摄像机（见图 3-41）的图像，并切换至相应的监视器上。

3）列车司机和站务员一级系统，供用户监视相应站台摄像机（见图 3-42）的图像，无控制功能。中心和车站的监视，均可采用固定监视和自动循环切换监视。

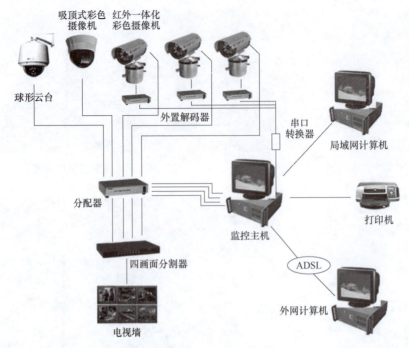

图 3-38　CCTV 系统的结构

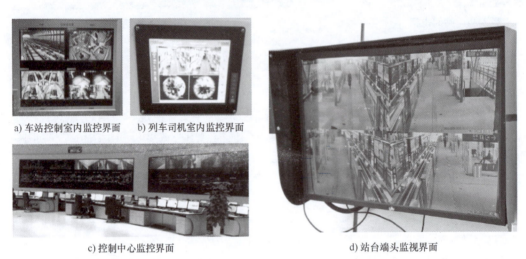

a) 车站控制室内监控界面　　b) 列车司机室内监控界面

c) 控制中心监控界面　　　　　d) 站台端头监视界面

图 3-39　地铁不同地点的监视界面

五、无线通信子系统

　　无线通信子系统主要供处于移动状态的运营工作人员（列车司机、便携台作业人员、现场检修人员、公安及站务员等）与控制中心调度员，车辆段、车场值班员或指挥处所保持联系，必要时可以使用无线通信设备发布调度口头命令，指挥行车，是确保行车安全、应急抢险救灾的重要手段，并应具有选呼、组呼、全呼、紧急呼叫、呼叫优先级权限等调度通信、存储及监测等功

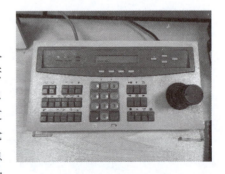

图 3-40　CCTV 控制器

图 3-41　站厅层内摄像机

图 3-42　站台及车厢内摄像机

能。无线通信子系统由基地台、天线（隧道内漏泄电缆）、列车无线台、便携式无线台及电源等设备组成。

　　无线通信子系统根据使用主体的不同分为列车无线调度电话（见图 3-43）、车辆段无线电话（见图 3-44）和应急抢险无线电话等。其中，列车无线电话简称为无线列调，是指挥行车的重要工具之一，可实现列车司机与行车调度员、车站值班员之间的即时通话联系，使列车运行置于调度员的实时控制之下。

对讲机的使用
方法

图 3-43　列车司机用无线调度电话

图 3-44　车辆段无线电话

六、时钟子系统

　　时钟子系统主要为工作人员、乘客及相关系统设备提供统一的标准时间信息，为城市轨道交通的其他各设备系统提供统一的定时信号。时钟子系统由中心母钟（简称为一级母钟）、车站和车辆段母钟（简称为二级母钟）和时间显示单元（简称为子钟）组成。时钟子系统应适应具有运营关联的线路，乃至线网运营及各机电系统对统一标准时间信息的需求。

一级母钟设置在控制中心，二级母钟设置在各车站和车辆段，子钟设置在中心调度室、车站控制室、牵引变电所值班室、站厅、站台，以及其他与行车工作直接相关的办公场所。

当设有数字同步网设备时，一级母钟应能接收外部全球卫星定位系统（GPS）基准信号校准，一级母钟定时向二级母钟发送时间编码信号用以校准；二级母钟产生时间信号提供给车站等地的子钟。

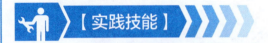

一、调度主机的使用方法

城市轨道交通的调度主机界面如图 3-45 所示。

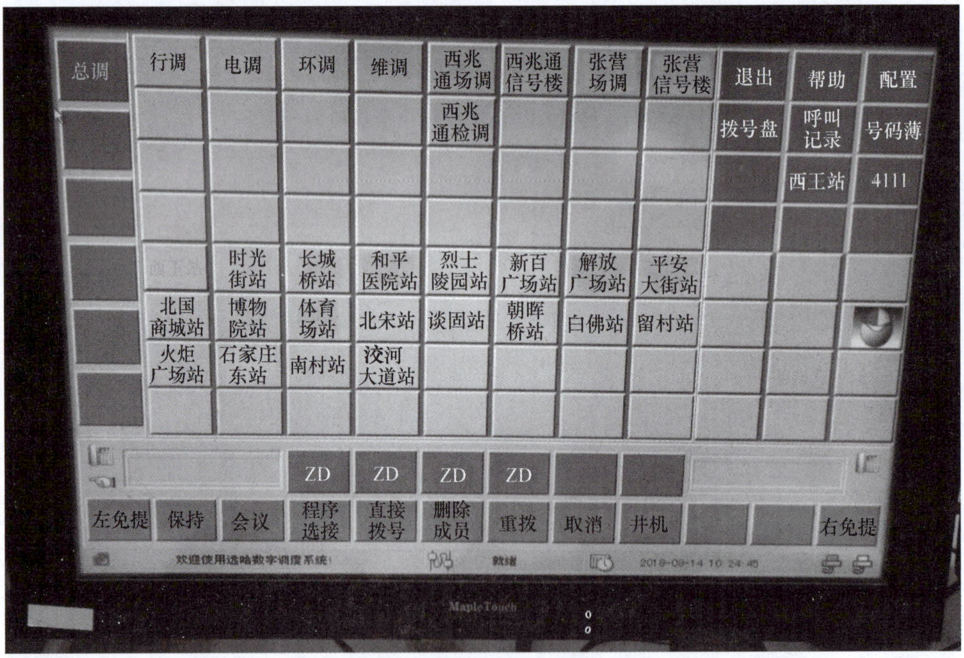

图 3-45　城市轨道交通的调度主机界面

调度主机的使用方法如下：

1）点选调度电话需要拨打的对象，可以单选，也可以多选。

2）从最下面选择操作功能。

二、车站无线对讲设备的使用方法

车站无线对讲设备的使用步骤如下：

1）打开开关电源，并调节声音。

2）打开频道，调整到对应频道。

3）按下按键可说话，松开按键可接听。

注意事项：无天线装设的无线通信设备，禁止发射；手持式电台在充电时不能发射，应关闭电源开关再充电；未接到来电信号，请勿乱叫，不得横向联络；当接收信号不清楚时，工作人员可以改变自己所处的位置进行前后和左右移动，以寻找最佳通信位置；通过降低车辆行驶速度或停车方式，可以提高灵敏度，改善通话效果；手持式广播站在距离高能广播站1m之内，禁止使用，以防烧坏喇叭；使用手持式电台时，远离计算机，以免干扰；使用电压范围，手持台通常为3.7V和7.4V，固定台架，机架一般是直流13.8V，当使用外接电源时，超出范围的电压禁止使用，否则会损坏电台；手持式电台的充电器不可供其他电池充电，电台也不能使用普通电池，防止"电水"进入电台，不得将手持台电池挪作他用。

 知识拓展

地铁第六代通信技术

2021年是"十四五"开局之年，也是我国城市轨道交通全面建设智慧城轨的重要时期，是加快推进城市轨道交通高质量与高效率并重发展，从"城轨大国"向"城轨强国"迈进的重要时期。

中国城市轨道交通业主领导人峰会2021深圳年会上指出，深圳地铁20号线已率先实现了全时全量、大宽带、低延时通信业务，通车后将成为国内首条应用第六代通信技术的地铁线路。

目前，全球首个地铁应急指挥系统和国内首个城轨综合智能检测系统已在深圳上线运行，实现接触网、轨道、隧道设备等实时检测报警。同时，巡检机器人、智慧工地、无感乘车、无人机巡查等已全面融入深圳地铁建设、运维、服务全过程各环节。

据介绍，深圳地铁20号线于2021年5月20日完成一期工程列车热滑试验，试验最高速度达到120km/h。其也是全球首个批量基于车-车通信技术、按照GOA4等级开通运营设计的列车，可以让车辆之间分享彼此的行车速度、相对位置等数据信息。

【学习小结】

1. 城市轨道交通通信系统包括传输子系统、电话子系统、有线广播子系统、闭路电视子系统（CCTV系统）、无线通信子系统和时钟子系统。

2. 专用电话多用于完成运营通话功能，主要包括调度电话、站间电话和轨旁电话。

3. 调度电话用于行车调度、电力调度、环控调度、专用调度所和各车站、车辆运用单位等用户之间的直接通话，可以实现单呼、组呼、全呼等调度功能。

4. 闭路电视监视系统能够为控制中心的调度员、各车站值班员、列车司机等提供有关列车运行、防灾、救灾、乘客疏导以及社会治安等方面的视觉信息。

5. 车站一级母钟设置在控制中心，二级母钟设置在各车站和车辆段，子钟设置在中心调度室、车站控制室、牵引变电所值班室、站厅、站台，以及其他与行车工作直接相关的办公场所。

📝 【知识巩固】 ➤➤➤➤

一、填空题

1. 城市轨道交通的电话子系统是利用同一套程控交换机网组成的，包括（　　）和（　　）。

2. 地铁专用电话子系统终端包括（　　）、（　　）和（　　）。

3. （　　）子系统应保证控制中心调度员和车站值班员向乘客通告列车运行以及安全、向导等服务信息正确无误，向工作人员发布作业命令和通知及时准确。

4. （　　）子系统监视客流动态，以确保乘客进、出站及乘降列车的安全和有序；监视列车在车站的作业情况，以确保行车安全。

二、选择题

1. 专用电话多用于完成（　　）通话功能，为站内各有关部门、相邻车站、轨旁提供与车站值班员之间的直达通话。

A. 投诉　　　　　　B. 调度　　　　　　C. 运营　　　　　　D. 服务

2. 有线广播子系统的主要作用有（　　）。

A. 对外向乘客及时通报运营信息

B. 播放温馨提示、音乐，以改善候车环境

C. 在故障等非正常情况下通报行车、客运等安排情况

D. 对内可紧急召唤检修、抢修人员和车站其他工作人员等

E. 发生灾害时可兼作救灾广播

三、简答题

1. 城市轨道交通系统控制中心、列车司机和地铁车站各工作人员之间有哪几种通话方式？各有何特点？

2. 请简要说明 CCTV 系统有哪些作用。

项目四

城市轨道交通车站日常运作

【情境导入】

工作后的中秋节，他都没回家

2021年9月21日上午9时，济南地铁3号线八涧堡站站台上，四五十名乘客正在候车，他们中不少是一家老小一同出游。人群中，一名身高1.78m身穿蓝色工装的站务员站得笔直，拿着对讲机和信号灯，为即将进站的地铁电客车做接车准备。这是23岁的鲁鑫雨，今年中秋节的第一班岗。中秋假期的第一天他上白班，中秋节当天他还是白班。

他的工作主要是在站台接发车，引导乘客上、下车，配合处理车辆突发状况。有时他还需要帮助乘客购票，引导他们正确刷卡进站，办理一些无法正常进、出自动检票机的票务手续。

这是他工作后第二个不回家的中秋节，去年8月，他入职济南地铁成为一名站务员后，中秋节、除夕夜就都在车站里度过，他成了那个节日里不回家的人。

上百遍"手指口呼"，一天走25000步

地铁电客车进站停靠后，鲁鑫雨笔挺地面对电客车，查看站台门后，通过对讲机汇报。待车门、站台门正常打开后，他手指站台门尾端至头端的灯，一套"手指口呼"动作行云流水。在站务工作中，"手指口呼"用来接车送车时确认设备正常，鲁鑫雨上岗前已做了上千遍，现在每天接车、送车也要做上百遍，身体已经形成了肌肉记忆。

做完这套动作后，他开始引导乘客上、下车。此时站台门口，乘客上上下下，站台大厅的人多了起来。站在站台门外的鲁鑫雨，眼睛已经在看大厅四处。上千平的站台，他每天要在这里走25000步左右。

"打工人"不容易，护送好进站的每趟车每个人

"从学生到工作岗位，是站台上的很多乘客让我感到了这份工作的责任感。"地铁站里，乘客来来往往，更像一个微观社会，每个乘客都有自己的故事。"有的老人在站台候车时，会主动跟我聊天，有时也会倾诉自己的烦心事。"鲁鑫雨说，乘客中有不少是老人，他们步履蹒跚拎着东西来乘地铁，没有年轻人陪伴，站务员都会很主动地帮助这些老人。

在这个地铁"一线"岗位，也难免遇到乘客不理解的时候。鲁鑫雨说，有时乘客的一句谢谢或夸赞，会让他们开心一整天，但有时一个误解会让他们难过。"但只要在站里，我们时刻都谨记自己的工作，护送好每趟车，保证接送车和乘客的安全，一些负面情绪要学着慢慢消化，地铁运营的安全是第一位的。"

从鲁鑫雨的故事中，你发现站务员的工作内容有哪些呢？地铁车站的其他岗位，如车站值班员、客运值班员、值班站长每天的工作都是怎么样的呢？通过本项目的学习，大家可以了解地铁车站工作人员的一日工作流程。

任务一　车站的管理模式及工作组织认知

【任务描述】

通过本任务的学习可以使学生了解车站客运岗位体系的设置情况，能够分析自然站管理和中心站管理两种模式的区别，了解车站的日常管理基本制度。

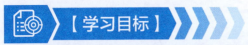

【学习目标】

知识目标	技能目标	素养目标
1. 了解车站管理模式及组织架构 2. 了解车站各部门岗位工作关系 3. 掌握车站各岗位的岗位职责及作业流程	1. 能够严格执行车站管理的基本制度 2. 能够与车站各部分人员协调配合 3. 能够模拟完成车站各岗位的岗位作业	1. 培养遵纪守法的职业素养 2. 提高团队协作意识 3. 提高标准作业的意识 4. 加强为乘客服务的意识

【理论知识】

一、车站管理模式的分类

车站客运工作主要包括车站行车、票务、服务、客运组织以及车站人员日常管理等。车站实施站长负责制，实行由上至下的管理制度和由下至上的汇报制度。根据其工作性质，车站工作 24h 运转。站长为日勤岗，值班站长为倒班岗，负责相应班次的管理责任，指导和组织值班员、站务员、保安、保洁开展工作。为保障车站的正常运作和各项工作的顺利开展，车站客运岗位体系设置根据车站运作管理模式的不同一般分为两种，一种为自然站管理模式，另一种为中心站管理模式。

1. 自然站管理

在自然站管理模式下，以一个车站为一个单位进行日常工作组织和管理。岗位体系实行层级负责制，由上至下顺序依次为站长、值班站长、值班员（行车值班员、客运值班员）、站务员（票务员、安全员、厅巡员等），如图 4-1 所示。

2. 中心站管理

在中心站管理模式下，以几个车站为一个单位进行日常工作组合管理。岗位体系实行层级负责制，由上至下顺序依次为中心站长、值班站长、值班员（行车值班员、客运值班员）、站务员（票务员、安全员、厅巡员等）。国内部分城市轨道交通运营企业的中心站管理模式，在自然站设置一名工长，以便于更好地加强车站生产组织与协调，如图 4-2 所示。

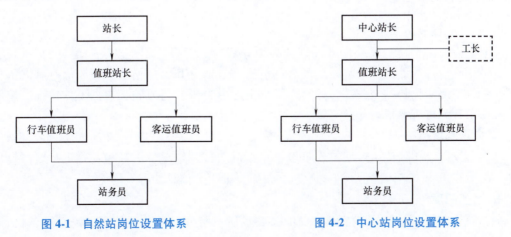

图 4-1　自然站岗位设置体系　　　　图 4-2　中心站岗位设置体系

车站的客运组织工作实行统一领导、分级管理的原则，建立健全各项工作制度，以便管理好车站秩序，改善服务态度，提高工作效率。

二、车站各部门岗位的工作关系

1. 一般车站常驻部门人员

一般车站常驻部门人员有运营部门人员、保洁部门人员、设备维修部门人员、城市轨道交通公安部门人员、银行部门人员、商业部门人员等，各城市常驻站单位部门不尽相同。

2. 站内各单位间的工作协调关系

在车站日常工作组织中，驻站各单位部门之间的合理分工和密切配合是安全运输的有力保障。由于各城市轨道车站组织形式有所差异，因而各部门的协作也有所区别。例如，有些车站成立以中心站长为组长、警务站负责人为副组长、各单位负责人为组员的综合治理小组。综合治理小组每月至少组织一次会议，解决和协调车站内的治安等工作。

3. 运营部门与其他单位人员的工作关系

1）综合治理小组成员相互通报相关信息。尤其在重大节假日前，运营站务人员应将有关行车方案及站内客运应急方案通报各部门。

2）定期组织各部门参加消防检查或应急与紧急疏散演练。

3）车站站长、值班站长可调动保洁、各专业维修人员、银行、商铺，参与车站特殊情况下的客运组织及大客流应急处理。

三、车站管理的基本制度

城市轨道交通车站作为直接向乘客提供运输服务的生产单元，需要严密、规范地管理。城市轨道交通车站通常有一套完整的排班制度、信息汇报制度、会议制度、巡视制度、文件管理制度、钥匙管理制度、车站控制室管理制度和考评管理制度等相关规定，以保障城市轨道交通车站客运组织工作的顺利开展。

1. 排班制度

城市轨道交通一旦投入运营，车站基本是24h作业，运营时间接待乘客，非运营时间进行设备保养、维修。因此，必须按照工作的需要，对车站各岗位实行定岗定员，一般采用轮班制，车站员工根据排班表的安排上岗。排班时，要注意执行《中华人民共和国劳动法》的规定，每月要确保员工休息时间符合国家规定，同一员工相邻两个班次的间隔时间至少超过12h。

2. 信息汇报制度

车站每天有大量信息需要向外反馈，必须有清晰的汇报流程，以确保信息的反馈及时、有效，并得到合理的处理。通常，汇报信息包括一般信息和紧急信息。一般信息可以每天汇总，按照规定逐级反映到相关部门处理；紧急信息由当班的值班站长根据事件情况，按照规定向相关负责人进行汇报，并做记录。

3. 会议制度

车站会议内容包括传达近期工作重点，总结班组运营情况，培训相关知识。城市轨道交通车站一般在班组交接班之前开车站交班会议，保证生产信息的有效传达。

4. 巡视制度

城市轨道交通车站作为一个开放型的公共场所，服务对象的群体具有流动性、临时性、复杂性、不确定性等特点。为保障运营时间各种设施设备正常运行，车站工作人员需要在日常工作中进行巡视，以保证场所、设施和设备、人身及财产的安全。城市轨道交通车站通常对车站巡视工作制订制度，明确各岗位巡视的范围和巡视的要求，实行巡点签到、登记记录等制度，确保不漏巡、不跳巡。

5. 文件管理制度

文件是城市轨道交通车站日常管理中涉及内容最多的一项，也是生产信息传递的重要形式。文件、规章是城市轨道交通车站日常运作的指挥棒。为规范车站文件的分类归纳更新、保管以及使用，城市轨道交通车站一般都制订管理制度，由车站专人负责进行分类归档管理等工作。例如车站各种规章手册、保安保洁资料、失物招领资料以及近期站内的各种安排及通知等，都应该分类整理存放在相对固定的位置。图 4-3 所示为某站的文件管理柜。车站指定专人负责建立本站领取的标准文本档案，并做好文本统计工作。车站所有标准文本需集中存放在固定位置，做好文本借阅登记，防止文本丢失。

6. 钥匙管理制度

城市轨道交通车站的结构布局通常比较复杂，设有多个设备房间，以满足正常运营的需要。为保障设备的正常运作，防止闲杂人员进入，通常都有严格的专人负责、专人锁门的管理要求。在日常工作中，设备维修人员以及设备使用人员需要经常进、出设备房间，因此要保证车站设备房的钥匙状态正常、良好。车站任何房间的开启必须得到车站的同意，由使用人员向车站借用钥匙，用完后及时归还，并记录。图 4-4 所示为某地铁车站钥匙管理柜。

图 4-3　某站的文件管理柜　　　　图 4-4　某地铁车站钥匙管理柜

7. 车站控制室管理制度

车站控制室是车站监督、指挥车站运作的核心场所，车站控制室内集中了车站设备控制系统和行车指挥系统等重要设备，必须严格管理。启用的车站控制室是 24h 有人值守的重要场所。因工作原因进入车站控制室时，必须佩戴有效证件并说明原因；车站控制室的值班人员作为车站控制室的负责人，负责车站控制室的安全。

8. 考评管理制度

在车站日常管理过程中，为增强员工的安全生产意识，调动员工参与安全生产的积极性，维护正常的生产秩序，需要建立员工绩效评价体系，对员工的工作量、完成工作任务的质量、工作态度、岗位能力、安全与纪律等方面进行评价。

四、车站各岗位职责

1. 值班站长的岗位职责

在站长的领导下，值班站长负责对当班期间本班组内站务人员的管理，监控当班期间的车站行车、票务和服务等工作，以保障生产的正常运作。

值班站长一般负责本班全站日常的行车、客运管理、乘客服务、事故处理、设备日常管理、安全管理、员工培训、执法管理等工作，具体如下：

（1）行车、客运和票务管理 听从行车调度员指挥，执行行车调度员命令，督导值班员接发列车；具体负责本班车站的车票、现金安全；督导操作 ATS；负责安排 AFC 设备或其他票务运作系统设备巡站工作；组织特殊紧急情况下的车站工作；根据需要巡视检查和指导各个岗位的工作；督导票务流程的执行和票务系统的正常运作，现场处理乘客的票务纠纷；保管部分票务钥匙；其他相关事项。

（2）乘客服务 处理特殊乘客的服务需求，如帮助突发状况的乘客、处理失物等；处理乘客投诉、来访、乘客纠纷等；督导本站各岗位按服务标准作业，提供优质服务；处理、汇总当班的服务事件和问题，并及时向站长汇报；对站外导向每两周巡视 1 次，并及时向有关调度报告巡视情况；对站内的服务设施进行巡视，对故障情况及时报修和登记；其他相关事项。

乘客投诉
接待作业

（3）员工管理 按规定在班前组织接班员工召开接班会；合理安排岗位，协调岗位工作；对当班人员进行督导、检查、考核；对当班员工进行培训、教育，掌握员工思想状况；其他相关事项。

（4）安全管理 确保行车、车站员工及乘客的安全；确保车站收益安全、设备运行安全；监督车站治安安全、消防安全工作；负责监控和管理夜间站内的施工安全和防护；负责定时、全面巡视车站，定时巡视长、大通道；重点的巡视内容为消防设备设施的状态，站台门的状态，扶梯运行是否正常，站台、站厅、通道、出入口设备设施的状态等；处理违反本市《城市轨道管理规定》的行为；进行车站各项安全检查；及时向站长汇报安全情况；其他相关事项。

（5）员工培训 有些城市轨道车站值班站长还需要负责本班组员工的实地业务培训，具体如下：组织实施车站培训工作，检查评定培训效果；定期总结培训工作，提出改进意见或建议；负责本班业务培训。

（6）执法工作 佩戴执法证件上岗，按规定程序执法；负责执法证件、文书、票据的管理交接；填写相关票据、上交罚金、上报处罚情况。

2. 车站值班员的岗位职责

（1）行车值班员的岗位职责 在值班站长的领导下，行车值班员主要负责监控列车运行、设备运转及客流情况，同时，负责信号设备故障情况下的车站行车组织和协调。其岗位职责如下：

1）在值班站长的领导下，主管车站行车组织工作。

2）服从行车调度员指挥，执行行车调度员命令，正确填写行车日志、相关台账；在信号设备正常的情况下，严格按列车运行图组织行车，信号设备故障时，按照行车调度员指示，主要负责车站的行车组织、应急处置和协调。

3）负责监控和操作 ATS（见图 4-5）、IBP 盘、BAS/EMCS、火灾自动报警系统、主控等设备。

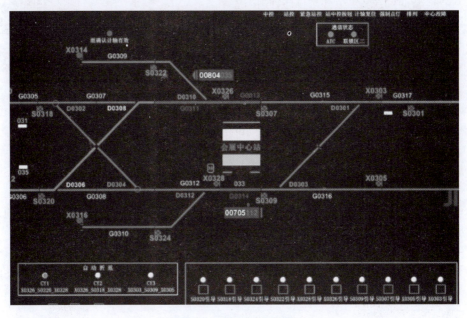

图 4-5　某站 ATS 界面

4）ATS 停用时，负责现场人工排列进路。

5）控制车站广播，通过 CCTV 监视各区域情况。

6）按规定做好施工监控，负责车站施工作业登记、施工安全监控、施工负责人管理等工作并做好各项施工的请、销点手续。

7）负责监控站级 AFC 设备运行情况，发现报警提示，及时提醒客运值班员或值班站长；如有应急信息，按规定做好汇报工作。

8）保管行车设备备品，保管车站日常钥匙及部分票务钥匙等。

9）负责车站设备故障的保养、维修及登记工作。

（2）客运值班员的岗位职责　客运值班员在值班站长的领导下，主要负责车站票务、服务，同时，负责设备故障情况下的客流组织、应急处置和协调。其岗位职责如下：

1）在值班站长的领导下，主管车站客运、票务管理，组织客运服务工作。

2）负责在 AFC 票务室内的票务处理终端上监控 AFC 设备及系统的运作，负责车票的收发、回收及保管工作。

3）车站营收统计工作，统计车票库存情况，及时申请调整库存车票种类、数量，负责各种票务收益票据填写及保管，在 AFC 票务室票务处理终端输入相应数据。

4）负责安排补币、补票工作及车票回收箱的清理工作，安排票箱、钱箱的更换及清点工作，保管车站的车票、现金及部分票务钥匙，并负责其安全，负责票务备品的完整、齐全和车站收益解行的实施和安全。

票款清点操作

票务封包处置作业

5）协助值班站长管理站务员，处理与乘客相关的票务事宜。

6）安排、监督、协助售票员和厅巡员的票务工作。

7）在非运营时间统计、汇总当日营收情况。

8）在紧急情况下，协助值班站长处理紧急事务。

9）执行分公司、部、中心、车站的有关规章制度，做到有令必行，有禁必止。

10）完成上级领导临时交办或外部门需协办的其他工作。

票务结算
交接作业

3. 站务员的岗位职责

在值班站长的领导下，协助值班员做好站台接发车、站厅巡视和票亭服务等工作，具体分为站台岗、票亭岗、厅巡岗，在当班期间可以由站长或是值班站长根据需要进行灵活调整。

（1）共性岗位职责

1）实行属地管理，必须服从值班站长和值班员的指挥，执行值班站长和值班员的命令。

2）执行分公司、部、中心、车站的有关规章制度，做到有令必行，有禁必止。

3）严格执行客运服务作业标准，做好客运服务工作。

4）负责及时向值班站长、值班员报告异常情况和问题，并做好相关记录。

5）在紧急情况下，开展有关应急工作；车站发生伤亡事故时，做好取证工作，并协助公安人员清理现场。

（2）站台岗岗位职责

1）监视列车运行状态、候车乘客动态，确保列车正常运行、乘客人身安全。

2）按照站台作业标准进行接发车及乘客服务工作，引导乘客站在安全线内候车。

3）若发现站台门故障等异常情况，及时采取措施，并与车站控制室联系；列车关门时，密切注意列车车门状态，列车起动时，注意乘客和列车动态。

站台岗接
发列车作业

4）遇有清车或列车不停本站时，做好解释劝说工作。

5）回答乘客询问，在力所能及的范围内帮助乘客解决问题，特别注意帮助老、弱、病、残、孕等乘客。

6）完成上级领导临时交办的工作。

（3）票亭岗岗位职责

1）在客运值班员的领导下，负责车站售票工作，按规定处理与乘客相关的票务事宜，填写乘客票务事务处理单（见表 4-1），或者乘客事务审批单（见表 4-2）；对待乘客要热心、有耐心、细心，做好乘客服务工作。

表 4-1 乘客票务事务处理单

年-月-日	车站	班次	经手人	乘客姓名	联系电话	卡号	卡种类	卡张数	退款理由	退款金额	退票类型	值班班长
公交卡小计												
单程票小计												
储值卡												

（续）

年-月-日	车站	班次	经手人	乘客姓名	联系电话	卡号	卡种类	卡张数	退款理由	退款金额	退票类型	值班班长
IC 卡												
特种票												
总计												

表 4-2 乘客事务审批单

乘客事务审批单

NO.

_____站
年　　月　　日

事件详情（请说明事件经过、车票或凭证 ID、涉及金额、处理结果等）

所有签字均需手写

客服中心岗：　　　　　　　　　　　　　值班站长：

审批意见（请确认是否符合审批条件）

审批人：　　　　　　　　　　　　　时间：

2）按"一收、二唱、三操作、四找零"的程序进行作业，准确发售票、卡，按规定提示乘客确认票卡面值，不得拒收分币。

3）负责售票问讯处的相关工作，热情接待乘客，对乘客提出的问题，要按规定妥善解决；对无法过闸票卡进行分析，并按规定处理。

4）保管当班报表、单据、现金、车票、票务钥匙、车站票务中心相关备品，并负责其安全；完成相应票务报表的填写。

5）正确使用设备，确保售票亭内整洁和设备内部清洁。

6）协助处理票务紧急情况。

7）加强防范，确保票款安全。

储值卡发售和
充值作业

客服中心
问询作业

站厅巡视岗作业

（4）厅巡岗岗位职责

1）负责站厅巡视工作，检查电扶梯运行情况，自动售票机、自动检票机运作情况等，及时、主动向有需要的乘客提供服务。

2）引导乘客正确操作票务设备。

3）巡视车站自动售票机、自动检票机的运作情况，负责处理简单的 AFC 设备故障。

4）检查乘客车票的有效性，及时回收乘客遗留车票。

5）负责站厅、通道设备、设施的安全，运营时间内定时巡视出入口，并将巡视情况报车站控制室，车站控制室进行记录。发现有故意损坏或偷窃地铁设备设施行为时，及时制止，留下肇事人，报车站控制室处理。

6）协助处理票务紧急情况；在站厅、出入口范围发生的治安、安全（客伤）事件，要及时赶到，保护现场，同时通知车站控制室，寻找两名及以上目击证人，对伤者可使用外用药。

7）及时向值班站长、值班员报告异常情况和问题。

一、值班站长的工作流程

值班站长的工作作息一般采用四班两运转（即白、夜、休、休），也有城市轨道交通车站值班站长的工作作息采用三班两运转（中、早、休）。城市轨道交通车站 24h 需要有人工作，白天车站主要以应对车站乘客服务为主，夜间除了进行部分时段的乘客服务工作外，需要配合施工作业人员进行施工，进行运营结束后的票款清点以及次日运营前的准备工作等。

1. 班前

1）与前一班值班站长进行交接，熟知上一班的运营情况；本班上岗前 15min 召开班前会，班前会时间不少于 5min。图 4-6 所示为某站开班前会的情景。

图 4-6　某站开班前会的情景

车站班前会作业

2）检查、清点钥匙、行车备品、对讲设备以及执法证、文书、票据等备品。

3）认真检查"当班情况登记本"。

4）检查各种台账记录等并做好交接，如"钥匙管理登记本""施工登记本""每日运营重要信息""故障设备设施跟踪处理表""中心站交班会会议记录本""每日防火巡查本""调度命令本""行车日志""设施故障登记表"等。

5）检查文件、通知，核实夜班完成或未完成的工作，在接班中模糊、有疑点的问题要问清楚。

6）完成交接后，早班要在"当班情况登记本"上签名。签名后，如果出现因交接不清的问题，由接班值班站长负责。

7）更换服务窗照片。

2. 班中

1）检查人员到岗情况，安排好各岗位的工作。遇突发事件、事故发生时，及时了解详细情况，到现场担任事故处理组长，及时向有关生产安全组及相关领导报告事故处理情况。

2）按消防安全要求对车站全部设备进行一次检查。一般情况下夜间会对消防联动设备进行测试。

3）安排对所有自动售票机纸币钱箱的更换与清点工作；与客运值班员结账，开启尾箱；到 AFC 室进行打包返纳的确认与尾箱加封工作；监控客运值班员的交接。

4）运营时间内定时、全面巡视车站，重点的巡视内容为消防设备设施的状态、站台门的状态，扶梯运行是否正常、出入口、站台、站厅、通道设备设施的状态等。

5）督导各岗位员工按章作业，发现违章情况时及时做出处理。

6）运营开始或结束时，负责车站的清客、开关站；开站时确认出入口、扶梯、照明、AFC 设备状态良好，应在首班载客列车到站前××min 巡视全站，首班载客列车到站前××min 完成开启出入口大门、扶梯的工作，并巡视全站；关站时清站，确认出入口、扶梯、照明、AFC 设备全部关闭。

7）监控车站当天的施工情况，负责设置特殊指示灯，带施工人员到端墙。

8）及时处理、跟踪当班发生的乘客特殊事务及服务投诉事件。

9）安排有关岗位职工用餐。

10）组织所有接班员工、班中可参加的其他员工（如学员、顶岗班等）召开接班会。

3. 班后

1）与下一班值班站长做好交接。

2）检查本班所填写的台账"钥匙管理登记本""施工登记本""车站巡视检查本""每日防火巡查本""行车日志""故障设备设施跟踪处理表"。

3）在"当班情况登记本"上签名后下班。

二、行车值班员的工作过程

行车值班员工作作息一般采用四班两运转（即白、夜、休、休）。图 4-7 所示为某站行车值班员工作照。

图 4-7　某站行车值班员工作照

1. 班前

1）签到，检查行车备品状态数量，清点钥匙，填好交接台账，登记进入 ATS。图 4-8 所示为某站车站控制室工作常用表格及台账。

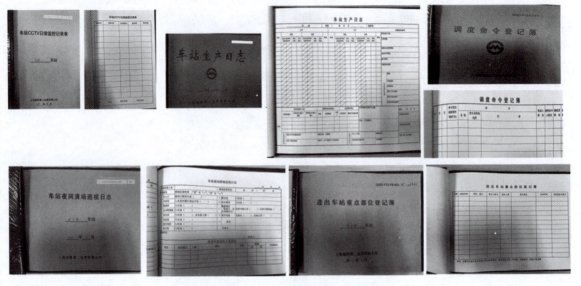

图 4-8　某站车站控制室工作常用表格及台账

2）检查、阅读"当班情况登记本""钥匙登记本""每日运营重要信息""行车日志""设施故障登记表"等台账。

2. 班中

1）正常情况下监控 ATS 和 CCTV，负责站台区域的安全管理；发生紧急情况时，负责协助值班站长处理情况。

2）运营前 30min 组织检查线路出清情况并及时报告行车调度员。

3）按要求的模式打开环控设备并检查运行情况。

4）首班载客列车到达前 15min 打开车站照明和 AFC 设备（除自动检票机）。

5）确认首班载客列车到达前 10min 自动检票机开启。

6）全面负责车站行车组织，接听各调度电话，通过调度命令发布系统的计算机接收和执行调度命令。

7）做好各项施工请点、销点登记手续（见表 4-3），做好施工和工程车（调试列车）开行的安全防护措施。

表 4-3　请点、销点填报表

_____年_____月_____日

请点									
作业代码	施工单位	施工负责人	作业内容	作业区域	作业时间		人数	施工负责/监管人签名	安全注意事项
					起	止			
备注:	□请点站□销点站□辅站请点站□辅站销点站 （主站记录辅站请点时间/A1 类施工记录防护设置时间）								

（续）

销点		
现场出清情况	施工结束时间	销点/监管人签名
□人员出清，工器具、物料出清 □设备、设施恢复正常		
备注：　主站记录辅站请点时间/A1类施工记录防护设置时间		

8）检查、管理对讲机设备的充电情况。

9）监控尾班车广播的播放情况，尾班车开出后关闭自动售票机、入自动检票机及一般照明、广告照明，协助值班站长清客关站。

3. 班后

1）检查"当班情况登记本""钥匙登记本""行车日志"等台账是否漏填、错填，做好交接班。

2）注销并退出ATS。

3）在"当班情况登记本"上签名后下班。

三、客运值班员的工作过程

根据车站业务分工，部分城市地铁运营单位将车站的票务汇总处理工作设置专人（即客运值班员岗位人员）来完成，也有部分城市地铁运营单位将此部分工作纳入值班站长的工作范畴内，由值班站长来完成车站的票务汇总处理工作，而不单独设岗。一般客运值班员的岗位作息时间与值班站长岗位相同，即四班两运转（白、夜、休、休），如白班时间为8:00—20:00，夜班时间为19:30—次日8:30。

1. 班前

1）检查车票、现金、钥匙、票务设备备品情况。图4-9所示为票务钥匙。

图4-9　票务钥匙（箱）

2）检查"值班员交接班本"是否按要求填写。

3）检查票务、乘客服务的文件通知是否有要注意的重点工作。

4）与交班值班员交接清楚后签名。

5）检查上一班的票务报表，见表4-4~表4-6。

2. 班中

1）审核报表，准时做车站报表。表4-7为车站报表上交明细单。

票务结算
交接作业

表4-4　车站 GATE 机回收记录单

站　　　年　　　月　　　日

线路	机号	GATE 机回收款				小计	出站人工回收废票数	回收人签名	操作
		第一次回收	第二次回收	第三次回收	第四次回收				
小计									

表4-5　车站单程票（应急票）储耗日报表

站　　　年　　　月　　　日　　　　　　　　　　　　　　　　　　　　　　受控编号：

上日结存	调入本站数	使用 GATE 回收数	小计（A）	BOM 售出数	TVM 售出数	补票	BOM 废票数	EFO 废票数	TVM 废票数
小计（B）	本日结存（A-B）	GATE 废票数	废票数小计	应急票上日结存数	应急票领用数	应急票售出数	应急票结存数	赠票上日结存数	赠票领用数
赠票发放数	赠票结存数	公共交通卡调入数	公交卡上日结存数	公共交通卡售出数	公共交通卡结存数	公共交通卡调入数	公交卡上日结存数	公共交通卡售出数	公共交通卡结存数
一日票上日结存数	一日票调入数	一日票售出数	一日票故障换票数	一日票本日结存	专用票上日结存数	专用票调入数	专用票更换数	专用票故障换票数	专用票本日结存
三日票上日结存数	三日票调入数	三日票售出数	三日票故障换票数	三日票本日结存	磁浮单上日结存数	磁浮单调入数	磁浮单售出数	磁浮单故障换票数	磁浮单本日结存
磁浮双上日结存数	磁浮双调入数	磁浮双售出数	磁浮双故障换票数	磁浮双本日结存					

提交时间：　　　　　　　票款员工号：　　　　　　　票款员姓名：　　　　　　　签名人：

表4-6　特种票营收结算单

线　　　站　　　年　　　月　　　日

班别	线路	姓名	员工号	一日票		专用票		三日票		磁浮单		磁浮双		营收合计		售票员签名
				张数	金额	张数	金额	张数	金额	张数	金额	张数	金额	张数	金额	
小计																
小计																
合计																

表 4-7 车站报表上交明细单

××× 站

NO

2016年7月28日

序号	名称	数量	备注
1	客服中心岗结算单	5张	
2	车站营收日报	1张	若上交数量与平时有差异，需在备注栏备注详情
3	钱箱清点记录表	1张	
4	车站票卡售存记录表	1张	
5	特殊票款记录表	2张	含作废票1张
6	乘客事务处理单	0张	
7	乘客事务审批表	2张	含7月26日审批1张
8	上交车票	4张	
9	TVM日结单	8张	
10	事件经过	1张	上交7月26日事件经过1张
11	云购票机小单	6张	
			若上交1张非当日的审批，需备注审批表日
			若上交非当天的事件经过，需备注日期
客运值班员	×××	工号	×××

注：此表一式两联，第一联上交票务车间，第二联车站留存。

2）检查售票员的工作情况，进行必要的复核、查账，监督票务政策的执行，每班至少详细抽查1次各票务处的工作。

3）及时交报表、更换钱箱和票盒、开钱箱、结账，按时完成解行或准备好解行尾箱。表 4-8 所示为现金装箱清单。

表 4-8 现金装箱清单

车站：车站票务专用章

2022 年 10 月 22 日

票面	张/枚数	十	万	千	百	十	元	角	备注
壹佰元	10			1	0	0	0	0	
伍拾元	20			1	0	0	0	0	
贰拾元	0					0	0	0	
拾元	5					5	0	0	
伍元	20				1	0	0	0	

（续）

票面	张/枚数	十	万	千	百	十	元	角	备注
壹元	0						0	0	
伍角	1							5	
壹角	0							0	
合计		¥	2	1	5	0	5		
车站				经办人：客运值班员			复核人：值班站长		
押运核点结果									

无误□
长款□_____无，已退回。
短款□_____元，已补齐。
经办人：　　　　　　复核人：　　　　　　单位章

注：第一联车站留存，第二联押运留存，第三联银行留存，第四联地铁公司集中管理部门留存。

4）协助值班站长处理车站内务。

5）巡视车站，检查、指导站务员工作。

6）做好点钞室的卫生，交班时与接班值班员进行交接。

7）统计好本班的车票、现金、发票及票务设备备品情况，并在"值班员交接班本"上做相应的记录。

8）收车后做报表，按要求封好要加封的车票、现金。

9）运营结束后，到票务处检查对讲设备、乘客求助按钮、电器电源等。

10）到票务处检查卫生内务，检查有没有遗漏的车票、现金。

11）首班客车到站前15min前配好票，并检查售票员到岗情况。

3. 班后

1）签阅文件。

2）注销并退出 SC。

四、站务员的工作过程

1. 票亭岗的工作内容

（1）班前

1）首班载客列车到站前××min按规定着装，到车站控制室签到，参加点名交接班，学习重要文件及上级指示精神，了解班中注意事项，听从当班值班站长的岗位安排。

2）到 AFC 票务室领取车票、票务备品（票箱、硬币托盘、验钞机、售票员结算单、乘客事务单、发票）及备用金。

3）首班载客列车到站前××min 到岗，检查对讲设备能否正常使用，检查票务设备、备品（验钞机、分钞盒、发票等）的状态、数量。

4）在售票员结算单上填好半自动售票机上左、右票箱的车票数量，做好开窗的一切准备。

5）检查售票问讯处卫生及售票问讯处外栏杆、立柱的摆设。

6）检查售票问讯处内有无来历不明的现金、车票。如有问题，立即报值班站长或客运值班员。

7）中班签到后，参加点名和交接班会，了解工作注意事项后，到 AFC 票务室领票、备用金。

8）到岗后，与早班售票员按交接班制度规定交接，交接完毕，与早班售票员共同在"车站售票问询处交接班本"上签字确认后登录半自动售票机。

9）管理卡认证成功后，登录半自动售票机。

10）叠放好一盘硬币，将备用金放入抽屉。

11）将本班验钞机投入使用。

12）插入工号牌，开始开窗服务。

客服中心岗
交接班作业

（2）班中

1）保持票务处的整洁，票证、报表、钱袋摆放整齐。

2）当报表、硬币、车票将不够时，提前报客运值班员。

3）锁好门，不能让非当班人员随意进出，收到的现金要分类摆好，数量过多时，用橡皮筋扎好，通知客运值班员预先收款。

4）班中需要替换岗位时，须退出半自动售票机，做好票务钥匙、票务设备、对讲设备的交接工作。

5）当乘客索取发票时，给予相应面额的报销凭证。

6）严格按售票作业程序工作，特别在出售、加值储值票时，要让乘客确认。

7）发现站厅异常情况（如乘客携带"三品"，乘客纠纷，老、病、伤、残等特殊乘客进闸等）时，及时通报相关岗位或车站控制室。

8）早班交班时，退出半自动售票机，与中班售票员按交接班制度规定进行交接。交接完毕后，与中班售票员共同在"车站售票问询处交接班本"上签字确认，收回工号牌。

9）整理钱、票，带回 AFC 票务室与客运值班员结算，结算完毕后签退。

（3）交接班

交班：

① 退出半自动售票机，报告车站控制室。

② 将抽屉里的钱和车票整理好后放入票盒。

③ 将硬币清理好后装回硬币袋。

④ 将本班验钞机关掉。

⑤ 拿走本班的钱袋。

⑥ 填写"票务处交接班本"。

⑦ 拿齐本人所有车票、现金回 AFC 点钞室结账。

⑧ 夜班最后一列载客列车到站前 5min 停止兑零、售票。

⑨ 夜班清站后，摆好"服务停止"牌，并做好票务处卫生，整理好票务处内务，退出半自动售票机。

接班：

① 登记进入半自动售票机。

② 摆放好车票。

③ 叠放好一盘硬币，将备用金放入抽屉。

④ 将本班验钞机投入使用。

（4）班后

1）到点钞室结账。

2）结账完毕后，到值班站长处报到，在"当班情况登记本"上签名后下班。

2. 站台岗的工作内容

（1）班前

1）早班上岗前，到车站控制室签到，阅读文件、接受上级安排的工作、注意事项。

2）领取相关钥匙（票务设备钥匙、员工通道门钥匙、自动扶梯钥匙等），在"门禁卡、钥匙借用登记本"上登记，领取站台应急卡、电喇叭、口哨、站台门控制单元钥匙、故障贴纸、信号灯或信号旗、对讲机等，在"车站备品（借）用登记本"上登记。

3）带齐工作备品准时到岗。中班签到后，参加点名和交接班会，了解工作注意事项；与早班巡视岗按交接班制度规定岗上交接。

（2）班中

1）站台立岗地点，如图 4-10 所示：立岗时，必须站立在站台两端"紧急停车按钮"（见图 4-11），附近（距离小于 5m），站台有 3 名安全员时，四班倒安全员站在站台中部。

站台岗交接
班作业

图 4-10 某站站台岗正在立岗

2）站立姿势：接、送列车时，必须呈立正姿势，遵循"一迎、二接、三送"的原则。其他时间可呈稍息姿势，但不得坐在站台座椅或灭火器箱上，不得双手背于身后或插在裤兜内。

一迎——列车进站前，面向列车开来方向呈立正姿势，提醒乘客文明乘车，先下后上有序登车；站在黄色安全线内候车，切勿探头张望；分散车门上车。

二接——列车进站越过站立处所时，向左转 90°面向列车，左右扫视提醒乘客不要拥挤、

图4-11 紧急停车按钮

不要手扶车门、注意列车和站台之间的间隙；列车上、下客中间至发车前，注意防止乘客在列车和站台间间隙处受伤；列车关门时防止乘客被车门夹伤。

三送——列车发出越过站立处所时，向左转90°面向列车尾部呈立正姿势，至列车尾部出清站台区域时结束。

3）上、下行列车同时到站时，接发列车工作由各车站根据实际情况自行制订，原则上由处于列车头部位置的人员接发相应的列车。

4）除接发列车立正时间外，在下一次列车到站前，应对站台区域进行不少于1次的巡视。

5）发生影响行车安全事件时，立即按"一按、二呼、三汇报"的程序处理。

（3）班后

1）上、下行末班列车开出后，清理站台，确认站台区域无滞留乘客、无异常情况后向值班站长汇报，"站台清理完毕，无滞留乘客、无异常"。

2）按照就近的原则，协助关闭站台至站厅的自动扶梯。

3）夜班运营结束后，配合值班站长做好清客关站工作。协助客运值班员收取AFC设备钱箱和票箱，并清点钱箱和票箱。

4）参加由站长或值班站长组织的车站交接班会（完工会），学习相关各类文件和业务知识，阅读当天文件或规章。

5）到车站控制室归还对讲机，签名后下班。

3. 厅巡岗的工作内容

（1）班前 厅巡岗班前工作内容与站台岗基本相同。

（2）班中

1）引导乘客正确使用AFC设备，对初次乘坐地铁及需要帮助的乘客进行重点关注，引导其购票和进闸乘车。

2）运营时间内定时、全面巡视车站，重点的巡视内容为消防设备设施的状态；站台门的状态；扶梯运行是否正常；站台、站厅、通道设备设施的状态等；发现有违反《城市地铁运营管理办法》及《地铁乘客守则》的行为要及时劝止，必要时报车站控制室，按其指示处理。

3）按规定每天巡查车站公共区消防器材和每周巡查车站设备区消防器材，并按规定填写

"灭火器检查记录"卡。

4）站厅、站台发生紧急情况时，第一时间报车站控制室，并负责协助值班站长处理。

5）在上/下行尾班车到站前5min，在自动售票机上、每组进自动检票机前摆放相应告示牌。

（3）班后 厅巡岗班后工作内容与站台岗基本相同。

厅巡岗交接
班作业

 知识拓展

用平凡书写伟大——致敬运营劳模姚婕

姚婕，女，汉族，中共党员，大学本科学历，武汉地铁运营有限公司客运二部2号线汉口火车站中心站长，助理工程师；2020年10月，获得全国三八红旗手荣誉称号；2020年11月，荣获"2020年全国劳动模范"荣誉称号；2021年6月，被表彰为湖北省优秀党务工作者。

城市轨道交通车站最核心的工作就是为乘客服务，想乘客所想，急乘客所急，用真心和微笑守护乘客的出行安全。姚婕被称为不知疲倦的"巡站陀螺"，平均每天在3万 m^2 的车站巡视超过5km，微笑接受600多次问询，成为汉口站里的"活地图"、旅客身边的"贴心人"。

自2004年入职武汉地铁以来，姚婕始终坚持"知你心忧，懂你所求"的服务理念，待乘客如亲人。她在平凡的岗位上用实际行动自觉践行社会主义核心价值观，把武汉地铁"拼搏赶超，有诺必达"的企业精神融入工作。

多年来，姚婕始终坚持在客运服务一线，共帮助乘客解决各类问题2000余件，为价值20万余元的900多件失物寻回了失主，接到全国各地近百名乘客送来的锦旗和感谢信，在平凡的岗位上书写了不平凡的工作业绩。姚婕在一线岗位上严格要求自己，用实际行动彰显武汉地铁"楚楚动人，处处精彩"的品牌理念，是名副其实的"最强站长"。姚婕不仅坚持做好服务工作，强化服务意识，还发挥自主创新的能力，设计换乘卡，准备暖心糖，"跑"出导乘图，成立"姚婕创新工作室"。

姚婕在平凡岗位上不断践行着"诚信、敬业、高效、奉献"的企业核心价值观，她用实际行动告诉我们劳动最光荣，劳动最崇高，劳动最伟大，劳动最美丽。

【学习小结】

1. 车站运作管理模式一般分为自然站管理模式和中心站管理模式两种。

2. 车站基本的管理制度包括排班制度、信息汇报制度、会议制度、巡视制度、文件管理制度、钥匙管理制度、车站控制室管理制度和考评管理制度等。

3. 车站各部门岗位的工作关系包括站内各单位间的工作协调关系和运营部门与其他单位人员的工作关系。

4. 车站值班站长的岗位职责及作业流程。

5. 车站值班员的岗位职责及作业流程。

6. 车站站务员的岗位职责及作业流程。

【知识巩固】

一、填空题

1. 车站运作管理模式可以分为（　　）和（　　）两种。

2. 车站基本的管理制度包括（　　）、（　　）、（　　）、（　　）、文件管理制度、钥匙管理制度、车站控制室管理制度和考评管理制度等。

3. 车站的客运组织工作实行（　　）、（　　）的原则。

4. 值班站长的岗位职责包括（　　）、（　　）、员工管理、安全管理、员工培训、执法工作。

5. （　　）在值班站长的领导下，主要负责监控列车运行、设备运转及客流情况，同时负责信号设备故障情况下的车站行车组织和协调。

6. （　　）在值班站长的领导下，主要负责车站票务、服务，同时负责设备故障情况下的客流组织、应急处置和协调。

7. （　　）在值班站长的领导下，协助值班员做好站台接发车、站厅巡视和票亭服务等工作。

8. 站台立岗地点：立岗时，必须站立在站台两端（　　）附近（距离小于5m）。

二、选择题

1. 在自然站管理模式下，以（　　）车站为一个单位进行日常工作组织和管理。
A. 一个　　　　　　B. 两个　　　　　　C. 几个　　　　　　D. 全线

2. 在中心站管理模式下，以（　　）车站为一个单位进行日常工作组合管理。
A. 一个　　　　　　B. 两个　　　　　　C. 几个　　　　　　D. 全线

3. （　　）是车站监督、指挥车站运作的核心场所。
A. 票务室　　　　　B. 车站控制室　　　C. 售票厅　　　　　D. 站厅

4. 值班站长的工作作息通常采用（　　）。
A. 四班两运转　　　B. 三班两运转　　　C. 常规夜班制　　　D. 常规日班制

5. 在站长的领导下，（　　）负责对当班期间本班组内站务人员的管理，监控当班期间的车站行车、票务和服务等工作，以保障生产的正常运作。
A. 值班站长　　　　B. 站长　　　　　　C. 行车值班员　　　D. 站务员

6. 值班站长在运营时间内定时、全面巡视车站，重点的巡视内容为（　　）。
A. 消防设备设施的状态　　　　　　　　B. 站台门的状态
C. 扶梯运行是否正常
D. 出入口、站台、站厅、通道设备设施的状态

7. （　　）在值班站长的领导下，主管车站行车组织工作。
A. 客运值班员　　　B. 站长　　　　　　C. 行车值班员　　　D. 站务员

8. 行车值班员负责监控站级AFC设备的运行情况，发现报警提示，及时提醒（　　），如有应急信息，按规定做好汇报工作。
A. 站务员　　　　　　　　　　　　　　B. 值班站长
C. 客运值班员　　　　　　　　　　　　D. 客运值班员或值班站长

9. （　　）在值班站长的领导下，主管车站客运、票务管理，组织客运服务工作。

A. 客运值班员　　　　B. 站长　　　　　　　C. 行车值班员　　　D. 站务员

10. 客运值班员要在首班客车到站前15min前配好票，并检查（　　）到岗情况。

A. 行车值班员　　　　B. 值班站长　　　　　C. 售票员　　　　　D. 站长

11. 以下不属于站务员的是（　　）。

A. 站台岗　　　　　　B. 站长　　　　　　　C. 票亭岗　　　　　D. 厅巡岗

12. （　　）按照站台作业标准进行接发车及乘客服务工作，引导乘客站在安全线内候车。

A. 站台岗　　　　　　B. 站长　　　　　　　C. 票亭岗　　　　　D. 厅巡岗

13. （　　）在客运值班员的领导下，负责车站售票工作，按规定处理与乘客相关的票务事宜。

A. 站台岗　　　　　　B. 站长　　　　　　　C. 票亭岗　　　　　D. 厅巡岗

14. （　　）负责站厅巡视工作，检查电扶梯运行情况，自动售票机、自动检票机运作情况等，及时、主动向有需要的乘客提供服务。

A. 站台岗　　　　　　B. 站长　　　　　　　C. 票亭岗　　　　　D. 厅巡岗

三、简答题

1. 城市轨道交通车站的管理模式如何分类？各有什么特点？
2. 城市轨道交通车站的管理制度有哪些？
3. 车站值班站长有哪些岗位职责？
4. 车站值班员有哪些岗位职责？
5. 车站站务员有哪些岗位职责？

任务二　车站日常运作作业

【任务描述】

通过本任务的学习，学生能够清楚城市轨道交通车站日常客运作业的内容及管理情况。

【学习目标】

知识目标	技能目标	素养目标
1. 了解车站交接班管理制度 2. 掌握车站开启和关闭程序 3. 掌握车站巡视作业的巡查要点 4. 了解车站边门管理的办法	1. 能够按照车站交接班管理制度执行作业 2. 能够正确开启和关闭车站 3. 能够正确巡视车站 4. 能够正确使用边门	1. 培养学生严谨、认真的工作作风 2. 培养学生团结协作的意识 3. 提高学生遵章守纪的职业素养

【理论知识】

城市轨道交通车站客运作业的内容主要包括车站交接班管理、车站开关站管理、车站巡视管理、车站边门管理、售检票作业、站台服务作业和乘客投诉处理。本任务讲解前四部分内容。

一、车站交接班管理

1. 车站接班会

车站要求每个班组在交接班后开车站接班会，会议时间控制在15min以内。会议在车站控制室防火观察窗外站厅前开展，由接班值班站长主持。会议参加人员包括所有接班员工，以及当班的保安、保洁与安检人员。接班会会议的内容如下：

1）参加接班会的员工立岗，值班站长检查员工的仪容仪表。

2）站务部的相关会议精神的传达。

3）重要文件、通知的传达。

4）运营信息的传达。

5）按照分公司和站务中心下发的月度安全培训计划，进行班前安全培训、安全提问，班组人员签字确认。

6）对于无法参加接班会的员工，必须及时传达接班会会议精神。

2. 交接班制度

（1）值班站长交接制度

1）接班值班站长提前30min到站，由交班值班站长按照"车站交接记录表"的内容逐项进行交接。

2）对车站当值期间发生的设备运行情况、行车作业情况、人员管理、通知通报、客服情况、物资情况、施工情况，以及上级检查情况等进行交接。

3）对于当班期间新的传阅文件，交接时不得有任何遗漏。

4）对当班期间的各种工作完成的进度及完成情况进行交接。

5）对行车设备、办公设备、服务设备进行检查交接。对办公区各办公室的卫生情况进行检查。

6）对外委项目跟踪情况进行交接。

7）对车站施工情况、钥匙等进行交接。

（2）行车值班员交接制度

1）检查各行车通告执行情况和是否有临时性指示。

2）清点各种行车备品的数目及状态。

3）交班值班员将当值期间所发生的任何与行车有关的事情进行交接，包括行车作业情况、列车晚点情况、故障及处理情况等。

（3）客运值班员交接制度

1）清点各种票务备品的数目及状态。

2）交班客运值班员根据记录将当值期间发生的任何与票务有关的事情进行交接，包括设备故障、问题票处理、各种报表的领取/上交、各种车票的领取/上交、支票的收取情况、票务及财务的新规定等。

3）接班客运值班员与交班客运值班员在票务室核对车站备用金、库存车票、问题票车站AFC钥匙及相关报表等，并给接班站务员领取备用金及预制车票，以备上岗使用。

4）交班客运值班员交接当班期间领导临时交代的工作任务及完成情况。

5）检查AFC设备的运行情况，尤其是当设备上报情况时，不得有任何遗漏，设备出现故障时，应认真交接设备处理情况。

6）参加值班站长组织的交班会，汇报工作情况。

7）听取值班站长布置的其他非当班工作任务或活动通知。

（4）站务员交接制度

1）按规定时间到达车站。

2）按规定标准统一着装，参加班前会。

3）认真听取值班站长的重点指示和要求。

4）检查交接涉及的各种设备，与交岗人员进行对口交接，交接的项目和内容要相互签字。

站务员交接班作业

5）售票员参加班前会后，到票务室向客运值班员领取备用金、车票及相关备品。交班售票员退出系统，收取票款后回票务室在客运值班员的监督下对票款进行结算，并填写相关报表，接班售票员登录系统，放好备用金进行售票工作。

6）参加值班站长组织的交接班会，汇报工作情况。

7）领取值班站长布置的其他工作任务或活动通知。

二、车站开关站管理

城市轨道交通根据其运营特点，一般运营时间约为18h，余下的时间用来维护和保养运营的设备和设施。

1. 开站作业

不同车站的开站时间随轨道交通首班车的到达时间不同而不同。原则上，在首班车到达前10min，完成所有服务准备工作，开启车站所有出入口。

开站准备作业

（1）行车准备工作 每日开始运营前30min左右，根据控制中心行车调度员的指令，车站开展行车作业准备检查工作，由值班站长负责。

（2）票务准备工作 客运值班员在车站票务室进行开站票务准备工作，为早班售票员准备上岗用品：客服中心钥匙、相关票务钥匙、备用金、待售储值票等；准备自动售票机票箱、钱箱，与值班站长或厅巡一起完成售票设备的加币、加票工作，确保投入运营的设备都能正常使用。

车站控制室行车值班员开启自动售检票相关设备（自动检票机、自动售票机、自动验票机等）。

早班售票员在首班车到站前15min到车站票务室客运值班员处领票、备用金、客服中心钥匙、相关票务钥匙，到客服中心上岗。

1）检查对讲设备、票务设备、备品的状态和数量，检查客服中心内有无来历不明的现金和车票。如有，立即报告值班站长处理，严禁带私款、私人车票进入客服中心。

2）取下"暂停服务"牌，插入本人工号牌，开启票务处理机并用自己的工号、密码登录。

（3）服务设备和设施准备工作　行车值班员在车站控制室开启车站正常照明，开启相应的环控系统，在监控终端查看各联动设备的运行状态，确保开启模式正确，无设备故障。

保安开启车站各出入口，并与厅巡开启自动扶梯和垂直电梯，在开启过程中要做好安全观察运行情况，若有异常情况，立即报车站控制室。

2. 关站作业

与开站情况类似，不同车站的关闭时间随末班车的到站时间不同而不同。原则上，在末班车开出前 10min，车站启动关站工作；至末班车到站后，在确认所有乘客都离开车站后，关闭车站出入口，停止对外服务。

（1）关站前车站准备工作

1）末班车开出前 10min，行车值班员开始在全站播放末班车提示广播，提醒需要乘车的乘客抓紧时间购票进站。

2）末班车开出前 5min，行车值班员关停自动售票机和进站自动检票机，并通知售票员停止售票，播放运营结束广播。

3）末班车开出前，值班站长、站台保安进行站台检查，确认站台乘客均已上车，无异常情况。

（2）关站

1）末班车开出后（终到站为末班车到站后），厅巡和站厅保安进行车站清客，在站内按站台、站厅、通道的顺序进行清客，确保车站范围内无滞留乘客，已全部出清车站。

2）关闭车站自动扶梯、垂直电梯。

3）关闭各出入口。

（3）票务关站工作

1）客服中心关站后，售票员在窗口放置"暂停服务"牌，退出票务处理机，收好收银箱的钱和票，清点携带的票务钥匙、票务设备、对讲设备，离开客服中心时确认门已关闭、锁好。

车站卷帘门
关闭作业

2）客运值班员对自动售票机的纸币钱箱进行更换，剩余的硬币及车票进行回收；回收出站自动检票机单程票箱的车票。

三、车站巡视管理

1. 巡视范围

车站的日常巡视范围及责任人见表 4-9。

表 4-9　车站的日常巡视范围及责任人

序号	巡视范围	责任人
1	设备区通道、管理用房、站厅、站台、出入口、售票亭	站长
2	设备区通道、管理用房、站厅、站台、出入口、售票亭	值班站长
3	售票亭、站厅、站台、出入口	客运值班员

2. 巡视要求

1）认真。巡视人员必须以认真负责的态度巡视每个角落和其所管辖的范围。

2）细致。从细微处着手，做到防微杜渐，从看、摸、嗅、听四觉入手。

3）周全。岗位内的设备、设施、公告牌等都要检查。

4）及时。应做到巡视及时，记录汇报及时，处理问题及时。

5）真实。填写合账必须真实，不能弄虚作假，发现问题时应及时跟进，完成后要签名确认。

3. 运营时间内的巡视

1）值班站长每 2h 巡视车站 1 次，将相关情况记录在"车站日常检查表"上且接班前必须巡视 1 次。

2）客运值班员每 2h 巡视 1 次，发现问题时应及时上报。

3）站台安全员在接发车间隔巡视站台，交接时接班安全员必须先巡视后接班，发现问题时应及时报车站控制室。

4. 非运营时间内的巡视

1）每 2h 巡视 1 次站厅、站台公共区、设备区和施工区等，并填写巡视记录。

2）非运营时间的巡视由值班站长或值班站长指定的人员完成。

车站夜间巡视作业

车站夜间清场巡视记录

车站夜间巡视处置

5. 巡视人员的安全

1）巡视人员须持对讲机，并在巡视前和巡视后及时通知行车值班员，并注意做好个人安全的防护。

2）在巡视过程中，发现问题但自身不能解决时，由值班站长安排处理。

车站夜间清场
巡视注意事项

夜间清场处置

四、车站边门管理

为方便一些特殊乘客（如免费乘车人员、坐轮椅的乘客）、大件行李进出及应急情况下快速进出付费区，地铁车站在付费区与非付费区之间设置有管理通道门，称为边门，如图 4-12 所示。

图 4-12　某车站边门

1. 边门日常管理要求

1）在运营时间内，车站边门应全部关闭。

2）一般情况下车站人员不得开边门放行。

2. 边门使用规定

因以下情况，需使用车站边门进出付费区时，应服从车站工作人员指引，按规定办理登记手续：

（1）乘客服务需要

1）办理了团体票乘车的团体。

2）残疾军人、残疾警察乘车。

3）残疾人（含盲人）乘车。

4）乘坐轮椅或推婴儿车等不方便通过自动检票机的乘客。

5）携带大件行李乘客，且行李符合规定尺寸。

（2）内部工作需要

1）使用手推车或票箱运送车票、票款等大件物品，无法通过自动检票机时。

2）运送大的备品备件、生产工器具、生产物资和办公用品等进出付费区时。

3）参观接待时。

4）新闻媒体采访时。

5）临时施工（本站作业及本站请、销点作业进出）时。

6）工作证件损坏不能通过自动检票机时。

7）引导员进出车站。

8）车站付费区内商铺工作人员进出车站（本站进出）时。

9）地铁公司相关合同、协议中明确需提供交通便利的外单位作业人员或新线测试配合员进出车站时。

（3）特殊情况需要

1）警务人员执行紧急任务时。

2）国家安全局工作人员执行紧急任务时。

3）突发性工程抢修、抢险时。

4）发生紧急情况（如票务设备故障、列车晚点、清客、越站）时。

5）突发性采访时。

（4）边门使用手续

1）乘客服务。

① 符合边门使用条件的乘客，应在车站"车站边门进出登记本"上进行登记。

② 残疾军人、残疾警察或残疾人、盲人乘客（不能独立通过自动检票机者），凭其证件办理登记后使用边门。

③ 乘坐轮椅或推婴儿车等不方便通过自动检票机的乘客（不能独立通过自动检票机）乘车，由车站工作人员登记后可使用车站边门，并监督乘客将车票投入自动检票机。

④ 乘客购买行李票后，若其行李未能通过自动检票机，进行登记后可使用边门，并监督乘客将车票检票或投入自动检票机。

2）内部工作。

① 符合边门使用条件的人员需要出示有效证件。

② 由使用人进行登记，并由车站工作人员确认签名。

③ 参观接待时，需凭相关证明、接待方案办理登记后，才可使用车站边门进站；出站时，凭相关证明、接待方案重新办理登记出站。若团体参观人数较多，由团体负责人一人在"车站边门进出登记本"登记情况，在备注栏注明进/出总人数即可，车站工作人员负责监督并及时签名确认。

④ 新闻媒体采访时，需凭总公司或党群工作部开具的相关证明办理登记后，才可使用边门；出站时，凭相关证明重新办理登记出站。

⑤ 临时施工时，施工单位人员需凭有效出入证件、有效施工作业令登记后，才可使用车站边门且只能本站施工或本站请销点作业人员及物品进出，不能作为乘车的凭证。

⑥ 工作证件损坏时，员工需填写"车站边门进出登记本"，同时出示工作证件（黑名单的工作证件不予使用边门），厅巡员予以确认后，才可使用车站边门。

⑦ 引导员需有效证件进行登记后，才可使用车站边门。

⑧ 车站付费区内商铺工作人员凭本人有效工作证件登记后，才可使用车站边门，且只能本站进出，不能作为乘车的凭证。

3）特殊情况。

① 警务人员执行紧急任务时，凭警察证可使用车站边门。

② 国家安全局工作人员执行紧急任务时，凭国家安全局工作证可使用车站边门。

③ 突发性工程抢修、抢险时，需按行车调度员或是维修调度员授权发布调度命令，才可使用车站边门。

④ 发生紧急情况（如票务设备故障、列车晚点、清客、越站等）时，按照各级应急处理预案的要求使用车站边门进行客流疏导。

⑤ 重大接待任务时，按接待方案使用车站边门。

⑥ 突发性采访时，需有党群工作部的通知，才可用车站边门进站。

【实践技能】

一、运营前检查作业

运营前检查作业中的行车准备作业项目、作业内容及负责人等情况，见表4-10。

表4-10　开站行车准备工作

主要作业方面	作业内容	负责人
运营线路巡视	在车站控制室内确认站内及区间影响行车的各类施工已经作业完毕，线路出清，并已销点	行车值班员
	带对讲机与保安巡视站台区域： 1）检查接触网状态：目测接触网连接正常 2）检查线路状态：无异物侵入限界、隧道顶无渗漏水、轨面无积水现象 3）检查站台头、尾端墙情况：无施工遗留工器具，无存放影响行车物品 确认正常后，通知车站控制室行车值班员	值班站长

（续）

主要作业方面	作业内容	负责人
	在车站控制室内检查控制盘状态：故障指示灯未亮起	行车值班员
站台门状态检查	和保安在站台区域检查站台门状态： 1）检查就地控制盘：使用钥匙开关站台门，整侧站台门正常开启和关闭指示灯显示正确 2）检查滑动门状态：滑动门开启后门头灯常亮，关闭后，滑动门紧闭，门头灯灭 3）检查应急门状态：锁闭，门锁插销正常落位，相邻滑动门的门头灯不亮 4）检查端门状态：锁闭，门锁插销正常落位 5）检查监控亭控制盘状态：故障指示灯未亮红灯。确认站台门和端门处于正常锁闭状态，确认一切正常后通知车站控制室行车值班员	值班站长
联锁站道岔功能测试	在车站控制室进行测试： 1）检查联锁终端操作设备状态：能正常登录，各项指令可正常操作 2）检查道岔状态：道岔转换后，道岔位置显示正常，转换后无短闪、长闪现象 3）检查进路状态：排列进路后，整条进路显示连续绿色光带	行车值班员
重要设备状态检查	在车站控制室进行，检查各设备系统工作终端运作状态： 1）检查低压供电状态，标准：车站工作照明及各项设备供电正常 2）检查环控系统状态，标准：冷水机组和风机运作正常，环控系统工作站上无红色、黄色报警显示	行车值班员
行车备品检查	值班站长运回车站控制室检查： 1）行车备品数量：行车台账、行车备品齐全 2）行车备品状态：行车备品功能可正常使用	值班站长
收尾工作	按值班站长指示，行车值班员向控制中心行车调度员汇报检查情况	值班站长 行车值班员

二、车站开启作业流程

开站程序及车站各岗位人员的职责见表4-11。

表4-11 开站程序及车站各岗位人员的职责

时间	工作内容	责任人
每日4:30后	巡视车站，按行车调度员的命令试验道岔，检查站台和线路出清情况，并汇报行车调度员	行车值班员 值班站长
首班车到站前30min	配好票，并检查售票员到岗情况	客运值班员
首班车到站前15min	到岗	保安
首班车到站前15min	打开照明开关	行车值班员
首班车到站前15min	领票、款并到岗	售票员
首班车到站前10min	开启车站大门、自动扶梯、垂直电梯，开始服务	厅巡、保安
首班车到站前10min	开启所有自动售票机和自动检票机	值班站长
开站后	按要求开启环控设备（节能模式），向乘客广播候车的注意事项	行车值班员

三、车站关闭作业流程

关站前，车站各岗位的有关工作见表4-12。

表4-12 关站程序

时间	工作内容	责任人
最后一班车开出前10min	开始广播	行车值班员
最后一班车开出前5min	暂停自动售票机，通知停止售票，暂停进站自动检票机，并播放广播	行车值班员
最后一班车开出前	进行检查，确认站台乘客均已上车，无异常情况	值班站长
最后一班车开出后	清客，关闭车站自动扶梯、垂直电梯和出入口	厅巡、保安
停止服务后	收拾票、款，整理客服中心备品，注销票务处理机，回车站票务室结账	售票员
关站后	与售票员结账，做好车站运营结算工作	客运值班员
运营结束后	执行车站节电照明模式，按要求关闭部分环控设备	行车值班员

 知识拓展

爱心传递 温暖归途

清晨6:00，8号线岳家嘴站站务员汪梦婵正在站台以朝阳般的微笑迎接着当日的第一批乘客。她行走于站台两端，回答乘客问询，引导乘客上下车，她标志性的笑容给乘客带来了温暖。

中午11:00，武汉地铁客运一中心新荣站客运值班员徐倩正在以饱满的精神状态接待乘客，为乘客办理充值业务。客运值班员以高效便捷的服务为乘客办理业务，以乘客实际需求为导向，从细节入手，用热情服务温暖乘客的出行路。

晚上19:00，武汉地铁运营有限公司客运三中心线路管理五部4号线武汉火车站票务值班员刘熙宇，正在践行老弱帮扶、大件行李搬运等暖心服务。票务值班员以饱满的热情引导乘客进出站、回答乘客问询、专治票务"疑难杂症"，用微笑和细心服务每位乘客。

夜晚22:00，2号线江汉路站值班站长文冯婕，正在把控车站客流组织工作，疏导乘客高效返程。城市逐渐回静，而此时文冯婕正在忙碌着，调度车站增开无包快检通道、调整站厅至站台电扶梯方向、增设进站通道等方式，疏导结束游玩准备集中返程的乘客快速进站。此时，她已连续工作了十多个小时。

我们是武汉地铁人，用热情与微笑传递温暖，用拼搏与汗水提供方便。

【学习小结】

1. 城市轨道交通车站客运作业的内容主要包括车站交接班管理、车站开关站管理、车站巡视管理、车站边门管理、售检票作业、站台服务作业和乘客投诉处理。

2. 车站交接班会议的内容及各岗位交接班制度。

3. 车站开站作业包括行车准备工作、票务准备工作、服务设备和设施准备工作。车站关站作业包括关站前车站准备工作、关站、票务关站工作。

4. 各岗位对车站巡视的范围、要求、内容及安全注意事项。

5. 车站边门使用规定包括乘客服务需要、内部工作需要、特殊情况需要、边门使用手续。

6. 车站各负责人在运营线路巡视、站台门状态检查、重要设备状态检查、行车备品检查、收尾工作等行车准备工作中的内容。

【知识巩固】

一、填空题

1. 值班站长交接班时，由交班值班站长按照（　　　　）的内容逐项进行交接。

2. 开站行车准备工作要求每日开始运营前约（　　　），根据控制中心行车调度员的指令，车站开展行车作业准备检查工作。

3. 客运值班员在车站票务室进行开站票务准备工作，为早班（　　　）准备上岗用品。

4. 在运营时间内，车站边门应全部（　　　）。

二、选择题

1. 车站接班会会议在车站控制室防火观察窗外站厅前开展，由（　　　）主持。

A. 交班行车值班员　　　　　　　　　　B. 接班行车值班员

C. 接班值班站长　　　　　　　　　　　D. 交班值班站长

2. 下列属于车站接班会会议内容的是（　　　）。

A. 站务部的相关会议精神的传达　　　　B. 重要文件、通知的传达

C. 运营信息的传达　　　　　　　　　　D. 值班站长检查员工的仪容仪表

3. 原则上，在末班车开出前（　　），车站启动关站工作。

A. 5min　　　　　　B. 10min　　　　　　C. 30min　　　　　　D. 1min

4. 运营时间内，值班站长每（　　）巡视车站 1 次。

A. 2h　　　　　　　B. 3h　　　　　　　C. 1h　　　　　　　D. 30min

三、简答题

1. 车站交接班制度有哪些要求？

2. 车站开、关站程序是怎样的？

3. 车站边门管理有哪些规定？

项目五

城市轨道交通客流组织

【情境导入】

　　城市轨道交通客运组织工作的核心是保证客流运送的安全，保持客流运送过程的畅通，减少拥挤及保证大客流发生时及时疏散。城市轨道交通客运组织的核心是客流组织，客流组织涉及城市轨道交通的日常客流组织、换乘客流组织、大客流组织、突发事件客流组织等各方面。

　　日常客流组织是提升地铁服务品质的关键。"一座地铁站、一条地铁线，就是城市形象、地铁形象的浓缩。"爱心守候，老人出行安心舒适；暖心护航，宝妈出行通途无忧；爱心接力，特殊乘客畅通无阻；精心扮靓，乘客出行品质提升。这不仅是武汉地铁对乘客出行的承诺，也是全国地铁服务追求的目标。

　　大客流组织是对地铁服务品质的考验。延时运营，加开多头班车，车站临时封闭，出入口只出不进，增加临时售票亭等措施都是地铁运营工作人员为乘客提交的答卷。

　　突发事件客流组织是对地铁服务品质的挑战。疏散、清客、隔离，当乘客的出行安全受到威胁时，地铁工作人员的沉着冷静、团结协作、坚守指挥都为乘客筑起安全的堡垒。安全护航，永远是地铁人的初心和使命。

　　通过本项目的学习，学生可以全面地认识城市轨道交通的客流组织工作，为后续从事轨道交通相关工作打下坚实的基础。

任务一　车站日常客流组织

【任务描述】

　　城市轨道交通车站的日常客流组织作业是车站工作人员的核心工作，其宗旨是为乘客出行营造安全、舒适、便捷的乘车环境。车站工作人员如何进行日常客流组织作业呢？客流组织作业中应该注意哪些细节呢？

【学习目标】

知识目标	技能目标	素养目标
1. 掌握日常客流组织作业的内容 2. 理解日常客流组织的常用办法	1. 能够准确描述车站的日常客流组织作业 2. 能够运用日常客流组织办法组织客流	1. 培养爱岗敬业的职业精神 2. 提高全心全意为人民服务的意识

【理论知识】

一、客运组织的概念

　　城市轨道交通客运组织是指通过合理布置客运有关设备、设施，对客流采取有效的分流或引导措施，来组织客流的运送过程。客运组织措施是指车站工作人员为实现乘客运送任务，组织乘客按照车站布局范围内预先设定的路线有序、安全地流动所采取的对应措施。常见的客运相关设备、设施包含乘客完成乘车过程所需的各类导向标志、AFC 系统各终端设备、车站的电扶梯系统设备、站台门系统设备以及各类车站的导流设备，如伸缩围栏、铁马、暂停服务牌、告示牌等。

二、客运组织的原则

车站的工作人员在完成客运组织的过程中必须坚持集中领导、统一指挥的总原则，控制中心负责全线的客运组织工作，车站的客运组织由站长和值班站长负责。其具体体现在以下几方面：

1）客流疏导工作应以"流量服从安全""客流有序、秩序可控、疏散有力""路网限流、区域联动、节点控制"为原则，以车站的实际客流状况为出发点，采取适当的疏导措施，合理组织客流，保证客流安全、有序。

2）客流流线要尽量简单、明确。通过合理安排车站售检票、出入口及楼梯的位置，行人在快速、方便流动的同时尽量减少客流交叉及对流。

3）完善车站内、外乘客导向系统的设置。能够使乘客进、出站过程中快速分流，减少客流聚集和过分拥挤的现象。

4）乘客能够顺利地换乘其他交通工具。换乘过程中，人流与车流的行驶路线要严格分开，以保证行人的安全和车辆的行驶不受干扰。

5）满足换乘客流方便、安全、舒适的基本要求，如适宜的换乘步行距离、恶劣天气下的保护、全天候的连廊系统，对残疾人专门设计无障碍通道；又如适宜的照明、开阔的视野以及突发事件应急系统等。

北京地铁 6 号线
客流预测案例

三、车站日常客流组织的内容

城市轨道交通车站日常客流组织主要包括进站客流组织、出站客流组织和换乘客流组织等。其中，进站客流组织包括进入车站、站厅购票、检票进闸、站台候车、乘车等环节。出站客流组织包括下车、验票出闸、出站 3 个环节。换乘客流组织主要是实现乘客按照车站既定的换乘路线进行换乘。

1. 进站客流组织

（1）进入车站客流组织　进入车站客流组织的关键是车站出入口的组织，在组织客流时应结合实际的客流状况。当车站设施能够满足客流需求时，采用正常的组织方法，即各出入口全部开放，乘客可进、出站双向使用；必要时可在出入口处或楼梯上设置分流设施，如图 5-1 所示，保证进、出站客流不相互干扰，不发生客流冲突；当出站客流较大时，可将自动扶梯均调整为上行方向，供乘客出站使用。

进入车站客流组织具体的办法及措施如下：

1）组织引导客流经出入口、楼梯、自动扶梯（或垂直电梯），再通过通道进入车站站厅层非付费区。

2）对于经过通道与站厅连接的出入口，当客流较大时，可在通道内进行排队组织；当客流过大时，需在出入口外进行限流组织。

3）对于与商场、单位连接的出入口，应考虑客流组成和出行特征，当客流较大时，应按

图 5-1　某地铁出入口分流设施设置

照与相关单位共同制订的措施进行客流组织。

4）遇到降雨或降雪天气，应及时启动"地铁运营车站防汛预案"或"地铁运营车站雪天预案"。

（2）购票组织

1）组织引导部分需要购买单程票的乘客在自动售票机、客服中心或临时票亭购票，关键是组织乘客排队分散购票。

2）在半自动售票机前应组织乘客有序排队购票、充值，可利用导流带等设施进行排队组织，排队方向应以不影响其他乘客通行为宜。当排队乘客较多时，可宣传疏导乘客到自动售票机处购票。必要时，可使用空闲的半自动售票机预制车票，加开临时售票亭，提高售票速度，缩短排队长度。

3）在自动售票机前组织乘客购票时，要尽可能充分利用自动售票机，分散购票，避免乘客大量集中于少量售票机处。当需要排队时，可利用迂回隔离栏杆在站厅内客流较少的空间进行组织。

4）在单程票售票量较大的车站，运营开始前需要将自动售票机票箱加满，运营期间通过车站计算机实时监控余票数量，尽量在低峰时段补充票箱或者低峰时段在半自动售票机上预处理车票，高峰时可直接售票，减少发售车票的时间。

（3）检票进闸组织

1）引导已购票乘客和部分持储值票或次票、周票等不用购票的乘客直接检票通过进站自动检票机进入付费区。

2）乘客进站组织时，应组织乘客由进站自动检票机进站，提示乘客注意进站自动检票机上方均显示表示设备正常的绿色箭头；乘客刷卡进站时，应指导乘客右手持票，站在自动检票机通道外（黄线外侧），按顺序刷卡进站，如图 5-2 所示。

3）对于无票乘客，引导其至自动售票机或半自动售票机购票，然后检票进站。

4）当有大量乘客过自动检票机时，需引导乘客有序过自动检票机，不要拥挤，尽量分散至所有通道排队检票。

5）在乘客排队过自动检票机时，队伍不得影响出闸乘客，遵循"出站优先"的原则。

图 5-2　乘客检票进站

6）对于持有大件行李、物品乘车的乘客，要引导其走宽通道自动检票机或者根据车站规定协助其走边门进站。

7）对于携带小孩（无须购票）的乘客，提示小孩在前、大人在后过自动检票机，或者将小孩抱起一起过自动检票机，以免自动检票机扇门开关时伤害到小孩。

（4）站台候车组织

1）乘客过自动检票机或人工检票进入站厅付费区后，组织引导乘客通过楼梯、自动扶梯（或垂直电梯）进入站台层候车。

2）乘客到达站台后，要通过导向标志和乘客信息导向系统提示指引乘客正确的乘车方向及列车到站时间，同时，利用广播提醒乘客站在黄色安全线以内候车。

3）若站台设有站台门，在列车到站前，要提示乘客不要倚靠站台门、越过安全线，避免站台门开启时乘客被夹伤或摔倒。引导乘客按乘车箭头方向排队候车，不要聚集，分散候车。随时关注站台门的运行情况，加强站台巡视。

4）对于楼梯边缘和自动扶梯的出口处一定要引导乘客尽快疏散开，以保证足够的通行空间，防止此处发生拥挤等意外情况。

5）对于没有安装站台门的车站，应加强车站广播或者人工广播宣传"请乘客站在黄色安全线内候车，不要探身瞭望，以免发生危险"。

6）当有乘客物品掉入轨道时，要及时阻止其跳入轨行区，按照车站相关规定安排拾物。

（5）乘客乘降组织

1）当列车进站时，应关注乘客安全，站台工作人员站在紧急停车按钮附近立岗接车。

2）列车到站停稳开门后，引导乘客按先下后上的顺序乘车。请候车乘客站在车门两侧，待下车乘客下车后，再上车，避免乘客拥堵，提高乘降效率，尤其是扶梯口或楼梯口处应加强引导。

3）当关门提示铃响或者门头灯闪烁时，应阻止乘客抢上、抢下，请其等待下次列车，防止车门夹伤乘客和影响列车正点发车。

4）当车门关闭后，要观察车门关闭状况，当发现车门或站台门未正常关闭时，若由于乘客或物品被车门夹住时，应协助取出并劝导乘客等候下次列车或征求乘客同意后帮其完全进入车厢；若为设备原因，应按相关作业办理程序进行处置。

5）列车关门发车时，站台工作人员需站在紧急停车按钮处立岗，目送列车离站。有意外发生时，及时采取措施，联系列车司机并上报车站控制室。

2. 出站客流组织

（1）下车组织

1）列车开门后，站台站务员监督、引导乘客在规定时间内，先下后上，有序上下车。

2）对于需要换乘的乘客，应耐心解答其问题，正确引导换乘。

3）组织下车乘客尽快离开站台，引导其经楼梯、自动扶梯或垂直电梯前往站厅层。

（2）验票出闸组织

1）乘客下车后到达车站站台，组织引导其经楼梯、自动扶梯（或垂直电梯）进入站厅层付费区。

2）在站厅付费区，要提示和引导乘客根据出入口周边提示信息选择正确的出闸方向验票出闸。

3）通过出站自动检票机时，要引导手持单程票的乘客将票卡投入回收口，手持储值票的乘客右侧刷卡出闸，进入站厅层非付费区，如图 5-3 所示。

4）当乘客不能正常出闸时，根据提示信息组织引导乘客到客服中心办理相关乘客事务，待乘客办理完毕后才可组织出站。

（3）出站组织

1）乘客出闸后，通过导向标识，必要时配合人工引导，帮助乘客尽快找到所要到达目的地的出入口，耐心回答乘客的询问。

2）出站客流组织应坚持尽快疏散乘客出站的原则，出入口自动扶梯通常调为出站方向。注意防止出站客流和进站客流产生明显对冲交叉，必要时设置隔离栏杆分流。

图 5-3　乘客验票出闸

3）为防止出入口堵塞，需定期巡视检查，发现通道及出入口有摆摊、宣传卖艺等人员滞留时，应及时劝离，对不听劝阻的人员上报地铁公安处理。

【实践技能】

日常客流组织最关键的环节就是早、晚高峰客流组织。车站早、晚高峰期间，要根据实际的客流情况对车站的客流组织措施进行调整和优化，来应对集中到达的早、晚高峰客流。

高峰时段客流
组织作业

图 5-4 所示为城市轨道交通常规车站早高峰的客流流线图。该方案中的客流组织进出站客流流线清晰，限流方案明确，既考虑到了最远的排队距离，又在关键地点（客流容易交叉的地方）增派了工作人员。

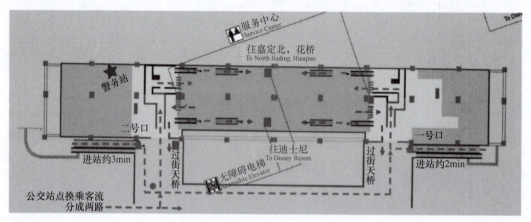

图例：——：限流隔离 ◄-- -：进站客流 ◄---：出站客流 ◄---：天桥绕行 ▲：最远排队距离 ●：增岗人员

图 5-4 城市轨道交通常规车站早高峰的客流流线图

具体采取的客流组织措施如下：

1）1、2 号口视情况关闭自动扶梯，根据 2 号口排队情况启动天桥绕行方案（客流通过天桥绕行至 1 号口进站）。

2）1、2 号口进站启用"高峰小包/无包通道"。

 知识拓展

城市轨道交通车站限流组织措施

在日常客流组织作业中，尤其是在车站早晚高峰时期，车站的工作人员应根据客流情况进行限流组织。限流时应保证乘客安全，并向乘客说明原因，请乘客配合。具体限流组织措施可根据客流的具体情况选择：

1）减缓进站速度。采用减缓进站速度的限流方式时，站务员可将出入口或通道的使用宽度缩小，售票员可采取减缓售票速度等措施。

2）分批放人。采用分批放人组织时，站务员在出入口等控制点关闭大门，短时间阻止乘客进站，并根据值班站长的指示分阶段将乘客放入。

3）出入口单向使用。采用出入口单向使用时，站务员在站厅或站台进行宣传组织，引导出站乘客由指定出口出站；同时，在只出不进的出入口外，阻止乘客进站，引导乘客到指定入口进站。

4）封闭出入口。采用封闭出入口时，站务员到各出入口关闭大门，阻止乘客进站，允许乘客出站，并向乘客解释车站状况，疏导乘客乘坐其他交通工具。

5）换乘限流。采用换乘限流时，站务员到换乘通道两端阻止或限制乘客换乘，引导乘客由指定路径进行换乘或引导其出站。

【学习小结】

1. 城市轨道交通车站日常客流组织主要包括进站客流组织、出站客流组织、换乘客流组织等。
2. 进站客流组织包括进入车站、购票、检票进闸、站台候车、乘车乘降等环节。
3. 出站客流组织包括下车、验票出闸、出站 3 个环节。

【知识巩固】

一、填空题

1. 进入车站客流组织的关键是车站（　　）的组织，在组织客流时应结合实际的客流状况采取相应的措施。
2. 自动售票机、客服中心的设置位置和数量要合理，尽可能处于乘客（　　）流线上。
3. 组织引导部分需要购买单程票的乘客在自动售票机、客服中心或临时票亭购票，关键是组织乘客（　　）。
4. 付费区和站台均有醒目的（　　），引导乘客前往正确的站台及乘车方向。

二、选择题

1. 下列（　　）属于乘客乘降客流组织措施。
A. 当列车进站时，应关注乘客安全，站台工作人员站在紧急停车按钮附近立岗接车
B. 列车到站停稳开门后，引导乘客按先下后上的顺序乘车
C. 当关门提示铃响或者门头灯闪烁时，应阻止乘客抢上抢下，请其等待下次列车，防止车门夹伤乘客和影响列车正点发车
D. 当车门关闭后，要观察车门关闭状况，防止站台门夹人夹物事件发生，一旦发生应及时进行处置
2. 下列（　　）的设置可以满足车站的出站需求。
A. 出站自动检票机的设置位置需结合出入口方向、乘客出站流线合理安排
B. 出站导向标识清晰，容易判断离需要出站方向最近的出站自动检票机位置
C. 出站自动检票机上的出站验票刷卡区域，单程票回收口标识清晰、醒目
D. 自动检票机通过能力与车站客流量相匹配
E. 设有一定数量供特殊需求乘客通过的宽通道自动检票机

三、简答题

1. 城市轨道交通日常客流组织的主要内容有哪些？
2. 进站客流组织措施有哪些？
3. 出站客流组织措施有哪些？

任务二　车站换乘客流组织

【任务描述】

车站换乘客流组织是城市轨道交通车站日常客流组织的主要内容之一，地铁车站常见的换乘方式有哪些呢？如何进行换乘客流组织呢？

【学习目标】

知识目标	技能目标	素养目标
1. 掌握车站换乘的方式及特点 2. 理解换乘客流的特点 3. 掌握换乘客流组织的优化方法	1. 能够根据车站的布局快速、准确地分析出车站的换乘方式 2. 能够结合换乘客流的特点对车站的换乘方案进行优化设计	1. 养成分析问题、解决问题的习惯 2. 培养爱岗敬业的职业精神

【理论知识】

一、换乘的种类及方式

换乘站一般客流比较大，客流流线相对比较复杂，客流组织难度较大。根据不同的换乘区域和方式需要采取不同的客流组织方法，总体的客流组织原则是组织好换乘客流、缩短换乘路径、减少换乘客流与进出站客流的交叉和干扰。

1. 换乘种类

按照换乘的地点不同，城市轨道交通客流换乘主要有付费区换乘和非付费区换乘两种。

（1）付费区换乘　乘客到达换乘站下车后，不需要通过出站自动检票机，直接在付费区内根据换乘导向标识指引经楼梯、自动扶梯（或垂直电梯）、换乘通道或平台等到达另一站台层换乘候车。付费区换乘一般包括同站台换乘、站台立体换乘及通道换乘。这种换乘组织要求有良好的引导标识和通道设计，在容易出错的地点安排工作人员职守引导，保证乘客尤其是初乘者安全、顺利完成换乘。

（2）非付费区换乘　乘客到达换乘站下车后，根据换乘导向标识指引，经楼梯、自动扶梯（或垂直电梯）到达站厅层付费区，通过出站自动检票机进入非付费区或出站，到另一线路重新进入付费区或进站进行换乘。这种换乘组织需要最大限度缩短乘客的走行距离和良好的衔接引导标识，并且要避免这部分客流与其他客流的交叉干扰。

2. 换乘方式

城市轨道交通不同线路间的换乘方式主要有站台换乘、站厅换乘、通道换乘、站外换乘和组合式换乘几种形式。此外，还有日常客流波动引起的早高峰、晚高峰客流换乘组织。

（1）**站台换乘客流组织**　站台换乘有同站台换乘和上、下层站台换乘两种方式。同站台换乘是指两条不同线路的站线分设在同一站台的两侧，乘客可同站台换乘。这种换乘方式适用于两条平行交织的线路，为方便客流组织，宜采用岛式站台设计，要求站台能够满足换乘高峰客流量的需要，乘客无须换乘行走，换乘时间最短，但换乘方向受限。双岛式站台只能实现 4 个换乘方向的客流在同站台换乘，单岛式站台每一层只能实现两个方向的同站台换乘，其余换乘方向的乘客仍然要通过站厅或自动扶梯、楼梯进行换乘，换乘时间相应增加。

在所有换乘方式中，同站台换乘的换乘能力最大，适用于优势方向换乘客流较大的情形。这种换乘方式的主要制约因素是站台的宽度与列车行车间隔，因此，客流的合理组织与站台宽度及列车行车间隔密切相关。

上、下层站台换乘是指乘客由一个站台通过楼梯或自动扶梯到另一个站台直接换乘。根据地铁线路交叉的情况及两车站的位置，可形成站台与站台的十字形换乘、T 形换乘、L 形换乘和平行换乘的模式。

上、下层站台换乘模式要求换乘楼梯或自动扶梯应有足够的宽度，以免高峰客流时发生乘客聚集和拥挤。在所有换乘方式中，这种换乘模式的换乘能力最小，其制约因素是自动扶梯（楼梯）的运量。

（2）**站厅换乘客流组织**　站厅换乘是指乘客由一个站台通过楼梯或自动扶梯到达另一站的站厅或两站共用站厅，再通过站厅前往另一站台乘车的换乘方式。站厅换乘一般用于相交车站的换乘，换乘距离比站台直接换乘要长。若换乘过程中需要进出收费区，检票口的能力可能成为制约因素。

（3）**通道换乘客流组织**　通道换乘是指在两个或几个单独车站之间设置联络通道等换乘设施，方便乘客完成换乘的方式。通道可直接连接两个站台。这种方式换乘距离较近，换乘时间较短。通道还可连接两个站厅付费区，但换乘距离相对较远，换乘时间较长，在大多数情况下，换乘通道长度不宜过长，换乘通道的宽度可根据客流状况加宽。

（4）**站外换乘客流组织**　站外换乘是指乘客在车站付费区以外进行换乘。此种换乘方式是客观条件不允许或设计不当造成的。乘客换乘路线可分割为出站行走、站外行走。在所有换乘方式中，站外换乘所需的换乘时间和换乘距离最长，给乘客的换乘带来很大不便，应尽量避免。

（5）**组合式换乘客流组织**　组合式换乘客流是指上述两种以上换乘方式组合而成的一种换乘方式，实践中往往是几种换乘方式的组合，以便使所有换乘方向的乘客均能实现换乘。

二、换乘客流的特点

换乘客流的特点如下：

1）客流流线复杂，容易引起进站客流、出站客流和换乘客流交叉、对流，甚至各流线间严重干扰，导致客流组织效率不高，服务水平难以提升。

2）对客流导向及服务设施的要求高，若自动售票机、自动检票机、限流栏杆等设备、设施布局不合理，突发大客流情况时易引发拥堵。

3）大型换乘站的通道有时会与地下商场连通并兼作社会通道，非乘客客流（如过街、参观或购物）的组织和引导易被忽视。

4）在紧急情况下客流疏散困难。

三、换乘客流组织原则

换乘客流组织原则如下：

1）随时掌握客流变化规律，经常统计、分析客流量，监视客流的骤变，同时，密切注视乘客的安全状况。

2）合理设计乘客流动路线，在站台、楼梯、大厅处尽量减少客流交叉和对流，尤其是乘坐自动扶梯时一定要有序上下、快进快出。

3）在客流容易混行的区域，如大厅或楼梯等处，需设置必要的安全线或栅栏隔离，以免流向不同的乘客互相干扰。

4）引导乘客在换乘通道内单向流动，以免双方向大客流相互冲击。

5）完善统一导向标识系统，准确快速地分散客流，避免乘客交叉聚集和拥挤。

6）应尽量为乘客提供方便，减少进出站、换乘的时间及距离。

7）应有站内空气、温度调节设备，并设置无障碍通道。

8）应建立完善的突发事件应急客流组织和统一的调度指挥系统。

四、换乘客流组织措施

根据城市轨道交通系统的构成，改善换乘客流组织的措施主要从空间优化和时间优化两个方面进行。改善空间效率的措施主要是通过对各种换乘设施进行优化设计，缩短换乘走行距离，减少换乘流线间的干扰，优化换乘导向标志，从而使客流在换乘站有序、安全、顺畅地流动，换乘衔接紧密。时间优化措施主要是利用计算机技术对列车时刻表进行协调优化，减少换乘等待时间。

一、换乘方式案例分析

1. 同站台换乘

北京地铁国家图书馆站 9 号线和 4 号线客流换乘组织属于单层同站台模式。其站台为双岛式站台设计，如图 5-5 所示。

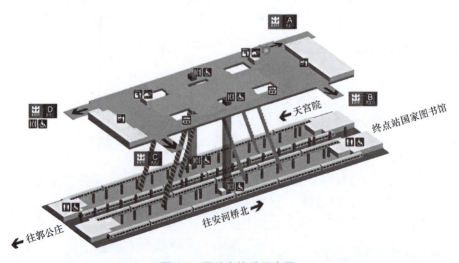

图 5-5　同站台换乘示意图

2. 上、下层站台换乘

交通大学站是上海地铁 10 号线和 11 号线的换乘站，两线通过站台楼梯换乘（L 形换乘），如图 5-6 所示。

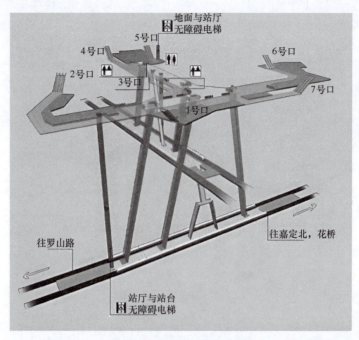

图 5-6　上海地铁交通大学站

大连路站是上海地铁 4 号线和 12 号线的换乘站，两线通过站台楼梯换乘（十字形），如图 5-7 所示。

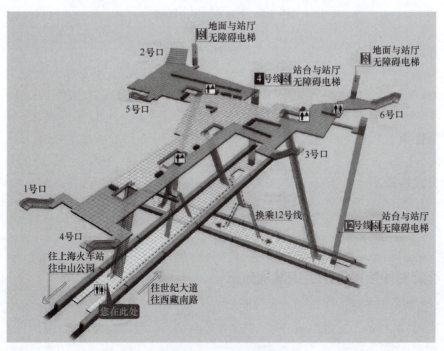

图 5-7　上海地铁大连路站

罗山路站（见图5-8）是上海地铁11号线和16号线的高架换乘车站（两线采用垂直上下叠落式岛式站台换乘），为高架二、三层叠层岛式站台，通过上、下楼的方式即可换乘。两条线路为平行走向，垂直换乘距离相对较短，客流组织较普通型复杂一些，电扶梯系统的运量常成为这类车站客流组织的瓶颈。但是由于两线之间可以通过多个楼梯或自动扶梯相连，其换乘能力较其他类型（十字形、L形、T形）要高一些。

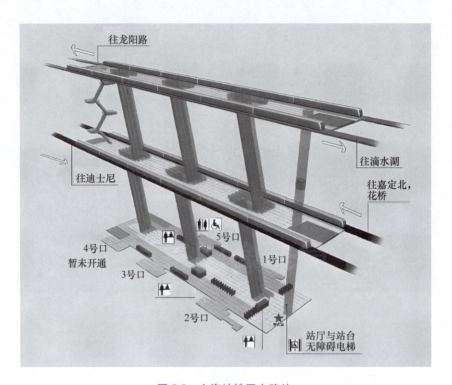

图5-8　上海地铁罗山路站

3. 站厅换乘

上海地铁世纪大道站是四线同站换乘，6号线穿越2号线、4号线、9号线，形成"丰"字形结构。车站的站厅层分为A、B两个区域，各线之间的换乘要通过这两个区域的站厅中转实现，如图5-9a、b所示。

4. 通道换乘

南京东路站是上海地铁2号线和10号线的换乘站，两线采用通道换乘，如图5-10所示。

5. 组合式换乘

北京地铁东直门站是北京地铁2号线、13号线、机场线的换乘站。该站为典型的组合式换乘方式，2号线与13号线之间是站厅换乘与通道换乘的组合，与机场线之间形成了非付费区换乘方式，如图5-11所示。

二、高峰时段换乘客流组织案例分析

因日常城市轨道交通客流一日内高峰期相对固定，而且方向性比较强，早高峰主要流向市中心区方向，晚高峰主要流向则相反。因此，每个车站应根据高峰期情况做日常的高峰客流组织方案。图5-12所示为上海地铁江苏路站早高峰客流换乘组织流线方案图。

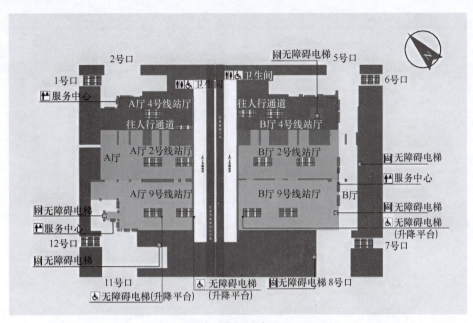

a) 站厅换乘平面布局图

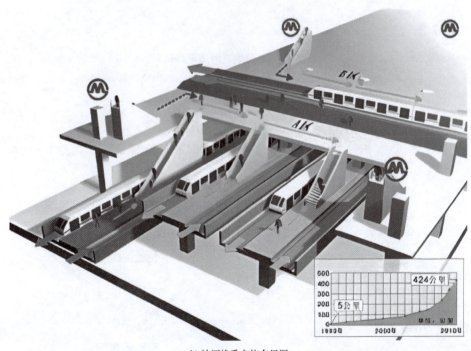

b) 站厅换乘立体布局图

图 5-9　站厅换乘平面和立体布局图

江苏路站是上海申通地铁股份有限公司管辖的地铁车站，也是上海地铁 2 号线和 11 号线的换乘站，该站共开放有 8 个出入口，2 号线站层为地下二层岛式站台，11 号线站层为地下三层岛式站台。在该站的早高峰客流组织方案中，将 11 号线换乘 2 号线方向进行了限流，换乘通道 11 换 2 的换乘限流门处视情况关闭 1~2 扇，4 座并排电梯关闭 1 台 11 换 2 的向上电梯。

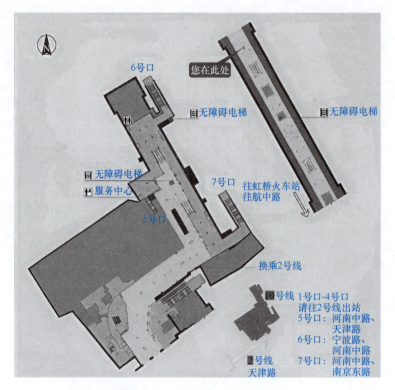

图 5-10　上海地铁南京东路站

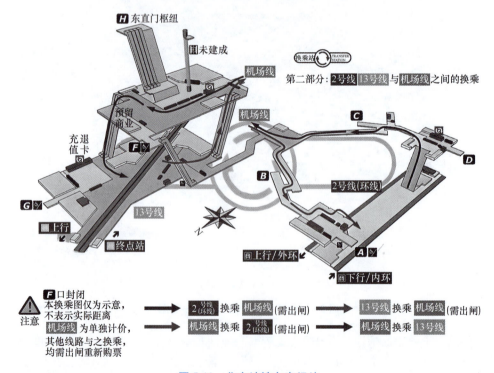

图 5-11　北京地铁东直门站

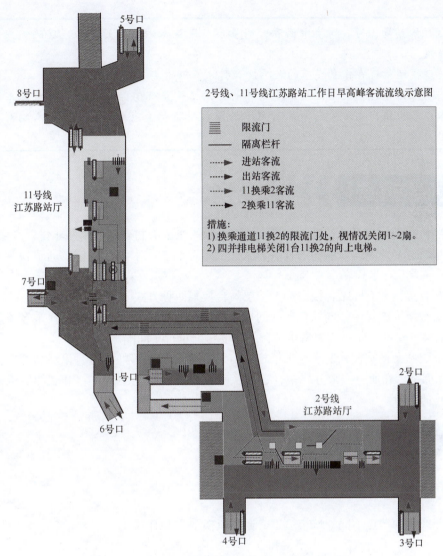

图 5-12　上海地铁江苏路站早高峰客流换乘组织流线方案图

💡 **知识拓展**

换乘客流组织评价指标

由于换乘系统相对复杂，因此，评价换乘站换乘方案的好坏涉及很多换乘指标，主要有以下几个方面：

换乘行走距离指乘客完成整个换乘过程行走的平均距离。换乘行走距离短，换乘效率高，反之亦然。

换乘时间指乘客在站内完成换乘所花费的平均时间，包括换乘步行时间和等候时间。

干扰度指在换乘过程中各方向客流相互干扰的程度，反映站内交通组织水平。

便捷度衡量站内换乘的难易程度，可以用换乘时间占乘客出行总时间的百分比来计算。

　　　　舒适性可量化为人均换乘面积，衡量换乘设施容纳乘客的能力，反映换乘设施的拥挤程度。

　　　　舒适性还体现在信息发布的及时性和引导标识的完善性。

　　　　安全性是体现换乘站使用质量的指标，用来衡量客流组织是否满足乘客乘降的安全要求以及枢纽内发生紧急事故时乘客的疏散措施是否有效等，可以用人均对冲点数的倒数来量化。安全性是最重要的换乘指标。

【学习小结】

　　1. 按照换乘的地点不同，城市轨道交通客流换乘主要有付费区换乘和非付费区换乘两种。

　　2. 城市轨道交通不同线路间的换乘方式主要有站台换乘、站厅换乘、通道换乘、站外换乘和组合式换乘几种形式。

　　3. 站台直接换乘有同站台换乘和上下层站台换乘两种方式。

　　4. 在所有换乘方式中，同站台换乘的换乘能力最大，适用于优势方向换乘客流较大的情形，这种换乘方式的主要制约因素是站台的宽度与列车行车间隔。

　　5. 上下层站台换乘模式要求换乘楼梯或自动扶梯应有足够的宽度，以免高峰客流时发生乘客聚集和拥挤。在所有换乘方式中，这种换乘模式的换乘能力最小，其制约因素是自动扶梯（楼梯）的运量。

【知识巩固】

一、填空题

　　1. 按照换乘的地点不同，城市轨道交通客流换乘主要有（　　　）和（　　　）两种。

　　2. 站台直接换乘有（　　　）换乘和（　　　）换乘两种方式。

　　3. 同站台换乘的换乘能力最大，主要制约因素是（　　　）与（　　　）。

二、选择题

　　1. （　　　）换乘方式适用于两条平行交织的线路，为方便客流组织宜采用岛式站台设计。

　　A. 上下层换乘　　　　B. 同站台换乘　　　　C. 站厅换乘　　　　D. 通道换乘

　　2. 对于乘客换乘而言，提高服务水平的关键是（　　　）。

　　A. 缩短换乘时间　　　　　　　　　　B. 缩短换乘距离

　　C. 缩短候车时间　　　　　　　　　　D. 提高换乘服务水平

　　3. 在所有的换乘方式中，换乘时间最长的是（　　　）。

　　A. 同站台换乘　　　B. 上下层站台换乘　　　C. 站外换乘　　　　D. 组合式换乘

三、简答题

　　1. 换乘客流的特点有哪些？

　　2. 换乘客流组织措施有哪些？

任务三　车站大客流组织

【任务描述】

城市轨道交通车站一旦发生大客流就容易造成乘客踩踏等事故，车站必须根据客流的情况及时启动相应的预案才能更好地控制好客流。那么，车站在应对大客流时可以采取哪些措施呢？车站各工作人员该如何协作呢？

【学习目标】

知识目标	技能目标	素养目标
1. 了解大客流的分类及特点 2. 掌握大客流组织措施及注意要点 3. 理解大客流应急预案，明确各岗位的岗位职责	1. 能够识别大客流的类型，分析其特征 2. 能够根据客流情况采取大客流组织措施 3. 能够模拟演练大客流应急预案	1. 提高团队协作意识 2. 养成分析问题、解决问题的习惯 3. 培养爱岗敬业的职业精神

【理论知识】

一、大客流的定义

大客流是指车站在某一时段集中到达的，客流量超过车站正常客运设施或客运组织措施所能承担的流量时的客流。一般来说，大客流的发生具有一定的规律性，如每天由于通勤原因引起的早、晚高峰。此外，在大型文体活动散场时、重要枢纽节假日期间也容易发生大客流。其主要表现为非常拥挤或极度拥挤、乘客流动速度明显减缓、客流交叉干扰严重等，因此，大客流会对乘客的出行造成不利影响，对运营安全造成较大威胁。

二、大客流的分类

1. 根据大客流产生的影响和后果不同分类

（1）一级大客流　一级大客流的判定标准：各车站根据本站的正常乘客数量进行比较，站台聚集人数达到或超过站台有效区域容纳人数的80%，并且持续时间超过实际行车时间间隔者，为一级大客流。这种情况会给乘客及轨道交通运营安全造成影响，存在明显的安全隐患。

（2）二级大客流　二级大客流的判定标准：各车站根据本站的正常乘客数量进行比较，站台聚集人数达到站台有效区域容纳人数的70%，并有持续不断上升的趋势者，为二级大客流。这种情况下，乘客的正常出行和轨道交通所提供的服务水平受到一定程度的影响，车站比较拥挤，乘客感觉比较压抑，但尚未对乘客及轨道交通运营安全造成影响。

2. 根据客流的时效性分类

（1）可预见性大客流 当发生可预见性大客流时，车站应合理安排人员，对客流做好疏导和组织工作，并会同地铁公安部门对客流进行控制。客流控制应坚持"由内至外，由下至上"的原则，在车站出入口、进站检票机、站厅与站台的楼梯、电扶梯处进行重点控制。

（2）突发性大客流 当发生天气突变、地铁延误或车站大面积停电、车站附近举行临时性大型活动等情况时，就会发生大客流。这种大客流的发生缺乏规律性，不可预见，其时间与规模都无法进行事先预测。所以，当发生突发性大客流时，车站需要及时查明原因，了解清楚产生大客流的规模和可能持续的时间，及时组织工作人员维持秩序，并做好宣传工作。若车站工作人员仍无法应对，站长或值班站长应及时组织总部驻站各部门员工参与控制客流，同时，通知公安部门，向行车调度员及领导报告，请求组织机动人员支援。

3. 根据客流产生的原因分类

根据客流产生的原因可分为节假日大客流、暑期大客流、大型活动大客流、恶劣天气大客流和上下班高峰大客流。

三、车站大客流组织时客运设备和设施的准备

1. 售检票设备的准备

在大客流发生前，设备维护人员应该对车站的自动售检票设备进行维护、检修，以确保在大客流时期自动售检票设备能够正常使用。

2. 车票和零钞的准备

车站可根据原始数据和大客流产生的原因判断需使用的票卡和零钞，在大客流发生前，向票务部门申领和储备足够的票卡和零钞。

3. 临时售票亭的准备

车站根据本站实际情况，按大客流的进出方向，选择在进站客流较集中的位置设置临时售票亭。若车站站厅面积较小，可考虑将临时售票亭设置在进站客流较多的通道内，如图 5-13 所示。

4. 自动扶梯和垂直电梯的准备

车站须在大客流到来前对车站全部的自动扶梯和垂直电梯进行维护、检修，以确保在大客流到来时，自动扶梯和垂直电梯能够正常开启和转换。

5. 临时导向标识和隔离设备的准备

车站须事先准备一些临时导向标识、告示牌和铁马、伸缩铁围栏、隔离带等隔离设备。在大客流到来前，车站根据大客流的方向和客流组织的具体要求，选择适当的位置张贴标识告示或摆放隔离设备。

6. 其他客运设备设施的准备

大客流到来前，车站须准备广播、乘客信息系统发布信息和急救药品及担架等，并根据车站工作人员的增加情况，相应增加手提广播、对讲机等客运设备。

图 5-13 临时售票亭

四、车站大客流的组织原则

车站大客流的组织基本原则如下：

1）地铁控制中心负责地铁线路的客流组织工作，车站的客流组织由值班站长负责。

2）在大客流的情况下，车站应采取有效措施对车站人流进行控制。客流控制应遵循由内至外，由下至上的原则。

3）如果站台乘客数量大于站台容纳能力，必须进行入自动检票机控制点的客流控制，控制乘客前往站台的数量。

4）如果站台乘客数量大于站台容纳能力，站厅乘客数量大于站厅容纳能力，就必须对出入口控制点进行控制，临时限制或者不允许乘客进站。

五、车站大客流的组织措施

1. 增加列车运能

可根据预测客流量，提前编制针对大客流特殊情况下的列车运行图，从运能上保证大客流的运营组织。在大客流发生时，根据大客流的方向，利用就近的折返线、存车线组织列车运行方案，增开临时列车，从而保证大客流的疏散。增加列车的运能是大客流组织的关键。

2. 增加售检票能力

售检票能力是大客流疏散的主要障碍，车站在设置售检票位置时，应考虑提供疏散大客流的通道。当可预见大客流情况发生时，可事先做好相应的票务服务准备工作，例如售检票设备的准备、车票和零钞的准备、临时售票厅的准备。

3. 做好进站客流组织工作

可根据站台是否还能容纳和承受更大的客流，分两种情况来进行进站客流组织工作。

1）当站台还能容纳和承受更大客流时，可采取以下措施：

① 增加售检票能力。准备好足够的车票、零钞；在地面、站厅增设临时售票点，增设临时售检票位置或增加自动售票设备的投入。

② 加开进站方向的自动检票机。

③ 加开通往站台方向的扶手电梯。

④ 适当延长列车停站时间。在站台上做好乘客上、下车的引导工作，在保障安全的前提下让更多的乘客上车，增加本次列车的运能。

2）当站台不能容纳和承受更大客流时，可采取以下措施：

① 暂停或减缓售票速度，关闭部分自动售票机。

② 暂时关闭局部或全部进站方向自动检票机。

③ 更改自动扶梯的方向，将部分或全部扶梯调整为向站厅层及出入口方向运行，延缓乘客进站速度。

④ 适当延长列车停站时间，尽可能让更多乘客上车。

⑤ 采用进、出分流导向措施，将部分出入口设置成只能出不能进，限制乘客进入，延长站台层的大客流疏散时间。可在公安人员的配合下关闭出入口，暂停客运服务，安排人员到出入口做好乘客服务解释工作，并张贴车站关闭的通告。

4. 做好出站客流组织工作

出站客流组织工作的指导思想是保证乘客出站线路的畅通，加快出站速度，使其安全、有序地离开车站。站务员可采取以下措施：

1）更改自动扶梯的方向，将部分或全部自动扶梯方向调整为向站厅层及出口方向运行。

2）将部分或全部进站自动检票机更改为出站自动检票机。

3）紧急情况时，可采取票务应急处理模式，如采用出站免检模式、AFC 紧急放行模式等。

5. 采取临时疏导措施

在大客流组织中，临时合理地疏导是一项很重要的组织措施，主要包括车站出入口、站厅层的疏导，自动扶梯以及站台层的疏导。车站出入口、站厅层的疏导主要是根据临时售检票位置的设置，引导、限制客流的方向。临时售检票宜设置在站外、站厅层较空旷的位置，应为排队购票的乘客留出充分的空间，确保通道的畅通和出入口、站厅客流的秩序。自动扶梯以及站台层的疏导主要是为了尽量保证客流均匀上、下扶梯和尽快上、下列车，保证站台候车的安全。站务员应在靠近楼梯、扶梯处站岗并分别在站台前中、后部疏导乘客，采取的疏导措施主要有设置临时导向标识、设置警戒绳或隔离栏杆、采用人工引导及通过广播宣传引导等。

6. 特大客流应急措施

当车站遭遇特大客流时，应遵循由下至上、由内至外的人潮控制原则，采取站台客流控制、站厅付费区客流控制、出入口（站厅非付费区）客流控制三级客流控制方法。

第一级控制站台客流，控制点可设在站厅与站台的楼梯（或电扶梯）口处，站务员分散在站台的各部，维持候车、出站秩序，协助列车司机开、关车门，确保乘客安全上、下车，如图 5-14 所示。

图 5-14　站台客流控制　　　　　　　　　　　　　　一级大客流响应处置

第二级控制付费区客流，控制点在进站自动检票机处，站务员确保有序、快捷的进站秩序，及时处理票务问题，如图 5-15 所示。

图 5-15　付费区客流控制　　　　　　　　　　　　　　二级大客流响应处置

第三级控制非付费区客流，控制点在车站出入口处，可在站外设置迂回的限流隔离栏杆，延长进站时间，最大限度缓解站台层客流压力，如图 5-16 所示。

图 5-16　非付费区客流控制　　　　　　　　三级大客流响应处置

遭遇特大客流时，只要严格按照上述三级客流控制方法可确保乘客安全和车站秩序。

一、可预见大客流特点分析

1. 节假日大客流

节假日大客流主要指在国家法定的元旦、春节、国庆节等假期期间市民出行及游客旅游等造成全线各站客流普遍大幅增大。节假日大客流主要由购物休闲、旅游观光和返乡探亲等乘客构成，一般发生时会造成全线客流普遍激增，尤其对火车站等交通枢纽或中心商业区附近的车站影响极大。这类客流中购买单程票和初次乘坐地铁的乘客居多。

元旦等假期短的节假日期间，游客不会对客流变化产生太大影响，主要是市民出行或购物会造成位于商业区附近的车站产生较大的客流，同时其他车站的客流会比平时有所增加，从而造成列车比较拥挤。春节假期较长，春节期间的客流相对比较稳定，不会对车站造成太大的影响，但节前、节后返乡探亲的客流对与火车站、交通枢纽相连、较近的车站造成的冲击比较大。例如每一年上海春节期间祈福、游园都会导致豫园站、龙华站等站出现大客流。国庆节出行的大都是旅游的游客，大批的游客以及市民的出行购物、休闲等会使车站的客流大幅度增大，对位于商业区或旅游景点附近的车站客流冲击比较大。

2. 暑期大客流

暑期大客流主要由购物休闲、旅游观光和放暑假的学生等乘客构成，造成每年七、八月各站客流较平时有明显增加，而大客流高峰时段一般集中在每日的 8～16 时。

3. 大型活动大客流

大型活动大客流主要指由于车站周边分布的体育馆等大型活动场所举行活动结束以后，会有大量乘客进站乘车，造成车站客流迅速增大。大型活动大客流主要由购物、休闲的乘客构成。其特点是在特定时间段客流会显著增大，大型活动通常在周末举行，因大客流发生的时间和规模大多可预见，且一般持续时间短，影响范围有限，通常只对该活动地点附近所在车站影响较大。

4. 恶劣天气大客流

恶劣天气大客流主要指由于酷暑、台风、雨雪等恶劣天气，对地面交通造成影响，迫使较多的市民乘坐地铁或进入地铁车站躲避，造成地铁各个车站客流比平时有所上升，且上下车困难，车内也比较拥挤。

5. 上下班高峰大客流

上下班高峰大客流具有一定的规律性，也最为普遍，通常发生在每天早、晚上下班的高峰时段，一般离办公区、住宅区距离较近的车站受其影响较大。

节假日、暑期、大型活动和上下班高峰大客流为可预见性大客流。恶劣天气大客流在很大程度上具有突发性，天气预警范围内也可以称为可预见性大客流。

二、车站大客流组织应急预案

各城市轨道交通运营企业制订的大客流组织应急预案各不相同，大致内容及程序如下：

大客流
处置作业

1）各车站发生大客流时，应根据本站大客流组织方案的有关规定及岗位职责、程序执行，做到安全、及时、有效地疏导乘客。其具体组织办法如下：

① 值班站长及时报告行车调度员，行车调度员通过监控系统加强对车站客流情况的监控，对大客流原因进行初步判断。

② 车站应加强现场的督导工作，增加工作人员，利用隔离带、铁马、告示牌、临时导向标识、车站控制室广播设备、手提广播等客运设施，适时做好秩序维护、乘客的宣传和引导工作。

③ 车站应在适当位置增设临时售票点，出售预制票、避免自动售票机前乘客排长队购票的情况出现。

④ 车站根据现场情况，利用车站设施加强对出入口、站厅、站台客流的监控及疏导，避免付费区内人员过度拥挤或流通不畅。如果站台乘客较多，将站台与站厅间的向下扶梯改为向上，加快乘客出站速度。

⑤ 列车司机发现有乘客上不去车而影响车门、站台门关闭时，应及时报告行车调度员，并通过广播引导乘客有序乘降。

⑥ 车站根据客流情况，必要时采取关闭部分（或全部）自动售票机、进站检票机的措施，以减慢乘客购票速度，控制进站客流，或在某些（或全部）出入口实行单向疏导措施，缓解站内客流压力。

⑦ 站台保安应密切注意站台和列车情况，一旦发生列车上乘客拥挤、乘客上车困难时，车站应立即向控制指挥中心请求加开列车。

⑧ 必要时请求地铁公安和调配其他站员工到站协助。若发生乘客身体不适或受伤，除车站进行紧急救护外，应及时致电 120 急救中心，并做好宣传和乘客解释工作。

2）对于可预见的大客流（如节假日、大型活动大客流等），应根据预测情况提前采取措施，做好准备工作。其具体组织办法如下：

① 车站应检查各出入口、通道是否畅通，确保乘客能够顺利疏散。

② 车站站长或值班站长合理安排、检查各岗位工作人员的工作，并通知地铁公安协助车站维持秩序。

③ 车站提前申请领取足够的预制票，以便在发生大客流时投入使用。

④ 车站提前准备好临时导向标识、告示牌、临时售票亭、隔离带、铁马等客运设施。

3）对于不可预见的大客流（如突发性大客流），车站应立即报告行车调度员，并采取相应措施，组织车站员工按大客流应急预案执行。车站应做好乘客疏导工作，并通知地铁公安到现场维持秩序，必要时向控制中心请求增派临时支援人员。

 知识拓展

2023 年五一期间上海地铁客流组织方案

一、6 条地铁线路延时运营

4 月 28 日（周五）、29 日（周六），上海地铁 1 号线、7 号线、8 号线、9 号线、10 号线、13 号线实施延时运营。

二、2 号线和 10 号线南京东路站封站

4 月 29 日至 5 月 3 日每日 16 时起，2 号线和 10 号线南京东路站封站。封站时段内在 2 号线和 10 号线南京东路站不能上、下车，地铁站出入口关闭，乘客不能进、出车站。车站加强站内广播宣传、导向设置、站台站厅秩序维护等工作。同时，周边站点视情采取客流管控措施，以确保乘客安全。

三、加开定点加班车

为提升"五一"返程期间重要交通枢纽夜间疏散能力，5 月 2 日（周二）、5 月 3 日（周三），地铁 1 号线、2 号线、10 号线加开定点加班车，末班车发车时间延长至 23:30，定点加开列车途经换乘站均不可换乘。

其中，1 号线上海南站站往富锦路站方向定点加班车沿途仅停靠徐家汇站、人民广场站、上海火车站站、上海马戏城站、通河新村站、富锦路站，其余车站跳停。停靠车站中，上海南站站、上海火车站站可上下客，其余车站只下不上，途经换乘站不可换乘。1 号线上海火车站站往莘庄站方向定点加班车沿途仅停靠人民广场站、徐家汇站、上海南站站、莘庄站，其余车站跳停。在停靠车站中，上海火车站站、上海南站站可上下客，其余车站只下不上，途经换乘站不可换乘。

2 号线定点加班车始发站虹桥火车站站，终点站龙阳路站，中途停靠虹桥 2 号航站楼站、淞虹路站、中山公园站、静安寺站、人民广场站及世纪大道站。其中，除始发站虹桥火车站站及虹桥 2 号航站楼站可上下客，其余各停靠站都只能下客，途经换乘站不可换乘。

10 号线虹桥火车站站往五角场站方向定点加班车，沿途仅停靠虹桥火车站站、虹桥 2 号航站楼站、虹桥 1 号航站楼站、虹桥路站、陕西南路站、海伦路站、四平路站、五角场站，其余车站跳停。停靠车站中，虹桥火车站站、虹桥 2 号航站楼站、虹桥 1 号航站楼站可上下客，其余车站只下不上，途经换乘站不可换乘。

四、重点大客流车站视情限流

上海地铁重点关注交通枢纽、集散地车站，如虹桥火车站站、上海南站站、上海火车站站、虹桥 2 号航站楼站、浦东国际机场站等。同时，在换乘枢纽站、热门旅游景点周边车站以及商圈周边等重点车站，加强信息沟通，主动掌握客流动态，并增加重点车站的服务人员及志愿者，为乘客提供现场引导和帮助，保障乘客出行顺畅。

【学习小结】

1. 大客流是指车站在某一时段集中到达的，客流量超过车站正常客运设施或客运组织措施能承担的流量时的客流。

2. 根据大客流产生的影响和后果不同，大客流分为一级大客流和二级大客流。

3. 按照客流的时效性可将其分为可预见性大客流和突发性大客流两类。

4. 根据客流产生的原因将其可分为节假日大客流、暑期大客流、大型活动大客流、恶劣天气大客流和上下班高峰大客流。

5. 地铁控制中心负责地铁线路的客流组织工作，车站的客流组织由值班站长负责。

6. 当车站遭遇特大客流时，应遵循由下至上、由内至外的人潮控制原则，采取站台客流控制、站厅付费区客流控制、出入口（站厅非付费区）客流控制的三级客流控制方法。

【知识巩固】

一、填空题

1. 大客流组织时，在车站出入口、进站自动检票机、站厅与站台的楼梯和自动扶梯处，重点控制（　　），组织乘客上车，保证客流均匀上下扶梯和尽快上下列车，保证站台候车乘客的安全。

2. （　　）是指车站在某一时段集中到达的，客流量超过车站正常客运设施或客运组织措施所能承担的流量时的客流。

3. （　　）负责地铁线路的客流组织工作，车站的客流组织由（　　）负责。

4. 当车站遭遇特大客流时，应遵循（　　）的人潮控制原则，采取（　　）客流控制、（　　）客流控制、（　　）客流控制的三级客流控制方法。

二、选择题

1. 如站台乘客数量超过站台容纳能力，必须进行（　　）控制点的客流控制。

A. 进站自动检票机处　　　　　　　　B. 出站自动检票机

C. 车站出入口　　　　　　　　　　　D. 站厅与站台的楼梯口处

2. 当车站遭遇特大客流时，应遵循（　　）的人潮控制原则。

A. 由上至下、由内至外　　　　　　　B. 由下至上、由外至内

C. 由下至上、由内至外　　　　　　　D. 由上至下、由外至内

3. 车站大客流组织的影响因素有（　　）。

A. 车站出入口及通道　　　　　　　　B. 站厅面积

C. 站台面积　　　　　　　　　　　　D. 列车输送能力

E. 设备通过能力

4. 大客流控制的主要措施有（　　）。

A. 增加列车运能　　　　　　　　　　B. 增加售检票能力

C. 提前进行客运设备准备　　　　　　D. 控制车站客流

E. 采取临时疏导措施

三、简答题

1. 大客流的定义是什么？其分类有哪些？
2. 大客流组织控制的原则是什么？
3. 大客流组织的主要措施有哪些？

任务四　车站突发事件客流组织

【任务描述】

城市轨道交通车站在组织客流时，如果发生突发事件，势必会造成人员伤亡或财产损失。车站可以采取哪些措施来应对突发事件呢？

【学习目标】

知识目标	技能目标	素养目标
1. 了解突发事件的定义，理解其特征 2. 掌握突发事件发生时的客流组织办法	1. 能够识别突发事件类型，分析其特征 2. 能够正确、及时地采取措施组织客流	1. 培养分析问题、解决问题的习惯 2. 锻炼遇事沉着、冷静的心理素质

【理论知识】

突发事件是指在没有任何征兆的前提下，在城市轨道交通车站内、列车上或是其他设施设备内突然发生的危及人身安全的情况，例如发生恐怖袭击、设备故障引起的火灾、地震、大面积停电、爆炸等事件。这些情况发生时，在车站或列车上的客流被称为突发事件客流。由于城市轨道交通车站一般都处在地下或高架桥的半封闭空间里，隐蔽性很强，人员和设施设备高度密集，一旦发生火灾、地震等特殊情况，人员的疏散和救援组织工作难度较大，处置不当将会产生巨大的损失，所以，车站应根据本站的具体情况制订科学、合理的非正常情况下客流组织预案，在预案中明确各岗位的岗位职责及具体工作内容，以便站务工作人员能及时、有效地采取各种客流组织措施迅速疏散客流，将事故造成的损失降到最低。

突发事件发生时车站可根据实际情况采用不同的客流组织方式对乘客进行疏导，主要有疏散、清客、隔离3种办法。

一、疏散

疏散是指在紧急情况发生时，城市轨道交通工作人员利用一切通道和出入口迅速将乘客从危险区域全部转移到安全区域。按照疏散地点可将其分为车站疏散组织办法和隧道疏散组织办法。

二、清客

清客是指在遇到运营设备故障、列车暂时中止服务或行车组织发生变更调整时，将乘客从某一区域全部转移到另一区域。清客组织办法常用在列车清客、列车在隧道区间发生故障的清客以及车站火灾情况下的清客等。

三、隔离

隔离是指采用某种方式或设备人为地隔开人群或封闭某个区域。根据造成隔离的原因，隔离的组织方法分别如下：

1. 非接触纠纷隔离

乘客在车站内发生口头纠纷时，距离发生纠纷现场最近的工作人员要立即上前进行调解，必要时须把纠纷双方分别带到人少的地方或车站会议室进行劝说。如有围观乘客，应及时劝离现场，维护好车站的正常工作秩序。

2. 接触式纠纷隔离

乘客在车站内发生打架时，距离发生纠纷现场最近的工作人员应立即赶到现场，通知车站控制室，与车站保安人员一起把打架双方隔开。车站控制室要通知值班站长赶到现场处理，视需要通知地铁公安到现场，将肇事双方交其处理。如有围观乘客，应及时劝离现场，寻找目击证人填写事件记录。

3. 客流流线隔离

当车站某一端客流较集中，排队购票队伍太长与进出站客流发生交叉干扰时，车站工作人员可以利用隔离带、铁马等设备人为地隔开人群，并利用手提广播引导一部分乘客到人少的一端购票、进站。

4. 疫情隔离

车站发现有传染疫情病人时，必须采取隔离组织措施，报告防疫部门，并按上级要求关闭出入口，列车通过不停车，对与疑似人员有过接触的物品、人员进行消毒、隔离，所有站内人员必须待在车站内，未经防疫部门允许不能离开车站。

✈ 【实践技能】 ▶▶▶

一、突发事件信息通报流程

当地铁列车在区间发生故障需要疏散列车上的乘客时，按图5-17所示程序进行报告。

二、突发事件报告事项

1）事件发生的时间（月、日、时、分）。

2）发生地点（车站名；上、下行线；区间千米标、百米标或车场，车站内具体发生地点等）。

3）事故（事件）概况及原因：列车车次、列车号，发生原因的初步判断，事故（事件）伤亡人数、姓名、性别、受伤情况、所采取的抢救措施、送往的医院、陪同人姓名、部门、职务（工种）、财产损失等。

4）报告人姓名、所在部门职务（工种）。

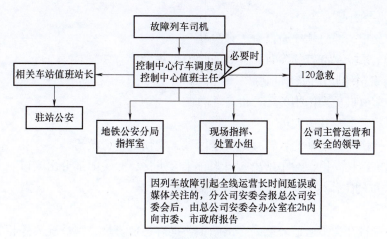

图 5-17　突发事件信息通报流程

三、疏散客流组织办法

（1）车站疏散组织办法　车站工作人员必须在最短的时间内将乘客从站内疏散到站外安全的区域。城市轨道交通车站须制订非正常情况下客流组织预案，并定期组织培训和现场演练，让工作人员能够充分了解自己的职责和工作流程，以确保在特殊情况发生时，车站各岗位之间高度配合，及时、有效地疏散乘客。各岗位人员的工作内容及程序如下：

1）值班站长的主要工作内容如下：

① 接到紧急情况的报告后，迅速派站务员赶往现场确认，并调查事故的原因。

② 在上级领导未到达前担任现场临时指挥，通知所有车站工作人员执行车站紧急疏散程序。

③ 通知地铁公安到现场维护秩序。

④ 现场组织疏散乘客，组织车站各岗位实施车站疏散组织预案，将乘客安全地撤离车站，协助有困难乘客和受伤乘客。

⑤ 如果乘客被困在站台，应要求行车调度员安排一列空车前往车站疏散乘客，安排人员安抚和维持站台秩序。

⑥ 乘客疏散完毕后，检查站内是否还有乘客滞留，关闭出入口。

⑦ 灾害危及车站员工及其他人员安全时，应组织员工通过紧急出入口或后备紧急出入口到安全区域集合。

⑧ 需要公安、消防或急救等外部支援时，安排一名站务员或保安到紧急出入口引导支援人员进入车站。

2）行车值班员的主要工作内容如下：

① 报告行车调度员疏散原因、是否影响列车运行、是否需要支援。

② 视情况致电 119、120，请求支援。

③ 通知地铁公安到场维持秩序。

④ 需要时，开启相应环控模式。

⑤ 按动 AFC 紧急按钮，使自动检票机为常开状态，并将自动售票机设为暂停服务状态。

⑥ 通过乘客资讯显示系统发布疏散信息，通过广播通知银行、商铺工作人员和乘客疏

散（注意尽量不要引起乘客恐慌）。

⑦ 向站长及相关部门领导通报有关情况。

⑧ 当留在车站控制室有危险时，应到安全地点集合。

3）客运值班员的工作内容如下：

① 协助行车值班员操作相关环控设备。

② 组织疏散乘客及其他人员。

③ 有乘客受伤时，帮助伤者转移到安全区域，视伤情进行救治。

④ 听从值班站长安排，在车站出入口阻止乘客进站，并关闭部分出入口。

4）站务人员的工作内容如下：

① 维持秩序。

② 厅巡负责打开员工通道疏散乘客出站；协助客运值班员，视情况关停相关扶梯。

③ 票务员收好票款，锁闭售票亭。

④ 到楼梯、扶梯口维持秩序，需要时其中一人应到紧急出入口接应外部支援人员。

⑤ 安排列车接载站台乘客疏散时，乘客及车站其他在站台疏散人员上车完毕后向司机显示"好了"信号，并进入司机室。

⑥ 保洁、保安协助车站工作人员疏散乘客，抢救伤者。

（2）隧道疏散组织办法　列车在区间内因火灾无法继续运行到前方车站或设备故障灯原因被迫停车都需要采用隧道疏散组织办法。车站工作人员应及时把乘客从隧道内疏散到车站，尽量避免乘客在区间内受伤。如果是在隧道内发生火灾，在组织疏散乘客时应选择正确的疏散方向。例如，列车头部着火时，应组织乘客向列车尾部一侧疏散；列车尾部着火时，应组织乘客向列车头部一侧疏散；列车中部着火时，尽量组织乘客向列车两端疏散。

隧道乘客紧急疏散组织中，值班站长担任临时应急负责人，其工作内容如下：

1）上级领导未到达现场前，担任临时应急负责人。

2）接到行车调度员或列车司机列车需要隧道疏散的通知后，通知各岗位员工执行隧道疏散程序。

3）指定客运值班员负责组织疏散车站乘客。

4）开启隧道灯，需要时开动隧道风机进行排烟（或由环控调度员开启）。

5）带领站务员或站台保安，穿好装备，到隧道疏散现场引导乘客往车站疏散。

6）疏散完毕后，确认乘客疏散完毕和线路出清后，报告行车调度员，关闭车站。

7）消防人员到车站后告知有关情况，带领员工参加应急处理救援工作。

四、车站清客组织办法

车站因特殊情况须暂停行车服务时，播放清客广播，车站内所有乘客必须全部离开车站。各岗位人员工作内容及程序如下：

1）值班站长的主要工作内容如下：

① 通知各岗位员工执行车站清客程序，组织车站员工对乘客进行清客，引导乘客退票。

② 乘客全部出站后，检查站厅、站台是否有滞留乘客，关闭出入口。

列车清客作业

③ 安排车站人员到紧急出入口张贴告示。

④ 召集车站工作人员协助清客，等待恢复运营。

⑤ 向站长汇报相关情况，并做好详细记录。

2）行车值班员的主要工作内容如下：

① 接到上级清客命令后，通知各岗位员工车站停止服务，执行清客程序。

② 通知地铁公安到现场维持秩序。

③ 播放清客广播和票务政策广播。

④ 按下 AFC 紧急按钮，使自动检票机处于常开状态，并将自动售票机设置为暂停服务状态。

⑤ 通过乘客资讯显示系统发布车站停止服务信息，尽量不要引起乘客的恐慌。

⑥ 关站后执行节电照明模式。

3）客运值班员的主要工作内容如下：

① 引导乘客出站或办理退票，并向其做好解释工作。

② 根据实际需要为售票员配备零钞。

③ 统计退票数量，并封好回收的单程票上交票务室。

4）其他工作人员的主要工作内容如下：

① 厅巡打开车站员工通道，引导乘客出站或办理退票。

② 票务员负责办理退票。

③ 安全员、保安负责维持秩序。

④ 听从值班站长或客运值班员的安排，张贴告示。

五、列车清客组织办法

列车故障时，车站值班站长带领车站工作人员必须对故障列车进行清客，然后组织乘客换乘另一列车。各岗位人员的工作内容及程序如下：

1）值班站长的主要工作内容如下：

① 组织站台保安和厅巡在规定时间内完成对列车上乘客的清客工作。

② 检查车厢是否有滞留乘客，清客完毕后及时通知车站控制室，指示站台保安显示"好了"信号发车。

③ 引导部分乘客退票，组织和引导部分乘客在同站台或另一站台等候下一趟列车，做好候车乘客的解释和安抚工作。

④ 将情况向站长汇报，并做好详细记录。

2）行车值班员的主要工作内容如下：

① 接到列车清客命令后，立即通知值班站长、厅巡和站台保安等工作人员执行清客程序。

② 通知地铁公安到现场维持秩序。

③ 播放清客广播。

④ 通过乘客资讯显示系统发布车站停止服务信息，尽量不要引起乘客的恐慌。

⑤ 清客完毕后，及时将清客完毕时间汇报行车调度员。

3）其他工作人员的主要工作内容如下：

① 厅巡和站台保安在规定时间内完成对列车上乘客的清客工作。

② 厅巡和站台保安引导乘客办理退票或在同站台或另一站台等候下一趟列车。

③ 售票员负责办理退票。

④ 安全员、保安负责维持秩序。

 知识拓展

地铁列车区间疏散方法知多少

地铁列车区间疏散乘客主要有通过列车司机室前的疏散门进行疏散、通过侧面疏散平台进行疏散、通过联络通道进行疏散 3 种方式。

列车司机室前的疏散门也称为逃生门，在紧急情况下会由工作人员打开来进行疏散乘客。逃生门的打开方式和普通车门不同，是从上面放下来的。打开完全后，逃生门布置在铁轨上部。在逃生门的内侧是磨砂面，这样就不会使人脚底打滑，能安全快速地离开，如图 5-18 所示。

地铁疏散平台是地铁隧道内设计和建造过程中必需配备的通道。疏散平台通过支架支撑固定在隧道侧壁上，高度与地铁列车车厢的地面持平或低于车厢地面。当列车在隧道中遇险停车时，乘客在列车车门打开后可直接踏上疏散平台，沿疏散平台前往就近车站，并通过车站到达地面，对于高架线路来讲，疏散平台更是必须具备的疏散救援通道，图 5-19 所示为地下车站疏散平台。

图 5-18　列车逃生门

图 5-19　地下车站疏散平台

《地铁设计规范》（GB 50157—2013）中规定，"两条单线区间隧道之间，当隧道连贯长度大于 600m 时，应设联络通道，并在通道两端设双向开启的甲级防火门。"条件允许时，地铁区间疏散乘客可以通过联络通道进行。

【学习小结】

1. 突发事件是指在没有任何征兆的前提下，在城市轨道交通车站内、列车上或是其他设施设备内突然发生的危及人身安全的情况。

2. 突发事件发生时车站可根据实际情况采用不同的客流组织方式对乘客进行疏导，主要有疏散、清客、隔离 3 种办法。

3. 疏散是指在紧急情况发生时，城市轨道交通工作人员利用一切通道和出入口迅速将乘客从危险区域全部转移到安全区域。

4. 清客是指在遇到运营设备故障、列车暂时中止服务或行车组织发生变更调整时，需要将乘客从某一区域全部转移到另一区域。

5. 隔离是指采用某种方式或设备人为地隔开人群或封闭某个区域。

【知识巩固】

一、填空题

1. （　　　）是指在没有任何征兆的前提下，在城市轨道交通车站内、列车上或是其他设施设备内突然发生的危及人身安全的情况。

2. 突发事件发生时车站可根据实际情况采用不同的客流组织方式对乘客进行疏导，主要有（　　　）、（　　　）、（　　　）3 种办法。

二、选择题

1. 乘客在车站内发生口头纠纷时，距离发生纠纷现场最近的工作人员要立即上前进行调解，必要时须把纠纷双方分别带到人少的地方或车站会议室进行劝说是属于（　　　）隔离方式。

A. 非接触纠纷隔离　　　　　　　　　B. 接触式纠纷隔离

C. 客流流线隔离　　　　　　　　　　D. 疫情隔离

2. 列车故障时，车站值班站长带领车站工作人员必须对故障列车进行清客，其主要职责有（　　　）。

A. 组织站台保安和厅巡在规定时间内完成对列车上乘客的清客工作

B. 检查车厢是否有滞留乘客，清客完毕后及时通知车站控制室，指示站台保安显示"好了"信号发车

C. 引导部分乘客退票，组织和引导部分乘客在同站台或另一站台等候下一趟列车，做好候车乘客的解释和安抚工作

D. 将情况向站长汇报，并做好详细记录

3. 列车在区间内因火灾无法继续运行到前方车站或设备故障灯原因被迫停车都需要采用（　　　）组织办法。

A. 隧道疏散　　　　　B. 车站疏散　　　　　C. 列车清客　　　　　D. 隔离

三、简答题

1. 什么是疏散？简述组织隧道疏散的工作内容。

2. 什么是清客？简述组织列车清客的工作内容。

项目六

城市轨道交通客运组织方案编制

【情境导入】

　　申通地铁集团介绍，2023年春运从1月7日拉开帷幕，上海地铁通过开行多头班车、定点加开等举措保障乘客安全出行，同时，还加强现场客运力量、启动枢纽协作联动机制、提供人性化服务，来确保春运期间网络运营通畅有序。

　　2023年春运自1月7日开始至2月15日结束，共计40天。上海地铁重点关注三大火车站、两大机场临近站点的客流情况，结合"节前集中离沪、节后集中返沪"的客流特征，提升抵离沪期间相关车站运载能力。同时，还重点关注相关换乘站和临近重点站的客流趋势，根据现场客流动态调整客运组织，引导客流快速疏散。另外，春运期间，上海地铁还提升了乘客安全的防护等级，提高设备运行稳定性和应急处置能力。

　　上海地铁在应对2023年春运客流中采取了诸多有效措施：部分地铁线路开行多头班车，延长运营时间，封闭部分车站，列车调停，一些车站调整为下客站，一些车站调整为上客站，在有需要的车站出入口增加临时售票车等，同时，上海地铁线网各车站围绕春节传统文化，布置装饰喜庆、祥和、整洁的乘车氛围，为乘客营造了一个安全、有序、良好的出行环境。

　　高质量的服务、良好的乘车环境离不开上海地铁提前精心编制好的客运组织方案，如何编制城市轨道交通的客运组织方案，做好非常时期的客流控制工作呢？本项目详细地介绍了城市轨道交通客流的时间、空间分布特征，明确地阐述了如何结合具体的客流规律及车站的运营环境编制客运组织方案，介绍了城市轨道交通客运组织方案编制的原则、要求及主要内容。

任务一　城市轨道交通客流特征分析

【任务描述】

　　通过本任务的学习，学生能够清楚地掌握城市轨道交通客流的时间和空间分布特征。对客流的分布特征与动态变化进行实时跟踪和系统分析，掌握客流现状与变化规律，为后面进行客流组织工作奠定基础。

【学习目标】

知识目标	技能目标	素养目标
1. 掌握城市轨道交通客流的时间分布特征 2. 掌握城市轨道交通客流的空间分布特征 3. 掌握车站客流的时间分布特征及空间分布特征	1. 能够准确地分析城市轨道交通客流的时间分布特征及空间分布特征 2. 能够准确地分析车站客流的时间分布特征及空间分布特征	1. 培养分析问题、解决问题的习惯 2. 培养严谨、认真的工作态度 3. 培养不惧辛苦、吃苦耐劳的精神

一、客流的时间分布特征分析

1. 1 日内小时客流分布特征

轨道交通 1 日内小时客流（见图 6-1）随着人们的生活节奏和出行特点而变化，在 1 日内呈起伏波状。通常，夜间客流量较少，早晨渐增，上班或上学时间达到高峰，午间稍减，至下班或放学时间出现第 2 个高峰，进入晚间客流逐渐减少。因此，轨道交通 1 日内小时客流通常是双峰型，这种规律在国内外的轨道交通线路上几乎都是一样的，只是程度不同。城市轨道交通线路分时客流不均衡程度的系数可按下式计算：

$$a_1 = \frac{p_{\max}}{\sum\limits_{t=1}^{H} p_t / H}$$

式中　a_1——单向分时客流不均衡系数；

　　　$p_{\max}$——单向高峰小时最大断面客流量（人）；

　　　p_t——单向分时最大断面客流量（人）；

　　　H——全日营业小时数（个）。

分时客流不均衡系数值 a_1 大于 1。若 a_1 趋向于 1，表明分时客流分布比较均衡，a_1 越大，表明分时客流分布越不均衡；$a_1 \geq 2$ 时，表明分时客流的不均衡程度比较大，位于市区范围内的地铁、轻轨线路的 a_1 值通常为 2 左右，而通往远郊区市域轨道交通线路的 a_1 值通常大于 3。

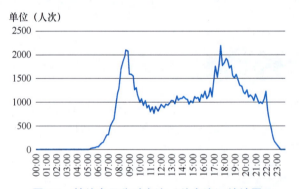

单位（人次）

图 6-1　某站全日分时客流（总客流）统计图

在 1 日内小时客流不均衡程度较大的情况下，为实现运营组织的经济合理性，可考虑采用小编组、高密度列车开行方案。小编组、高密度与大编组、低密度两种列车开行方案的分时列车运能不变，但在客流低谷时段，小编组、高密度方案具有既能提高客车满载率，又不降低乘客服务水平的优点。

2. 1 周内全日客流分布特征

由于人们的工作与休息是以周为循环周期进行的，这种活动规律性必然会反映到一周内全日客流的变化上。在以通勤、上学客流为主的轨道交通线路上，双休日的客流会有所减少，如图 6-2 所示；在连接商业网点、旅游景点的轨道交通线路上，双休日的客流往往会有所增加，如图 6-3 所示。双休日的早高峰出现时间往往推迟，而晚高峰出现时间往往提前。周一与节假日后的早高峰小时客流和星期五与节假日前的晚高峰小时客流，都会比其他工作日的早、晚高峰小时客流要大。

单位（人次）

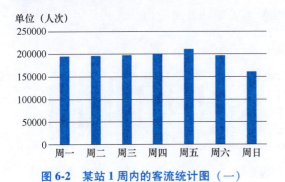

图 6-2　某站 1 周内的客流统计图（一）

单位（人次）

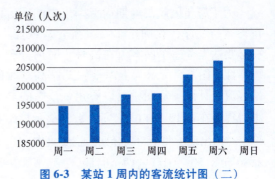

图 6-3　某站 1 周内的客流统计图（二）

根据全日客流在 1 周内分布的不均衡和有规律的变化，轨道交通常在 1 周内实施不同的全日行车计划和列车运行图，以适应不同的客运需求和提高运营经济性。

3. 季节性或短期性客流变化

一年内，客流存在季节性的变化，如由于南方的梅雨季节或者高中学生迎考等原因，6 月份的客流通常是全年的低谷。在旅游旺季，流动人口的增加会使轨道交通线路的客流增大。短期性的客流激增通常发生在举办重大活动或天气骤然变化的时候。当客流在短期内增大幅度较大时，运营部门应及时执行大客流应急疏导方案，确保乘客安全、有序地乘车。

4. 车站高峰小时客流分布特征

车站高峰小时客流是确定车站设备容量或能力的基本依据。车站高峰小时客流分析，首先应确定进、出站高峰小时的出现时间，其次是分析客流量的大小。此外，还应分析客流的发展趋势。随着轨道交通新线的投入运营，即有轨道交通线路延伸，高峰小时进、出站客流会发生较大的变化；而车站吸引区内住宅、商业和文化娱乐等方面的发展也会使高峰小时进、出站客流发生较大的变化。研究表明，轨道交通车站高峰小时客流具有以下特征：

1）车站客流的进、出站高峰小时出现时间与断面客流的高峰小时出现时间通常不相同。

2）各车站客流的进、出站高峰小时出现时间通常不相同。

3）同一车站客流的进、出站高峰小时出现时间通常不相同。如图 6-4 所示，从图中可以看出该站早高峰出站客流较多，而晚高峰进站客流较多。

单位（人次）

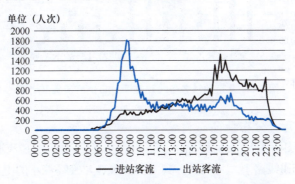

图 6-4　某站全日分时客流（进、出站）统计图

4）同一车站工作日客流与双休日客流的进、出站高峰小时出现时间通常不相同。

5）工作日高峰小时进、出站客流通常大于双休日高峰小时进、出站客流。

5. 车站超高峰期客流分布特征

为了避免因超高峰期内特别集中的客流而影响乘客不能顺畅地进出站，甚至影响列车的正常运行秩序，在确定车站设备容量或能力时，有必要适当考虑车站客流在高峰小时内分布的不均衡性。图6-5所示为上海地铁某站高峰时段进站客流统计图。从图中可以看出，该站的早高峰小时集中在8：10~9：10之间，数据显示该站在高峰小时内出现了两个超高峰期，主要集中在8：20~8：30和8：50~9：00这两个时段。

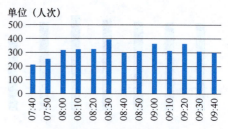

图6-5 上海地铁某站高峰时段进站客流统计图

车站超高峰期的客流强度用超高峰系数反映，它是单位时间内的超高峰期平均客流量与高峰小时平均客流量的比值。超高峰系数一般取值为1.1~1.4。对终点站、换乘站和客流较大的中间站通常取高限值，其余车站则取低限值。

二、客流的空间分布特征分析

1. 各条线路客流分布特征分析

沿线土地利用状况的不同是各条线路客流不均衡的决定因素，而轨道交通线网与其他交通工具接驳的现状也是各条线路客流不均衡的影响因素。各条线路客流分布的不均衡包括现状客流分布的不均衡和客流增长的不均衡两个方面，它们构成了整个轨道交通线网客流分布的不均衡。图6-6所示为北京地铁各条线路在同一日的客流量统计图。从图中可以很清楚地看出地铁10号线是北京地铁客流量最大的线路，机场线和S1线的客流量都很小，各条线路客流出现了明显的不均衡。

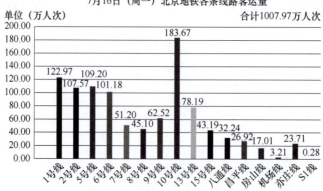

图6-6 北京地铁各条线路在同一日的客流量统计图

2. 上、下行方向客流分布特征

由于客流的流向原因，轨道交通线路上、下行方向的最大断面客流通常是不均衡的，这种不均衡在放射状轨道交通线路上尤为明显。其主要体现在早晚高峰小时上、下行方向的最大断面客流不均衡。图6-7所示为武汉地铁4号线早高峰小时断面客流分布图。图6-5中记录高峰小时为 7:45~8:45，最大断面区间上行方向为青鱼嘴至楚河汉街站，下行方向为梅苑小区至中南路站，上、下行方向最大断面客流在高峰时段不是出现在同一车站，存在明显的不均衡。

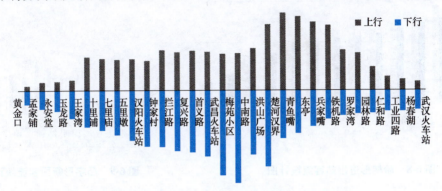

图 6-7　武汉地铁 4 号线早高峰小时断面客流分布图

反映轨道交通线路上、下行方向客流不均衡程度的系数按下式计算：

$$a_2 = \frac{\max\{p_{max}^{\bot}, p_{max}^{\top}\}}{(p_{max}^{\bot}, p_{max}^{\top}) \big/ 2}$$

式中　a_2——上、下行方向客流不均衡系数；

　　　$p_{max}^{\bot}$——上行方向最大断面客流量（人）；

　　　$p_{max}^{\top}$——下行方向最大断面客流量（人）。

上、下行方向客流不均衡系数值 a_2 大于 1。若 a_2 趋向于 1，表明上、下行方向客流比较均衡；a_2 越大，表明上、下行方向客流越不均衡；当 $a_2 \geq 1.5$ 时，表明上、下行方向客流的不均衡程度比较大，而且不同线路的时间分布特点也不同。

一般情况下，位于市区范围内地铁、轻轨线路的 a_2 通常小于 1.5，而通往远郊区域轨道交通线路的 a_2 有可能大于 3。

在上、下行方向的最大断面客流不均衡程度较大的情况下，直线线路上要做到经济合理地配备运载能力比较困难，无法避免断面客流较小方向因车辆满载率过低而引起的运能闲置；但在环形线路上，可采取在内、外环线路安排不同运载能力的措施，避免断面客流较小方向的运能浪费。

3. 线路断面客流分布特征

在轨道交通线路上，由于各个车站乘降人数的不同，线路上各区间的断面客流通常各不相同，甚至相差悬殊。断面客流分布通常是阶梯形（见图 6-8）与凸字形（见图 6-9）两种情况，前者是指线路上各区间的断面客流为一头大、一头小，后者是指线路上各区间的断面客流为中间大、两头小。

反映轨道交通线路单向各个断面客流不均衡程度的系数可按下式计算：

$$a_3 = \frac{p_{max}}{\sum_{i=1}^{K} p_i / K}$$

式中　a_3——单向断面客流不均衡系数；

　　　p_i——单向断面客流量（人）；

　　　K——单向线路断面数（个）。

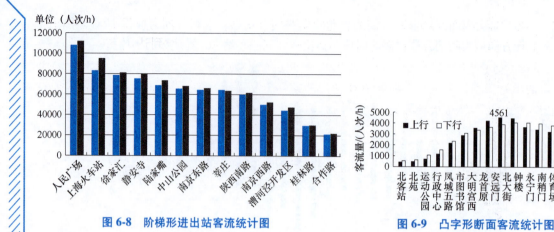

图 6-8　阶梯形进出站客流统计图　　　　图 6-9　凸字形断面客流统计图

断面客流不均衡系数值 a_3 大于 1。若 a_3 趋向于 1，表明断面客流比较均衡，a_3 越大，表明断面客流越不均衡；当 $a_3 \geq 1.5$ 时，表明断面客流的不均衡程度比较大。位于市区范围内地铁、轻轨线路的 a_3 值通常小于 1.5；而通往远郊线路的 a_3 值通常为 2 左右。

轨道线路客流空间分布特点一般呈现出中间大、两端小的枣核形特征，如图 6-10 所示。

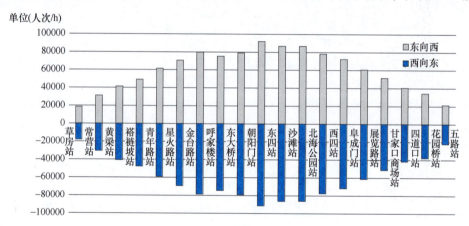

图 6-10　枣核形地铁断面客流分布图

不同方向的断面客流特点也不完全相同。在断面客流不均衡程度较大的情况下，为了运营的经济性，可考虑采用特殊交路列车开行方案。

1）断面客流分布为阶梯形时，可采用大客流区段和小客流区段分别开行不同数量列车的衔接交路方案，或在大客流区段加开区段列车的混合交路方案。

2）断面客流分布为凸字形时，可采用在大客流区段加开区段列车的混合交路方案。在列车密度较大的情况下，采用特殊列车交路与加开区段列车的方案对行车组织和折返设备都会提出新的要求，此时线路通过能力与中间站折返能力是否适应是采用特殊列车交路与加开区段列车措施的充分条件，因此，必须进行能力适应性的验算。

4. 车站内客流分布特征

分析轨道交通车站内乘客流向及行程轨迹，车站内客流在空间分布上存在不均衡现象，包括经由不同出入口的客流不均衡，通过不同收费区的客流不均衡，通过同一收费区不同自动检票机的客流不均衡和上、下行方向的乘降客流不均衡等。

通过各台进站自动检票机的客流按距离售票区域的近远而呈现明显的阶梯状递减态势，而通过各台出站自动检票机客流相对均匀。究其原因，进站客流是陆续到达，乘客为争取时间通常会选择最近的进站自动检票机；而出站乘客是集中到达，乘客为避免排队通常会选择比较空闲的出站自动检票机。掌握客流在站内的空间分布特征，对车站自动售、检票设备的合理配置与优化布局具有指导意义。

5. 各个车站乘降客流分析

轨道交通各个车站的乘降人数不均衡，甚至相差悬殊的情况并不少见。在不少线路上全线各站乘降量总和的大部分往往集中在少数几个车站上。图 6-11 所示为北京地铁 1 号线早高峰各站乘降量客流调查统计图。

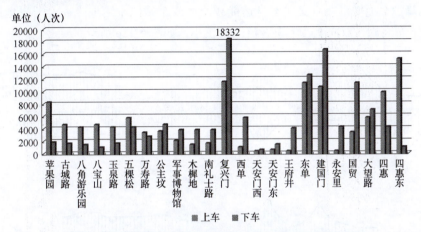

图 6-11　北京地铁 1 号线早高峰各站乘降量客流调查统计图

图 6-11 中显示，上车客流量较高的车站主要集中在苹果园站、复兴门站、东单站、建国门站、四惠站及四惠东站，其中苹果园站和四惠东站为线路端点站，其余各站均为换乘站。下车客流量较高的车站主要集中在复兴门站、东单站、建国门站、国贸站和大望路站，均为换乘车站。此外，车站乘降客流是动态变化的，新的居民住宅区形成规模，新的轨道交通线路建成通车，既有轨道交通线路延伸使这些车站由中间站变为换乘站，或由终点站变为中间站，列车共线运营等，都会使车站乘降量发生较大的变化和加剧不均衡或带来新的不均衡。车站乘降人数的不均衡决定了各个车站的客运工作量、设备容量或能力的配置、客运作业人员的配备及日常管理的重点。

三、车站客流分析

1. 车站客流时间分布特征

城市轨道交通的运能、线路走向、所处交通走廊的特点以及车站所处区位的用地性质，使轨道交通车站客流在一天内随时间变化而不断起伏，可简要归纳出以下 5 种车站客流日分布曲线类型：

（1）单向峰型　当城市轨道交通线路所处的交通走廊具有明显的潮汐特征，或车站周边地区用地功能性质单一时，车站客流分布集中，有早、晚错开的一个上车高峰、一个下车高峰，如图 6-12a 所示。北京地铁四惠、四惠东站、西二旗、大葆台、新宫、郭公庄等车站均为单向峰型，其中四惠、四惠东站主要是早高峰进站客流高峰。

（2）**双向峰型**　车站位于综合功能用地区，客流分布与其他交通方式的客流分布一致，有两个配对的早晚上、下车高峰，如图 6-12b 所示。北京地铁复兴门站、西单站、东单站、建国门站、国贸站、西直门站、海淀黄庄站、立水桥站和宋家庄站的客流呈双向峰型。

（3）**全峰型**　城市轨道线路位于用地已高度开发的交通走廊，或车站位于公共建筑和公用设施高度集中的城市中心地区（CBD），客流分布无明显的低谷，双向上、下车客流全天都很大，如图 6-12c 所示。

（4）**突峰型**　车站位于体育场、影剧院等大型公用设施附近，演出节目或比赛结束时，有一个持续时间较短的突变的上车高峰。一段时间后，其他部分车站可能有一个突变的下车高峰，如图 6-12d 所示。

（5）**无峰型**　当城市轨道交通本身运能较小，或车站位于用地未完全开发地区时，客流无明显上、下车高峰，双向上、下车客流全天较小，如图 6-12e 所示。

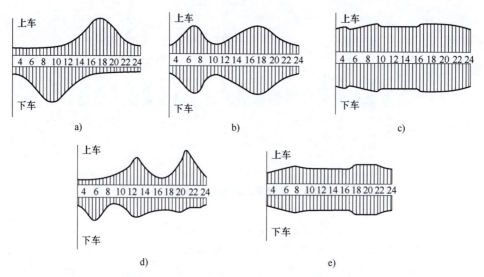

图 6-12　城市轨道交通车站客流时间分布特征

2. 车站客流空间分布特征

城市轨道交通的建设规模、线路布设形式和走向以及首末车站所处区位，是影响其沿线客流分布的主要因素。纵观不同类型城市轨道交通线路，可归纳出以下 4 种沿线空间分布特征：

（1）**均等型**　当城市轨道交通线路呈环线布置，或沿线用地已高度开发成熟时，各车站下车客流接近相等，沿线客流基本一致，不存在客流明显突增路段。

（2）**两端萎缩型**　当城市轨道交通线路两端伸入还未完全开发的城市边缘地区或郊区线路两端路段的客流小于中间路段的客流，线路客流呈现两端萎缩型特征。

（3）**中间突增型**　当城市轨道交通线路途经大型对外交通枢纽、高密度开发地区或者利用周边常规公交线路辐射吸引范围广阔时，位于该区位车站的上、下车客流明显偏大，线路客流存在突增的路段。

（4）**逐渐缩小型**　当城市轨道交通线路首、末车站位于大型对外交通枢纽附近或城市 CBD 地区时，随着线路向外延伸，线路客流逐渐缩小。

一、2023年5月主要城市地铁客运量整体概况分析

1. 日均客流概况

日均客运量：211.49万人次，环比下降9.08万，下降4.12%；客流强度：0.9万人次/km，环比下降0.04万人次/km；客流/人口系数：0.3人次/人，环比下降0.01人次/人；休息日/工作日系数：0.85，环比下降0.04。

2. 工作日概况

日均客运量：221.31万人次，环比下降6.56万，下降2.87%；客流强度：0.94万人次/km，环比下降0.04万人次/km；客流/人口系数：0.31人次/人，环比下降0.01人次/人。

3. 休息日概况

日均客运量：189.54万人次，环比下降14.68万，下降7.19%；客流强度：0.82万人次/km，环比下降0.06万人次/km；客流/人口系数：0.27人次/人，环比下降0.02人次/人。

具体客流数据分析详情如图6-13所示。

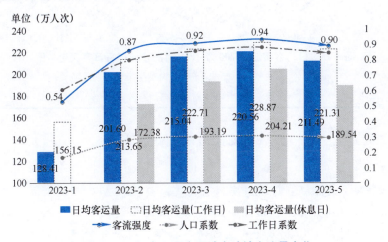

图6-13　2023年5月主要城市地铁客流量变化

二、2023年5月主要城市地铁日均客流特征分析

2023年5月，日均客运量在500万以上的各城市每日客流走势如图6-14所示。从图中可以看出，整个5月份休息日的客流明显低于工作日客流，北京、上海、广州、深圳、成都这些城市地铁客流主要以工作性客流（即日常通勤客流）为主。其中，5月1—5月3日这3天节假日的客流比平时的周末休息日客流略高，同时明显低于正常工作时的客流，这与城市人口的工作及生活方式息息相关，人们在节假日出行的意愿高于平时的周末休息日。

2023年5月，日均客运量在200万~500万的各城市每日客流走势如图6-15所示。从图中可以看出，整个5月份周末休息日的客流仍然明显低于工作日客流，但是5月1日—5月3日这3天节假日的客流要明显高于其他时间，可见，武汉、重庆、杭州、西安、南京、长沙这些城市，在节假日期间更容易发生大客流，需要在客运组织过程中针对节假日大客流采取相应的措施来应对。

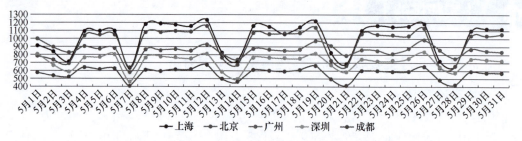

图6-14　日均客运量在500万以上的各城市每日客流走势图

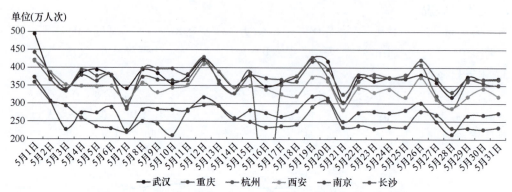

图6-15　日均客运量在200万~500万的各城市每日客流走势图

 知识拓展

客流数据采集新技术

1. AFC客流采集技术

AFC客流采集技术是通过轨道交通自动售检票获取AFC数据，依据获取的车站自动检票机数据，得到乘客进、出站的站点位置和时间数据，用于分析客流的时间规律和空间规律。同时，AFC数据还能通过清分模型，将城市轨道交通客流OD（起、终点）分配到相应路径中，得到各条线路的客流量及换乘量。

2. 热敏传感技术

热敏传感技术的客流统计系统主要由传感器、计数器、传输网络和后端处理单元等组成。通常，传感器部署在约3m高处，通过集成光学、传感器、信号处理逻辑及电子控制技术，在60°的范围内，把下方人流的热气通过锗透镜转为红外辐射，实现对传感器覆盖区域的热敏检测；同时，通过设置进、出基准路线来捕捉乘客的行走路径，实现对乘客在热敏传感器部署区域内的换入和换出的分类统计。

3. 智能视频分析技术

智能视频分析技术也称为摄像识别技术，源自于计算机视觉技术和人工智能技术，其发展目标是在图像与事件描述之间建立一种映射关系，使计算机从纷繁的视频图像中定位、识别和跟踪关键目标物体，并实时分析和判断目标的行为，根据预定的规则进行相应的报警或处理动作，从而能在异常事件发生时及时做出反应，做到早期的侦测和防范。智能视频分析技术在轨道交通的基本应用包括入侵检测、逗留（滞留）检测、可疑物品遗留检测、逆行检测、客流量突变和图像异常警告及场景重组等。

4. WiFi 信令技术

WiFi 信令技术的基本原理是利用 WLAN（无线局域网）技术实现 WiFi 定位，能够在无线接入的同时，实现接入设备的位置判别。相比其他定位方式（如超声波、红外线、射频识别定位等），WiFi 定位的优势是能够利用现有无线网络以及被定位物体的自带无线功能，无须借助额外的设备。在技术方面，移动互联网的应用系统是基于 WiFi 无线路由器开源固件平台，实现对关联和未关联 WiFi 移动终端的智能感知，获得用户位置，并且通过对相关数据的挖掘、统计、分析，实现客流的实时跟踪。在实际应用方面，该系统实现的客流分析采用了基于无线终端的定位、跟踪与识别技术。通过终端检测、轨迹分析和特征分类，精确检测出通过该区域的客流量，实现对客流数据的精确统计。除了利用 WiFi 技术进行定位，还可以利用其技术进行身份识别，实现行动轨迹追踪，有利于实现更准确的客流换乘统计和 OD 分析。

5. 蓝牙定位技术

蓝牙定位技术使用蓝牙 4.0 的 Beacon（信标）广播的功能，一般应用场合是在室内。在一定的室内区域定点布置 Beacon 基站，这些低功耗蓝牙 Beacon 基站不停地发送 Beacon 广播报文，搭载蓝牙 4.0 模块的终端设备接收到 Beacon 广播报文后，测量出接收功率后，代入功率衰减和距离关系的函数中，进而计算出距离该 Beacon 基站的距离，利用距离多个 Beacon 基站的距离实现交汇定位。

6. 手机信令技术

利用手机数据分析推算交通数据信息是一种新兴的广域动态交通检测技术。手机信令技术中的数据定位原理是基于基站小区的模糊定位技术，通过移动运营商的手机信令采集系统，采集匿名手机用户发生信令事件时的位置信息，包括手发短信、主被叫、基站切换以及位置更新等数据，其能够较为全面地反映出行者的连续出行轨迹。

由于手机信令数据在样本量和覆盖范围上的优势，手机信令技术可以适用于中、宏观层面的客流检测，包括城市人口时空动态分布检测、特定区域客流集散监测、交通出行的 OD 分析等。在城市轨道交通监测中，手机信令技术能够识别乘客换乘路径和换乘车站，以及区域线路的进、出站客流；同时，还能通过识别手机用户的出行时耗、出行距离及出行次数，分析乘客的出行需求。

【学习小结】

1. 城市轨道交通客流的时间分布特征分为 1 日内小时客流分布特征、1 周内全日客流分布特征、季节性或短期性客流变化、车站高峰小时客流分布特征以及车站超高峰期客流分布特征。

2. 城市轨道交通客流的空间分布特征分为各条线路客流分布特征、上下行方向客流分布特征、线路断面客流分布特征、车站内客流分布特征及各个车站乘降客流分析。

3. 车站客流时间分布曲线分为单向峰型、双向峰型、全峰型、突峰型和无峰型 5 种，车站客流空间分布特征主要有均等型、两端萎缩型、中间突增型和逐渐缩小型 4 种。

【知识巩固】

一、填空题

1. 轨道交通 1 日内小时客流随人们的生活节奏和出行特点而变化，在 1 日内呈起伏（　　　）状图形。

2. 各条线路客流分布的不均衡包括（　　　）的不均衡和（　　　）的不均衡两个方面，它们构成了整个轨道交通线网客流分布的不均衡。

二、简答题

1. 简述客流的时间分布特征和空间分布特征。
2. 简述车站客流的时间分布特征和空间分布特征。

任务二　车站客运组织方案编制

【任务描述】

城市轨道交通客运组织方案是发生大客流时现场处置的指导性文件，那么客运组织方案在编制时应该遵循哪些原则？包括哪些内容呢？

【学习目标】

知识目标	技能目标	素养目标
1. 理解城市轨道交通客流组织预案编制的原则 2. 掌握城市轨道交通客运组织预案编制的主要内容 3. 掌握客运组织预案编制的方法	1. 能够明确客运组织预案编制的目的 2. 能够遵循客流组织原则结合车站具体情况编制客运组织预案	1. 培养分析问题、解决问题的习惯 2. 提高服务意识，加强科技创新意识

【理论知识】

一、客运组织预案编制的目的

为适应新时期城市轨道交通地铁运营服务的需求，在遇到大客流的情况下能安全、有序地疏导乘客，确保人员、物资、设备切实满足客运组织需求，确保车站运营服务系统安全、可控，各车站要结合具体情况基于总体指导方案编制本站可行的客运组织方案，作为大客流发生时的现场应急处置客流预案。

二、客运组织预案编制的原则

1）车站客运组织预案编制必须以城市轨道交通专项运营组织预案为指导文件，符合总体方案的相关规定。

2）车站的客运组织预案在编制过程中要做到一站一案、一事件一预案，必须以本站的客流需求预测为基础。

3）车站客运组织预案的编制必须遵循大客流组织的基本原则。

4）车站客运组织预案的编制尽量做到全面、具体、可实施。

三、客运组织预案的主要内容

车站大客流组织预案一般包括车站位置及周边环境介绍、大客流期间车站物资及设备需求、车站岗位人数需求、票务保障安排、客运组织保障情况、客流特点分析、客流控制方案、车站广播词、车站联络负责人以及大客流期间的注意事项。

1. 车站位置及周边环境介绍

车站位置及周边环境介绍要结合本站的地理位置，分析本站周边功能区域特点，梳理本站周边的公交线路、车站、通往方向以及本站周边服务的居民小区及业态功能区域情况，重点对本站的出入口情况进行分析，为客流预测及客流特点分析做好准备。此外，还要详细地介绍本站的内部结构分布情况、设备设施设置情况。

2. 车站的客流分析

在轨道交通运营过程中，需要对客流的变化动态进行系统分析，掌握客流的现状以及客流的变化规律。例如本站客流的数量、客流的来源及方向、客流变化遵循的实际规律等。车站客流分析主要依托客流预测数据及 AFC 系统实际客流数据，从客流来源、客流构成、客流分布、客流方向、客流空间等方面对客流分类型、分人群、分方向、分时段进行分析。

3. 车站客流组织设施和设备需求分析

首先，要分析车站 AFC 系统设备的配备与布局情况，结合具体的客流情况进行增减或者调整。其次，要分析本站楼梯和自动扶梯的配备情况，详细到每一个出入口方向的布置情况，并且结合客流进行扶梯和楼梯方向的优化。最后，要分析本站引导设施的配备情况是否满足客流需求，如果存在不足，要及时做好物资的调配和补充。

4. PIS 及乘客广播系统的准备

分析本站 PIS 终端设备的配置情况以及广播系统终端的数量和布局，结合客流看是否满足需要、是否需要补充，如何正确利用、准备好备用的发布信息。

5. 车站的客流流线及岗位设置分析

车站应根据客运设施和设备的配备，合理地布置进、出站客流流线，尽量避免流线交叉，并示图分析，确保客流的流动方案符合客流组织的原则。

客运组织工作是城市轨道交通运营生产的重要组成部分，实施客运组织工作，合理安排车站各岗位人员是十分重要的环节。在编制预案时，要结合本站岗位配备情况提出岗位变化需求及安排方案。明确各岗位人员的工作职责及在不同时期、不同模式客运组织工作中的主要工作内容，明确各岗位的工作地点、工作流程的相互衔接关系，保证客流组织各环节无缝对接、客流流动顺畅无阻。

6. 分析并制订常规客运组织方案

在分析"车站结构及周边环境""车站客流情况"及"车站客运安全风险点"的基础上，

综合车站客流组成、客流特点、客流方向、客流流线等因素，归纳客流规律，合理安排客运工作人员岗位设置、设施设备布置，制订客流瓶颈应对措施。常规客运组织预案应包括车站日常平峰及高峰两个时段的客运组织方案，明确各时间段客流流线方案、人员布置方案等。

7. 分析并制订大客流组织方案

大客流客运组织是车站客运组织最常见的"特殊情况"，每个车站均需详细评估本站发生大客流的概率及情况。大客流组织方案需要从启动时机、限流措施、实施过程、解除时机及过程、岗位工作布置等方面进行设计。在特殊情况下，本站独立措施无法解决大客流客运组织问题时，方案中需要明确站区内或全线配合联动限流的方式及汇报组织流程。

8. 编制信息保障附录

客运方案编制完毕后，应完善信息保障相关内容，明确设备维修保障单位联系方式、外部单位联系方式（公安、公交、政府管理部门等相关单位），绘制信息报送流程图。

一、车站客运设备设施通过能力计算

1. 通道、楼梯、自动扶梯的通过能力

城市轨道交通通道、楼梯及自动扶梯的通过能力一般按照以下公式计算：

$$各通道通过能力 = 设计最大通过能力 \times 宽度$$

《地铁设计规范》（GB 50157—2013）中关于车站各部件的最大通过能力的规定见表6-1。

表6-1 车站各部位的最大通过能力

部位名称		最大通过能力/（人次/h）
1m 宽楼梯	下行	4200
	上行	3700
	双向混行	3200
1m 宽通道	单向	5000
	双向混行	4000
1m 宽自动扶梯	输送速度 0.5m/s	6720
	输送速度 0.65m/s	不大于 8190
	停运（人员下行）	4400
	停运（人员上行）	3900
0.65m 宽自动扶梯	输送速度 0.5m/s	4320
	输送速度 0.65m/s	5265
	停运（人员下行）	2800
	停运（人员上行）	2500

2. AFC 售检票设备的通过能力

城市轨道交通车站 AFC 售检票设备的通过能力一般按照以下公式计算：

$$设备通过能力 = 设计最大通过能力 \times 设备台数$$

《地铁设计规范》中关于 AFC 售检票设备的最大疏散通过能力的规定见表6-2。

表 6-2　AFC 售检票设备的最大疏散通过能力

部位名称			最大通过能力/（人次/h）
人工售票口			1200
自动售票机			300
人工检票口			2600
自动检票机	三杆式	非接触 IC 卡	1200
	门扉式	非接触 IC 卡	1800
	双向门扉式	非接触 IC 卡	1500

自动售票机的最大通过能力一般为 300 人次/h。

3. 列车输送能力计算

列车输送能力的计算公式为

$$列车的输送能力 = 列车定员 \times 最大发车频率$$

《地铁设计规范》中关于地铁列车载客人数的规定见表 6-3。

表 6-3　地铁列车载客人数的规定

名称	类别	A 型车	B 型车	
			B1 型车	B2 型车
座席	单司机室车辆	56	36	36
	无司机室车辆	56	46	46
定员	单司机室车辆	310	230	230
	无司机室车辆	310	250	250
超员	单司机室车辆	432	327	327
	无司机室车辆	432	352	352

注：1. 每平方米有效空余地板面积站立的人数：定员按 6 人计，超员按 9 人计。

2. 有效空余地板面积指客室地板总面积减去座椅垂向投影面积和投影面积前 250mm 内高度不低于 1800mm 的面积。

二、大客流组织方案编制

下面以上海地铁 2 号线南京东路站"五一"劳动节期间客运组织方案为例，介绍如何编制车站的客运组织方案。

1. 方案编制的目的及适用范围

（1）方案编制的目的　随着我国城市轨道交通行业的快速发展，城市交通拥堵问题得到了有效的缓解，同时也暴露出地铁车站内部设施与乘客交通流之间的不匹配性及不合理性，单纯从运营组织及车站管制等方面考虑已不能解决实质性的问题，需要从设施的配置优化角度对车站的客运设施和设备进行优化，为乘客提供更优质的服务、吸引更多的客源。

本方案首先对上海地铁 2 号线南京东路站站内情况进行阐述，其次从设施方面对出站效率的影响进行分析。通过分析得出上海地铁 2 号线南京东路站站内实际存在的影响出站效率的问题。最后根据存在的问题精准提出优化方案，达到设计优化的目的。

（2）方案的适用范围　本方案适用于上海地铁 2 号南京东路站"五一"劳动节期间的客

运组织作业。

2. 车站概况

（1）车站地标位置 上海轨道交通南京东路站地处上海市黄浦区南京东路、河南中路路口，东抵河南中路，西靠山西南路，南近九江路，北邻宁波路，地址为上海市黄浦区南京东路 387 号。图 6-16 所示为南京东路站街区示意图。

图 6-16 南京东路站街区示意图

（2）车站出入口情况 2 号线、10 号线南京东路站共有 8 个出入口：1 号口位于山西南路南京东路步行街；2 号口通往恒基名人购物中心；3 号口与宏伊国际广场 B1 层相连；大 4 号口位于九江路山西南路；小 4 号口与置地广场 B1 层相连；5 号口位于天津路、河南中路；6 号口位于宁波路、河南中路路口；7 号口与新世界大丸百货 B1 层相连；8 号口与恒基名人购物中心 B2 层相连。

（3）车站周边主要情况 本站 2 号线周边有南京东路步行街、恒基名人购物中心、圣德娜商厦、悦荟广场、宏伊国际广场、置地广场等上海著名的商业购物区及旅游景点。本站 10 号线与黄浦区中心医院、七浦路市场、豫园旅游区相比邻。

3. 指挥机构

由南京东路站车站站长负责现场指挥，轨道交通人民广场派出所联合指挥。

4. 客流分析

南京东路站 2 号线日均客流约为 26 万人次，2 号线极端最高客流约为 53 万人次。由于本站紧邻南京路步行街，商厦众多且为两线换乘车站，客流呈现高、低峰落差明显的特征：工作日以本地通勤客流为主，换乘高峰集中在 7:30~9:00 和 17:30~19:00；双休日、节假日则为通勤、旅游、购物多股客流叠加，客流较为密集且以外地游客为主（该车站客流 = 站客流 + 出站客流 + 换乘客流）。

南京东路站 2 号线在节假日期间，风险点主要为站厅东、西端自动售票机处以及站台候车处，因车站地处商业区，游客较多，排队购票客流较工作日有明显攀升，导致自动售票机前乘客聚集，形成隐患。

5. 客运组织措施

（1）节假日常态化客运组织方案

1）节假日平峰时段客运组织，根据车站日常客运组织不做调整。日常车站岗位 9 人，从

10:00 起客流增多，车站安排增援岗位人员 7 人，站务助理 9 人。图 6-17 所示为车站节假日常态客流布岗图，图 6-18 所示为车站节假日常态客流走向图。

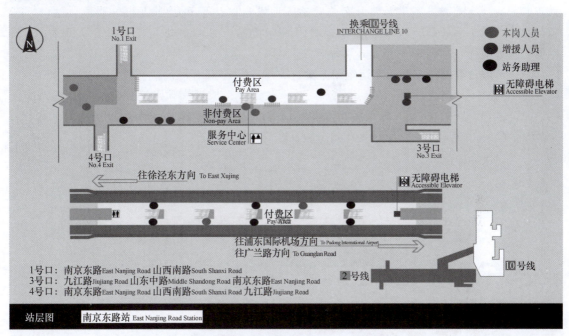

图 6-17　车站节假日常态客流布岗图

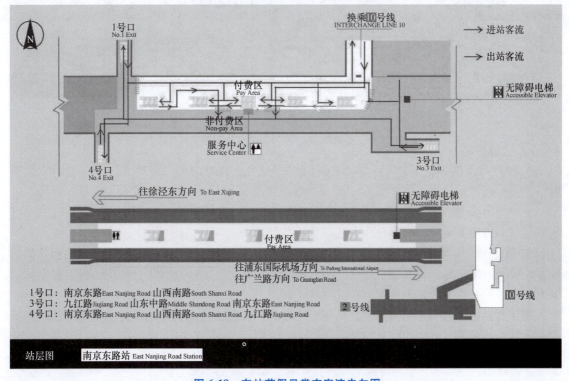

图 6-18　车站节假日常态客流走向图

2）分流措施：车站开启西端应急售票亭 2 个，1 号口进站客流引导 1 人；增加客服中心两侧两组出站自动检票机，客流引导 2 人；车站开启东端应急售票亭 2 个，无障碍电梯开启，自动售票机处引导购票 1 人；增援值班站长/值班员东端 3 号口处现场引导指挥；站务助理：站厅换乘通道处 1 人引导客流，站厅西端自动售票机处 1 人指导购票，站台上行车头处及下行车尾处 2 人引导客流，客服中心连接站台处两侧步行楼梯处 2 人引导客流，站台上行车尾处及下行车头处 2 人引导客流。

（2）节假日客流管控期间客运组织方案

1）节假日客流管控时段客运组织，人数调整不变，增援岗位调整变化。日常车站岗位 9 人，客流管控期间，车站安排增援岗位人员 18 人，站务助理 13 人。图 6-19 所示为车站节假日客流管控布岗图，图 6-20 所示为车站节假日客流管控走向图。

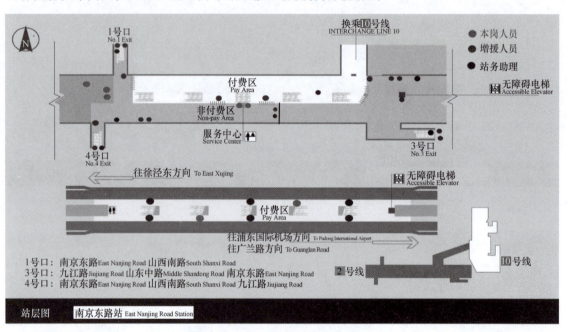

图 6-19　车站节假日客流管控布岗图

2）管控措施。

① 节假日下午客流呈高峰前启动管控措施，视当日客流情况，启动管控措施前通知宏伊广场、步行街管委会。

② 增加 1 组限流栏杆至客服中心出站自动检票机处进行限流，加派 1 名增援职工、1 名站务助理开启和关闭限流栏杆，引导出站乘客往站厅西端 4 号口出站。

③ 调整车站 1 号口"只进不出"，加派站务助理 1 名、增援职工 2 名至 1 号口地面处引导乘客，关闭限流栏杆，告知"只进不出"，客流组织间歇性放行，加派 1 名增援职工在 1 号口下方用移动护栏指引出站乘客统一前往 4 号口出站。

④ 调整 4 号口为"只出不进"，关闭小 4 号口，在卷帘门上张贴友情提示，通知置地广场关闭该处商场通道。

⑤ 加派 1 人至 4 号口出站通道处引导出站客流、加派增援职工 1 名；加派站务助理 1 名至 4 号口处引导乘客，告知"只出不进"，引导乘客至对面 1 号口进站。

⑥ 根据 10 号线对 2 号口间歇性限流情况，对 3 号口实施间歇性限流，3 号口下平台限流栏杆处间歇性限流，安排增援人员 2 人、站务助理 1 人。

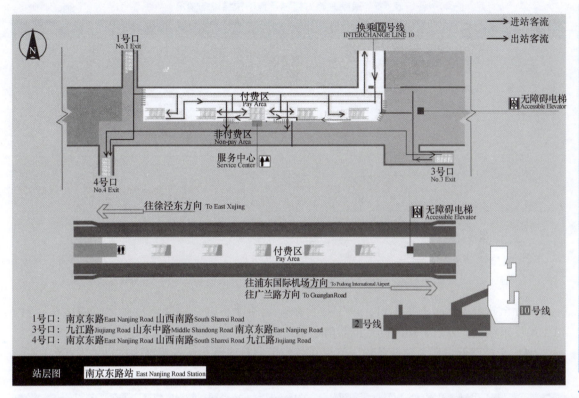

图 6-20　车站节假日客流管控走向图

⑦ 在 10 号线与 2 号线付费区外交接通道处安排 1 名职工进行宣传疏导。

⑧ 应急票亭：开启站厅西端 2 个人工票亭，开启站厅东端 2 个人工售票亭，加快购票速度，在东、西端自动售票机处安排站务助理指导乘客快速购票，视客流情况开启东、西端移动售票亭。

⑨ 视客流情况，通知宏伊广场在 3 号口地面处使用移动限流栏杆，加派 3 名保安人员进行间歇性限流。

⑩ 视客流情况，通知南京东路步行街在 1 号口、3 号口、4 号口地面安排相关志愿者或工作人员进行疏导。

（3）车站站厅主要服务设施情况

1）AFC 设备情况。以南京东路站 AFC 设备情况为例，见表 6-4。

表 6-4　南京东路站 AFC 设备情况

设备名称		东端	西端
TVM		8	8
CVM		2	4
GATE	单进	12	10
	单出	10	10

2）楼梯及自动扶梯设备情况。以南京东路站楼梯及自动扶梯设备情况为例，见表 6-5。

表 6-5　南京东路站楼梯及自动扶梯设备情况

设施名称		东端	西端
楼梯	至 1 号口	无	1
	至 2 号口	1	无
	至 3 号口	1	无
	至 4 号口	无	2
	至站台	3	3
自动扶梯	至 1 号口	无	1
	至 2 号口	3	无
	至 3 号口	2	无
	至 4 号口	无	1
	至站台	4	4

　　站厅至站台无障碍电梯 1 台，位于站台东端至站厅东端。站厅至地面无障碍电梯 1 台，位于站厅东端近 2 号口，地面位置位于南京东路、河南中路路口。

　　（4）车站节假日应急票储备　以南京东路站节假日应急票储备情况为例，见表 6-6。

表 6-6　南京东路站节假日应急票储备情况

面值	张数	备注
3 元	20000	—
4 元	8000	—

　　（5）物资配备　以南京东路站物资储备情况为例，见表 6-7。

表 6-7　南京东路站物资储备情况

名称	设备名称	设备位置	配备数量	功能用途
1	便携式扬声器	服务中心、车站控制室	20	客流较大时，用于宣传、引导
2	电喇叭	服务中心、车站控制室	5	客流较大时，用于宣传、引导
3	对讲机	车站控制室	11	用于车站联系
4	担架、轮椅	站务员室	1	救助伤员
5	应急包	站长室	4	放置必需品
6	票款应急包	站长室	6	用于应急票出售时放置必需品
7	引导背心	站长室	10	客流较大时，用于宣传、引导
8	巡视背心	站长室	10	客流较大时，用于宣传、引导
9	移动导向	站厅	5	用于宣传、引导
10	限流栏杆	站厅	4	客流较大时，用于间隙性限流

（6）现场指挥联系人　提供各部门联络人的联系方式。

1）轨道分局广场派出所联系人。

姓名：139×××××××　　分机：××××××××-××××××

2）上海地铁第二运营有限公司南京东路站联系人。

姓名1：139×××××××　　分机1：××××××××-××××××

姓名2：137×××××××　　分机2：××××××××-××××××

姓名3：139×××××××　　分机3：××××××××-××××××

姓名4：181×××××××　　分机4：××××××××-××××××

3）上海地铁第一运营有限公司南京东路站联系人。

姓名：138×××××××　　分机：××××××××-××××××

 知识拓展

某地铁综合应急预案编制

一、预案的组成

应急预案主体部分包括应急预案的目的、应急预案编制的目的和意义、应急预案的组成、应急预案实施流程等。

应急处置方案：根据不同的紧急情况，制订相应的应急处置方案，包括应急处置方案的制订原则、应急处置方案的制订过程、应急处置方案的实施流程等。

应急物资和装备清单：列出应急物资和装备的名称、数量、型号、规格等详细信息，以确保应急物资和装备的充足性和有效性。

应急演练计划：制订应急演练计划，通过模拟演练，检验应急预案的可行性和有效性。

二、预案的实施

应急指挥部成立：根据紧急情况的不同，成立应急指挥部，负责统一指挥、协调、调度、监督和指导应急处置工作。

组织应急处置：根据应急处置方案，组织应急处置工作，包括紧急救援、疏散转移、事故调查等。

应急物资和装备使用：根据应急物资和装备清单，使用应急物资和装备，确保救援工作的顺利进行。

应急信息发布：及时发布应急信息，告知乘客和相关人员有关事故的情况和应急处置进展情况，避免造成不必要的恐慌和误解。

【学习小结】

1. 车站大客流组织预案一般包括车站位置及周边环境介绍、大客流期间车站物资及设备需求、车站岗位人数需求、票务保障安排、客运组织保障情况、客流特点分析、客流控制方案、车站广播词、车站联络负责人以及大客流期间的注意事项。

2. 各个城市轨道交通车站的设施和设备不同，对各个岗位的要求和岗位职责也不同。为了满足车站运营的需求，各岗位需要密切合作，坚持集中领导，统一指挥。

【知识巩固】

一、填空题

1. 城市轨道交通车站出站客流组织方案包含（　　）、（　　）分析、（　　）分析、车站内岗位职责划分、出站客流组织实施方案。

2. 为了满足车站运营的需求，各岗位需要密切合作，坚持（　　），（　　）。

二、选择题

1. 车站行车值班员在组织出站客流时应具备的职责有（　　）。

A. 视客流情况及时决策，执行各等级的客流控制

B. 通知轨道公安到场协助

C. 接值班站长命令关闭部分 AFC 设备

D. 向行车调度员申请加开空车

E. 实施各级客流控制时，通知票亭售票员，减缓售票速度

2. 车站客运值班员在组织出站客流时应具备的职责有（　　）。

A. 实施一级客流控制时，在站厅放置铁马、1 米线、告示等指示物品，引导乘客进站

B. 实施二级客流控制时，在相应出入口引导乘客分批进站

C. 实施三级客流控制时，在出入口引导乘客只出不进

D. 及时与站台、车站控制室负责人沟通做好联控，客流恢复正常后，按值班站长的命令取消控制措施，撤除相应告示

三、简答题

1. 城市轨道交通客运组织预案包含哪些内容？

2. 如何确定车站各客运设施和设备的通过能力？

参考文献

［1］刘莉娜. 城市轨道交通客运组织［M］. 3 版. 北京：人民交通出版社股份有限公司，2021.

［2］裴瑞江. 城市轨道交通客运组织［M］. 3 版. 北京：机械工业出版社，2019.

［3］冶海英，李飞燕. 城市轨道交通客运组织［M］. 北京：人民交通出版社股份有限公司，2017.

［4］靳玮. 城市轨道交通客运组织［M］. 上海：上海交通大学出版社，2018.

［5］刘乙橙，景平安. 城市轨道交通客运组织［M］. 北京：机械工业出版社，2020.

［6］陈城，高国飞，魏运，等. 苏州市轨道交通客流时空分布特征［J］. 现代城市轨道交通，2017（11）：42-48，52.

［7］殷峻. 地铁同台换乘车站设计方案的研究［J］. 铁道工程学报，2011，28（6）：72-75.

城市轨道交通客运组织
任务工单

机 械 工 业 出 版 社

目 录

项目一　城市轨道交通客运组织基础

任务工单一　车站类型的认知

任务名称	车站类型的认知	学时	1	班级	
学生姓名		学生学号		任务成绩	
实训设备、工具及仪器	A4 纸、铅笔、钢直尺及橡皮、联网手机等	实训场地	理实一体化教室	日期	
任务描述	结合实际车站情况从多角度对城市轨道交通车站进行分类，了解其特性				
任务目的	能够正确区分不同的站台形式，能够根据运营功能正确识别各车站，并了解其线路设置情况，能够对现有线路的各车站进行多角度分析和分类				

一、资讯

1. 车站按照修建的空间位置不同可以分为_____、_____和_____。

2. 车站按照站台形式不同可以分为_____、_____和_____。

3. 车站按其担负的运营功能不同可以分为_____、_____、_____、_____。

4. 城市轨道交通车站按照是否具有站控功能可以分为_____和_____。

5. 端点站是设置在线路两端终点的车站，包括_____和_____。

6. _____设置在两条及两条以上的城市轨道线路交叉点上。

7. 中间折返站是指设在两种不同行车密度交界处的车站，即小交路运行时的折返站。站内设有_____线、_____线和_____线等，可供列车折返和进行列车运行调整，同时具备一般中间站的功能。

8. 岛式站台有哪些优缺点？

9. 侧式站台有哪些优缺点？

1

二、计划与决策

请根据任务要求，确定所需要的工、器具及相关资料，以个人为单位，制订详细的实施计划。

1. 需要的工、器具。

2. 需要收集的资料。

3. 决策方案。

三、实施过程

1. 调研某城市轨道交通线路（如北京地铁 13 号线等）中各个车站的修建形式、客流情况、开行方案和站台形式等资料。

2. 绘制出北京地铁 13 号线的线路图，并对该线路上的各站按照运营功能的不同进行分类。

（1）北京地铁 13 号线线路图

（2）北京地铁 13 号线各站分类（填写表 1-1）

表 1-1　车站类型调查表

端点站	一般中间站	中间折返站	换乘站	备注
				针对中间折返的划分可以结合调研资料（例如列车开行方案等）进行分析

3. 分析北京地铁 13 号线各站的站台形式及建筑修建形式（可选择典型的车站来分析，并填写表 1-2）。

表 1-2　北京地铁 13 号线车站站台及建筑修建形式调查表

序号	车站名称	修建位置	图示修建位置	站台形式	站台示意图
1					
2					
3					
4					
5					
6					
7					
8					
9					
10					
11					
12					
13					

4. 小组展示，各小组进行自评和互评。

5. 教师考核，结合学习目标做好评价。

6. 修改和完善方案。

7. 总结收获和体会。

四、检查

任务完成后，做以下检查：

1. 是否注意安全规范操作：_____。

2. 是否按照流程进行操作：_____。

3. 工、器具及场地是否恢复：_____。

五、评价反思

在教师的指导下，反思自己的工作方式和工作质量。

评价表			
项目	评价指标	自评	互评
专业技能	正确识别车站的站台形式	□合格　□不合格	□合格　□不合格
	正确识别车站的运营功能	□合格　□不合格	□合格　□不合格
	正确识别车站的空间位置	□合格　□不合格	□合格　□不合格
工作态度	上课着装规范，符合职业要求	□合格　□不合格	□合格　□不合格
	认真完成任务，分析严谨、准确	□合格　□不合格	□合格　□不合格
	目标明确，操作规范，独立完成	□合格　□不合格	□合格　□不合格
个人反思		完成任务的安全、质量、时间和6S要求，是否达到最佳程度，提出个人改进建议	
教师评价	教师签字　　　　年　月　日	成绩　　□合格　　□不合格	

任务工单二　绘制车站平面布局图

任务名称	绘制车站平面布局图	学时	2	班级	
学生姓名		学生学号		任务成绩	
实训设备、工具及仪器	A4 纸、铅笔、钢直尺及橡皮、拍照和录像设备等	实训场地	理实一体化教室	日期	
任务描述	调研某地铁车站的平面布局情况并绘制该车站的站厅、站台平面图及车站出入口分布图				
任务目的	能够系统地调研车站的平面布局情况，根据调研情况正确绘制出该车站的站厅层布局图、站台层布局图及出入口分布图，系统地理解车站布局对客流组织的重要性				

一、资讯

1. 对于城市轨道交通系统来说，各种车站一般由＿＿＿＿＿、＿＿＿＿＿、＿＿＿＿＿及其他附属设施四大部分组成。

2. 车站主体根据使用功能可分为＿＿＿＿＿和＿＿＿＿＿。

3. 乘客使用空间是直接为乘客服务的场所，可分为＿＿＿＿＿和＿＿＿＿＿。

4. ＿＿＿＿＿是指乘客检票进入的车站区域，＿＿＿＿＿是指乘客进入自动检票机前和出自动检票机后的公共区域。

5. 车站出入口的主要功能是＿＿＿＿＿和＿＿＿＿＿客流，车站出入口位置应设置在道路两边红线以外。主要街道的交叉路口或广场附近。

6. 车站的主要功能区可分为车站出入口、＿＿＿＿＿、＿＿＿＿＿、车站设备用房等区域。

7. 站厅内需要设置＿＿＿＿＿、＿＿＿＿＿等为乘客服务的各种设施以及起到组织和分配客流的运营设备和升降设备等。

8. 站厅层布置应分区明确，依据＿＿＿＿＿、＿＿＿＿＿、＿＿＿＿＿的位置和数量以及换乘要求对客流进行合理的组织，避免和减少进、出站客流的交叉，合理布置管理用房、设备用房，应满足各系统的工艺要求。

9. ＿＿＿＿＿主要是供列车停靠、乘客候车及乘降车的区域，一般应布置在平直线段上。

10. 车站站台的有效长度一般按远期车辆的＿＿＿＿＿加上允许的停车不准确的误差距离来决定。

11. 对于远期列车编组在 6~8 辆的轨道交通系统，站台长度一般为＿＿＿＿＿ m。

二、计划与决策

请根据任务要求，确定所需要的工、器具及相关资料，对小组成员进行分工，制订详细的实施计划。

1. 需要的工、器具。

2. 需要调研的资料。

3. 小组成员分工。

4. 决策方案。

三、实施过程

1. 选定调研车站，制订调研计划及调研表格。
2. 根据小组分工，对目的车站实施调研。
3. 汇总并整理调研资料。
4. 根据调研结果选定比例绘制车站布局平面图。
（1）绘制站厅平面布局图
（2）绘制站台平面布局图
（3）绘制车站出入口分布图
要求：
1）按比例绘制站厅、站台、楼梯、电梯、出入口、换乘通道、安检在内的车站平面布局图。
2）在平面布局图上标明相关自动检票机、自动售票机、自动查询机、客服中心（票亭）、车站值班室、设备管理用房等客运设施与设备的位置和数量。
3）出入口分布图中要体现出车站出入口的数量、分布情况、周边的建筑设施、主要道路网及公交站、公交线路情况。
5. 教师考核，小组自评和互评。
6. 完善方案，改进问题。
7. 总结收获和体会。

四、检查

任务完成后，做以下检查：
1. 是否注意安全规范操作：_____。
2. 是否按照流程进行操作：_____。
3. 工、器具及场地是否恢复：_____。

五、评价反思

在教师的指导下，反思自己的工作方式和工作质量。

评价表			
项目	评价指标	自评	互评
专业技能	正确绘制车站站厅平面布局图	□合格　□不合格	□合格　□不合格
	正确绘制车站站台平面布局图	□合格　□不合格	□合格　□不合格
	正确绘制车站出入口分布图	□合格　□不合格	□合格　□不合格
工作态度	上课着装规范，符合职业要求	□合格　□不合格	□合格　□不合格
	分工协作，严谨认真	□合格　□不合格	□合格　□不合格
	目标明确，独立完成	□合格　□不合格	□合格　□不合格
个人反思		完成任务的安全、质量、时间和6S要求，是否达到最佳程度，提出个人改进建议	
教师评价	教师签字　　　年　月　日	成绩	
		□合格　　　□不合格	

项目二　城市轨道交通车站导流设施与设备的运用

任务工单一　车站导向标识系统的认知

任务名称	车站导向标识系统的认知	学时	2	班级	
学生姓名		学生学号		任务成绩	
实训设备、工具及仪器	拍照和录像设备、A4纸、彩色铅笔、橡皮、钢直尺等工具	实训场地	理实一体化教室	日期	
任务描述	根据所学内容调研某地铁站的导向标识系统，完成调研报告，学会制作常用的导向标识				
任务目的	能够正确识别导向标识的类型，能够正确设置导向标识，能够对现有的导向标识系统进行优化设计				

一、资讯

1. 地铁车站内导向标识系统的主要功能是_____安全、顺利及迅速地完成整个车站的旅程，避免乘客滞留在车站内引起拥塞。

2. 乘客导向标识大都为静态导向信息，由反映特定服务信息内容的图形、符号、文字、颜色和几何形状等元素组成，一般设置在_____、_____、_____、_____、站台和车厢等处。

3. 按照导向标识的功能不同，导向标识可以分为_____、_____和服务性导向标识。

4. 引导性导向标识包括_____导向标识、_____导向标识、_____导向标识和_____导向标识等。

5. 车站乘客导向标识的设置方式包括_____、_____、悬臂、柱式、摆放式和站立式等。

6. 乘客导向标识系统应本着乘客_____的原则设计，以标识系统化设计为导向，综合实现信息传递、识别、辨别和形象传递等功能。

7. 乘客导向标识系统设计要做到：_____、_____、合理性、_____、_____和安全性。

8. 导向标识的颜色根据标识内容，依据国家关于公共场所信息标识相关标准规范可分为_____类、_____类、_____类和_____类。一般禁止、停止类标识用_____，警告和安全注意提示类用_____，指令性标识（如导向标识等）用_____，安全通行类标识用_____，如紧急疏散出入口或安全出口导向标识等。

9. 导向标识的形状一般采用几何形状，如正方形、三角形、长方形、圆形等。导向标识一般用_____，警示性标识用_____，禁止性标识多用_____等。

二、计划与决策

请根据任务描述及目的，确定所需要的资料及工、器具，对小组成员进行分工，制订详细的实施计划。

1. 需要的工、器具。

2. 需要收集的资料。

3. 小组成员分工。

4. 决策方案。

三、实施过程

1. 根据小组分工对选定车站的导向标识系统展开调研，并完成表 2-1。

表 2-1　车站导向标识调研表

_____线路_____站导向标识系统调查表

调研位置	标识类别	作用	设置方式	构成元素	备注
车站外					
出入口					
通道、换乘通道					
站厅非付费区					
站厅付费区					
站台层					

2. 整理调研资料，撰写调研报告（车站类型、周边环境、调研情况、结论等）。

3. 根据调研分析，探讨该站导向标识系统中存在的问题。

4. 结合所学知识设计该站导向标识系统的优化方案。

5. 小组展示调研成果，分享优化方案。

6. 教师考核，小组自评和互评。

7. 完善方案，改进问题。

四、检查

任务完成后，做以下检查：

1. 是否注意安全规范操作：_____。

2. 是否按照流程进行操作：_____。

3. 工、器具及场地是否恢复：_____。

五、评价反思

在教师的指导下，反思自己的工作方式和工作质量。

评价表			
项目	评价指标	自评	互评
专业技能	正确识别导向标识的类型	□合格　□不合格	□合格　□不合格
	正确分析导向标识的作用	□合格　□不合格	□合格　□不合格
	正确提出改进方案	□合格　□不合格	□合格　□不合格
工作态度	上课着装规范，符合职业要求	□合格　□不合格	□合格　□不合格
	分工协作，严谨认真	□合格　□不合格	□合格　□不合格
	目标明确，积极主动	□合格　□不合格	□合格　□不合格
个人反思		完成任务的安全、质量、时间和 6S 要求，是否达到最佳程度，提出个人改进建议	
教师评价	教师签字 年　月　日	成绩	
		□合格　　□不合格	

任务工单二　车站广播系统及 PIS 的运用

任务名称	车站广播系统及 PIS 的运用	学时	2	班级	
学生姓名		学生学号		任务成绩	
实训设备、工具及仪器	车站广播系统 1 套、PIS 1 套	实训场地	理实一体化教室	日期	
任务描述	设置不同场景，并通过广播系统及 PIS 发布对应信息				
任务目的	能够正确使用广播系统发布人工广播且用语标准，能够正确使用广播系统发布日常广播，能够正确使用 PIS 发布信息				

一、资讯

1. 根据广播对象的不同，车站的广播可以划分为＿＿＿＿＿＿和＿＿＿＿＿＿。面向乘客的广播主要由＿＿＿＿＿＿广播和＿＿＿＿＿＿广播组成。

2. 在发生紧急情况时，可以对列车内和车站内的乘客进行＿＿＿＿＿＿广播。

3. 车站值班员可对本站所有选区、多个选区或单个选区进行广播，并设有＿＿＿＿＿＿、手动广播和＿＿＿＿＿＿ 3 种模式。

4. 车站值班员只对＿＿＿＿＿＿进行广播，控制中心调度员可对＿＿＿＿＿＿进行广播。

5. 根据广播方式的不同，可将其分为＿＿＿＿＿＿广播、＿＿＿＿＿＿广播、＿＿＿＿＿＿广播和多路平行广播等。

6. 广播系统由＿＿＿＿＿＿和＿＿＿＿＿＿两级控制。正常情况下以＿＿＿＿＿＿广播为主，在事故抢险、组织指挥时，以＿＿＿＿＿＿广播为主。

7. 控制中心广播的优先级顺序是＿＿＿＿＿＿高于行车调度员，＿＿＿＿＿＿高于维修调度员。控制中心广播的优先级高于＿＿＿＿＿＿广播。

8. PIS 包括信息＿＿＿＿＿＿和信息＿＿＿＿＿＿的功能。

9. PIS 的结构包括哪几部分？各有哪些功能？

二、计划与决策

请根据任务描述及目的，确定练习场景和所需要的工、器具等，对小组成员进行分工，制订详细的实施计划。

1. 任务场景及准备作业（完成表 2-2）。

表 2-2　任务场景计划表

序号	任务场景	模拟岗位	准备作业	是否完成
1	向车站站台区域发布列车即将进站的自动广播			
2	向车站全站发布雨天温馨提醒广播			
3	通过人工广播播报寻人启事			
4	由控制中心向各车站发布紧急疏散广播			
5	通过 PIS 发布车站紧急疏散信息			
6	更改 PIS 播放的视频内容			
……	……			

2. 小组成员分工（完成表 2-3）。

表 2-3　小组成员分工表

姓名	任务序号	演练情况记录

3. 决策方案。

三、实施过程

1. 根据教师提示及所学理论知识尽可能全面地设计练习场景，并填写在任务场景计划表格中。

2. 根据小组分工及决策方案，完成各场景的练习。

3. 小组总结、凝练，并分享心得。

（1）广播系统的操作步骤：

（2）广播系统操作过程中的关键点：

（3）PIS 的信息发布步骤：

（4）PIS 操作过程中的关键点：

4. 教师考核，小组自评和互评。
5. 完善方案，改进问题。
6. 总结收获和体会。

四、检查

任务完成后，做以下检查：
1. 是否注意安全规范操作：＿＿＿＿＿。
2. 是否按照流程进行操作：＿＿＿＿＿。
3. 工、器具及场地是否恢复：＿＿＿＿＿。

五、评价反思

在教师的指导下，反思自己的工作方式和工作质量。

<table>
<tr><td colspan="4" align="center">评价表</td></tr>
<tr><td>项目</td><td>评价指标</td><td>自评</td><td>互评</td></tr>
<tr><td rowspan="3">专业技能</td><td>练习场景设置准确、全面</td><td>□合格　□不合格</td><td>□合格　□不合格</td></tr>
<tr><td>正确使用广播系统</td><td>□合格　□不合格</td><td>□合格　□不合格</td></tr>
<tr><td>正确使用 PIS</td><td>□合格　□不合格</td><td>□合格　□不合格</td></tr>
<tr><td rowspan="3">工作态度</td><td>上课着装规范，符合职业要求</td><td>□合格　□不合格</td><td>□合格　□不合格</td></tr>
<tr><td>分工协作，严谨认真</td><td>□合格　□不合格</td><td>□合格　□不合格</td></tr>
<tr><td>目标明确，积极主动</td><td>□合格　□不合格</td><td>□合格　□不合格</td></tr>
<tr><td>个人反思</td><td></td><td colspan="2">完成任务的安全、质量、时间和 6S 要求，是否达到最佳程度，提出个人改进建议</td></tr>
<tr><td rowspan="2">教师评价</td><td rowspan="2">教师签字

年　月　日</td><td colspan="2" align="center">成绩</td></tr>
<tr><td colspan="2">□合格　　□不合格</td></tr>
</table>

任务工单三　车站电梯系统的运用

任务名称	车站电梯系统的运用	学时	2	班级	
学生姓名		学生学号		任务成绩	
实训设备、工具及仪器	自动扶梯系统1套、垂直电梯1部	实训场地	理实一体化教室	日期	
任务描述	完成自动扶梯系统的开启、关闭、紧急停止、反向运行操作，完成垂直电梯的开启和关闭操作				
任务目的	能够正确识别自动扶梯、垂直电梯的外部结构，能够正确开启、关闭自动扶梯和垂直电梯，能够正确操作自动扶梯的紧急停止按钮，能够正确对自动扶梯进行反向运行操作，能够正确对电梯系统故障开展救援工作				

一、资讯

1. 城市轨道交通电梯系统由＿＿＿＿＿＿、＿＿＿＿＿＿和自动人行道组成。

2. 在城市轨道交通车站，＿＿＿＿＿＿是无障碍通道设计的一部分，一般是给有需要的人士使用的，如伤残人士和携带大件行李的乘客或其他特殊情况人员。

3. 根据下图指引填写垂直电梯各部分结构的名称。

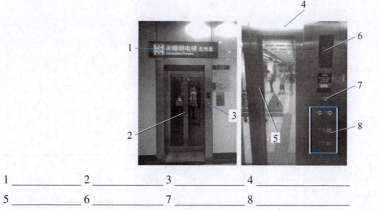

1 ＿＿＿＿＿＿　2 ＿＿＿＿＿＿　3 ＿＿＿＿＿＿　4 ＿＿＿＿＿＿＿＿
5 ＿＿＿＿＿＿　6 ＿＿＿＿＿＿　7 ＿＿＿＿＿＿　8 ＿＿＿＿＿＿＿＿

4. 垂直电梯在＿＿＿＿＿＿＿模式下，所有的轿厢和门厅呼叫都会被取消，电梯将自动运行到车站疏散层，开门放人后停运，直至消防模式恢复。

5. 自动扶梯的外部结构主要包括＿＿＿＿＿、旁板、围裙板（也称为保护裙板）、＿＿＿＿＿＿、梳齿板和＿＿＿＿＿＿。

6. 自动扶梯＿＿＿＿＿＿按钮，用于当自动扶梯出现威胁乘客安全等紧急事故时自动扶梯的紧急停止。＿＿＿＿＿＿钥匙开关，用于自动扶梯运行方向的选择。＿＿＿＿＿钥匙开关，用于自动扶梯开启前的鸣笛及自动扶梯的正常停止操作。

7. 自动扶梯运行前的准备工作有哪些?

＿＿＿＿＿＿＿＿＿＿＿＿＿＿＿＿＿＿＿＿＿＿＿＿＿＿＿＿＿＿＿＿＿＿＿＿＿＿

＿＿＿＿＿＿＿＿＿＿＿＿＿＿＿＿＿＿＿＿＿＿＿＿＿＿＿＿＿＿＿＿＿＿＿＿＿＿

8. 自动扶梯开启扶梯的操作要点有哪些？

_____

_____

9. 自动扶梯日常关闭的操作要点有哪些？

_____

_____

10. 自动扶梯紧急停止按钮使用程序是什么？

_____

_____

11. 若出现扶梯急停，车站工作人员要立即_____，是否有异物。确认符合开放条件后才能重新起动。当故障发生时，现场工作人员必须保证及时停梯并_____。

二、计划与决策

请根据任务描述及目的，确定所需要的工、器具等，个人完成操作练习，制订详细的实施计划。

1. 需要的工、器具。

2. 确认练习任务。

3. 决策方案。

三、实施过程

1. 完成电扶梯系统资讯内容。
2. 根据确认的任务名称逐一完成相关任务的练习操作（见表2-4）。

表2-4　任务计划表

序号	任务名称	注意事项	执行情况
1	识别自动扶梯结构		
2	开启自动扶梯		
3	关闭自动扶梯		
4	紧急停止自动扶梯		
5	反向运行自动扶梯		
6	识别垂直电梯结构		
7	开启垂直电梯		
8	关闭垂直电梯		

3. 小组总结、凝练，并分享心得。

4. 教师考核，做好自评和互评。
5. 完善方案，改进问题。

四、检查

任务完成后，做以下检查：
1. 是否注意安全规范操作：_____。
2. 是否按照流程进行操作：_____。
3. 工、器具及场地是否恢复：_____。

五、评价反思

在教师的指导下，反思自己的工作方式和工作质量。

评价表			
项目	评价指标	自评	互评
专业技能	正确识别电梯系统的结构	□合格　□不合格	□合格　□不合格
	正确开启电梯系统	□合格　□不合格	□合格　□不合格
	正确关闭电梯系统	□合格　□不合格	□合格　□不合格
	正确操作自动扶梯紧急停止	□合格　□不合格	□合格　□不合格
	正确操作自动扶梯紧急反向运行	□合格　□不合格	□合格　□不合格
工作态度	上课着装规范，符合职业要求	□合格　□不合格	□合格　□不合格
	积极主动，严谨认真	□合格　□不合格	□合格　□不合格
	目标明确，独立完成	□合格　□不合格	□合格　□不合格
个人反思		完成任务的安全、质量、时间和 6S 要求，是否达到最佳程度，提出个人改进建议	
教师评价	教师签字　　　　年　月　日	成绩	
		□合格　　□不合格	

任务工单四　自动售票机的日常操作

任务名称	自动售票机的日常操作	学时	2	班级	
学生姓名		学生学号		任务成绩	
实训设备、工具及仪器	联网状态自动售票机1台、票卡若干、硬币若干	实训场地	理实一体化教室	日期	
任务描述	引导乘客使用自动售票机购票,完成自动售票机开站、关站作业				
任务目的	能够正确识别自动售票机的内、外部结构,引导乘客使用自动售票机购票,能够正确完成自动售票机的开站作业,能够正确完成自动售票机的关站作业				

一、资讯

1. 城市轨道交通 AFC 系统从空间上可以分为彼此相对独立又紧密联系的 5 个结构层次,由上至下分别是_____、_____、_____、_____、_____。

2. 城市轨道交通车站 AFC 系统的终端设备主要包括_____、_____、_____、自动查询机和自动充值机等。

3. 自动售票机简称为 TVM 机,设于车站_____内,能接受乘客使用纸币或硬币以及二维码支付等方式进行自助式购买地铁_____和对储值票进行充值。

4. 请根据下图序号指引填写自动售票机的外部结构名称。

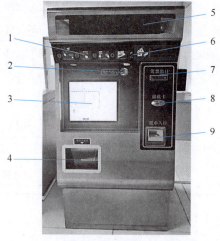

1_____　　2_____　　3_____　　4_____
5_____　　6_____　　7_____　　8_____
9_____

5. 自动售票机常见的运营模式主要有_____模式、_____模式、_____模式、维修模式和关闭服务模式 5 种。

6. 请根据下图序号指引填写自动售票机的内部结构名称。

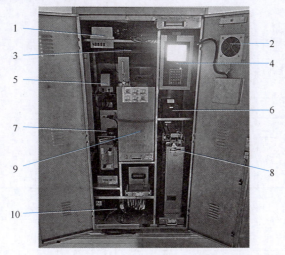

1 _____ 2 _____ 3 _____ 4 _____

5 _____ 6 _____ 7 _____ 8 _____

9 _____ 10 _____

7. 自动售票机提示暂停服务，发生此故障的原因可能有哪些？如何进行处理？

_____

_____

_____

二、计划与决策

请根据任务描述及目的，确定所需要的工、器具等，两人一组完成操作练习，制订详细的实施计划。

1. 需要的工、器具。

1）自动售票机开站作业备品：

_____

2）自动售票机关站作业备品：

_____

2. 确认练习任务。

3. 决策方案。

三、实施过程

1. 自动售票机内外部结构识别：小组内 1 人手指结构部件，另 1 人说出结构名称。

2. 引导乘客使用自动售票机购票：小组内 1 人扮演乘客，另 1 人扮演工作人员。

1）通过站名购票步骤：

_____

2）通过票价购票步骤：

_____

_____

3. 自动售票机开站作业练习。

1）工作人员：_____。

2）工作地点：_____。

3）工作时间：_____。

4）操作的关键流程及要点（根据实训设备情况填写表 2-5）。

表 2-5　自动售票机开站作业操作流程及关键点

序号	操作流程	操作要点
1	准备工作	
2	打开维护门	
3	登录系统	
4	进入日常维护菜单	
5	软件配置补充单程票	
6	硬件补充单程票	
7	软件配置补充硬币	
8	硬件补充硬币	
9	软件配置补充找零纸币（如果有）	
10	硬件补充找零纸币（如果有）	
11	退出维护菜单	
12	注销退出	
13	关闭维护门	
14	查看自动售票机运行模式	

4. 自动售票机关站作业练习。

1）工作人员：_____。

2）工作地点：_____。

3）工作时间：_____。

4）操作的关键流程及要点（根据实训设备情况填写表 2-6）。

表 2-6　自动售票机关站作业操作流程及要点

序号	关键流程	操作要点
1	准备工作	
2	打开维护门	
3	登录系统	
4	查看运营统计	
5	读取并记录数据	
6	下班盘点	
7	清零硬币回收箱的软件记录数值	
8	硬件更换硬币回收箱	
9	清零纸币钱箱的软件记录数值	
10	硬件更换纸币钱箱	
11	清零单程票回收箱的软件记录	
12	硬件更换单程票箱	
13	清零废票箱的软件记录数值	
14	硬件清空废票箱	
15	退出维护菜单	
16	查看运营统计	
17	注销退出	
18	关闭维护门	

5. 小组展示作业内容。

6. 教师考核，做好自评和互评。

7. 完善方案，改进问题。

四、检查

任务完成后，做以下检查：

1. 是否注意安全规范操作：_____。

2. 是否按照流程进行操作：_____。

3. 工、器具及场地是否恢复：_____。

五、评价反思

在教师的指导下，反思自己的工作方式和工作质量。

评价表			
项目	评价指标	自评	互评
专业技能	正确识别自动售票机的内、外部结构	□合格　□不合格	□合格　□不合格
	正确完成自动售票机开站作业	□合格　□不合格	□合格　□不合格
	正确完成自动售票机关站作业	□合格　□不合格	□合格　□不合格
工作态度	上课着装规范，符合职业要求	□合格　□不合格	□合格　□不合格
	积极主动，严谨认真	□合格　□不合格	□合格　□不合格
	目标明确，独立完成	□合格　□不合格	□合格　□不合格
个人反思		完成任务的安全、质量、时间和6S要求，是否达到最佳程度，提出个人改进建议	
教师评价	教师签字　　　年　月　日	成绩	
		□合格　　□不合格	

任务工单五　自动检票机的日常操作

任务名称	自动检票机的日常操作	学时	2	班级	
学生姓名		学生学号		任务成绩	
实训设备、工具及仪器	进、出站自动检票机各至少1个通道，正常票卡若干	实训场地	理实一体化教室	日期	
任务描述	引导乘客使用自动检票机，完成自动检票机的日常作业内容				
任务目的	能够正确引导乘客使用自动检票机进、出站，能够正确更换自动检票机单程票回收箱，能够简单处理自动检票机的常见故障				

一、资讯

1. 城市轨道交通车站的自动检票机按照功能可以分为_____机、_____机和_____机。

2. 车站工作人员应该引导携带大件行李的乘客通过_____自动检票机检票出站。

3. 对于_____自动检票机，可以根据客流的状态调整自动检票机的开启方向。

4. 请根据下图序号指引填写自动检票机的外部结构名称。

1 _____　2 _____　3 _____　4 _____

5 _____　6 _____　7 _____　8 _____

5. 自动检票机的方向指示器安装在自动检票机两端的前面板上，用以指示乘客在自动检票机的通行通道方向，由表示"通道可用"的_____指示灯和"通道不可用"的_____指示灯组成。

6. 自动检票机的_____用于读取票卡内的信息，对其有效性进行检验。

7. 自动检票机的内部主要由机芯、_____、维护单元、储票箱、_____和电源模块等构成。

8. 自动检票机的模式一般有_____模式和_____模式两种。自动检票机根据系统的运营开始和结束时间自动进入对应的服务模式。

9. 自动检票机起动后显示"暂停服务"，不能进入工作状态时应如何处理？

_____

_____

二、计划与决策

请根据任务描述及目的，确定所需要的工、器具等，两人为一个小组，制订详细的实施计划。

1. 所需的工、器具。

2. 明确演练任务。

3. 决策方案。

三、实施过程

1. 自动检票机内外部结构识别：小组内 1 人手指结构部件，另 1 人说出结构名称。

2. 引导乘客使用自动检票机进、出站：小组内 1 人扮演乘客，另 1 人扮演工作人员。

1）引导乘客进站要点：

_____

_____

2）引导乘客出站要点：

_____

_____

3. 自动检票机更换单程票回收箱操作练习。

1）工作人员：_____。

2）工作地点：_____。

3）工作时间：_____。

4）操作的关键流程及要点（根据实训设备情况填写表 2-7）。

表 2-7　自动检票机更换操作流程及要点

序号	关键流程	操作要点
1	准备工作	
2	打开维护门	
3	登录系统	
4	进入维护主菜单	
5	软件准备	
6	硬件更换单程票回收箱	
7	软件数据清零	
8	退出系统	
9	关闭维护门	
10	查看自动检票机运行模式	

4. 小组展示作业内容。

5. 教师考核，小组自评和互评。

6. 完善方案，改进问题。

四、检查

任务完成后，做以下检查：

1. 是否注意安全规范操作：_____。

2. 是否按照流程进行操作：_____。

3. 工、器具及场地是否恢复：_____。

五、评价反思

在教师的指导下，反思自己的工作方式和工作质量。

评价表			
项目	评价指标	自评	互评
专业技能	正确识别自动检票机的内、外部结构	□合格 □不合格	□合格 □不合格
	正确引导乘客使用自动检票机进、出站	□合格 □不合格	□合格 □不合格
	正确更换自动检票机的单程票回收箱	□合格 □不合格	□合格 □不合格
工作态度	上课着装规范，符合职业要求	□合格 □不合格	□合格 □不合格
	积极主动，严谨认真	□合格 □不合格	□合格 □不合格
	目标明确，独立完成	□合格 □不合格	□合格 □不合格
个人反思		完成任务的安全、质量、时间和6S要求，是否达到最佳程度，提出个人改进建议	
教师评价	教师签字 　　年　月　日	成绩	
		□合格　　□不合格	

任务工单六 半自动售票机的日常作业

任务名称	半自动售票机的日常作业	学时	2	班级	
学生姓名		学生学号		任务成绩	
实训设备、工具及仪器	客服中心设备 1 套、票务室工作站 1 台	实训场地	理实一体化教室	日期	
任务描述	完成半自动售票机的日常作业				
任务目的	能够正确领取备品、车票及备用金，能够正确处理非付费区乘客事务，能够正确处理付费区乘客事务，能够正确关窗、结算				

一、资讯

1. 客服中心一般设于_____和_____的边界上，可以同时开启窗口服务乘客。在_____可以发售除出站票以外的票卡，并进行乘客票务处理和相关的其他服务。在_____可以对无票乘客发售出站票，此外，还支持车票更新操作。

2. 请根据下图序号指引填写客服中心各部分名称。

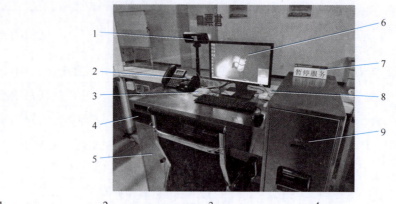

1 _____ 2 _____ 3 _____ 4 _____

5 _____ 6 _____ 7 _____ 8 _____

9 _____

3. 乘客显示器有哪些作用？

_____

_____

4. 半自动售票机常见的故障有哪些？如何进行处理？

_____

_____

_____

二、计划与决策

请根据任务描述及目的，确定所需要的工、器具等，两人为一个小组，制订详细的实施计划。

1. 需要的工、器具。

2. 明确演练任务。

3. 决策方案。

三、实施过程

1. 客服中心设备认知：小组内 1 人手指设备，另 1 人说出名称及功能。

2. 半自动售票机日常作业练习：小组内 1 人扮演乘客，另 1 人扮演工作人员，如需其他岗位可由教师扮演。

3. 领币、领票作业练习。

1）工作人员：_____。

2）工作地点：_____。

3）工作时间：_____。

4）操作的关键流程及要点（根据实训设备情况填写表 2-8）。

表 2-8　领币、领票操作流程及要点

序号	关键流程	操作要点
1	登录管理系统	
2	分配设备号	
3	取票	
4	取钱	
5	清点核对	
6	填写售票员结算单	
7	二次核对	
8	开班	

4. 半自动售票机开班作业练习。

1）工作人员：_____。

2）工作地点：_____。

3）工作时间：_____。

4）操作的关键流程及要点（根据实训设备情况填写表 2-9）。

表2-9　半自动售票机开班作业操作流程及要点

序号	关键流程	操作要点
1	领取备品	
2	开机、检查设备状态	
3	登录半自动售票机系统	
4	票款核对	
5	开窗运营	
6	清点票款	
7	填写售票员结算单	
8	签退	

5）储值卡发售、充值、退款操作要点：

_____

6）非付费区乘客事务处理要点（见表2-10）。

表2-10　非付费区乘客事务处理要点

票卡类型	乘客事务描述	操作方法
单程票	自动售票机卡票、卡币	
	自动检票机误用或票无法进站	
	乘客想退票	
储值卡	自动检票机误用	
	未刷出站，无法进站	
二维码	未刷出站，无法进站	

7）付费区乘客事务处理要点（见表2-11）。

表2-11　付费区乘客事务处理要点

票卡类型	乘客事务描述	操作方法
单程票	未刷进站	
	自动检票机误用	
	超程超时	
储值卡	自动检票机误用	
	余额不足	
	未刷进站	
二维码	未刷进站，无法进站	
	手机没电，无法出站	

5. 半自动售票机关窗、结算作业练习。

1）工作人员：_____。

2）工作地点：_____。

3）工作时间：_____。

4）操作的关键流程及要点（根据实训设备情况填写表2-12）。

表2-12　半自动售票机关窗、结算作业操作的关键流程及要点

序号	关键流程	操作要点
1	清点票款及备品	
2	核算售票员结算单	
3	登录管理系统	
4	还票	
5	还钱	
6	核对	
7	班次结束	

6. 小组展示，模拟演练。

7. 教师考核，小组自评和互评。

8. 完善方案，改进问题。

四、检查

任务完成后，做以下检查：

1. 是否注意安全规范操作：_____。

2. 是否按照流程进行操作：_____。

3. 工、器具及场地是否恢复：_____。

五、评价反思

在教师的指导下，反思自己的工作方式和工作质量。

评价表			
项目	评价指标	自评	互评
专业技能	正确识别客服中心各设备名称	□合格　□不合格	□合格　□不合格
	正确完成领币、领票作业	□合格　□不合格	□合格　□不合格
	正确完成当班运营作业	□合格　□不合格	□合格　□不合格
	正确完成关窗、结算作业	□合格　□不合格	□合格　□不合格
工作态度	上课着装规范，符合职业要求	□合格　□不合格	□合格　□不合格
	积极主动，严谨认真	□合格　□不合格	□合格　□不合格
	目标明确，独立完成	□合格　□不合格	□合格　□不合格
个人反思		完成任务的安全、质量、时间和6S要求，是否达到最佳程度，提出个人改进建议	
教师评价	教师签字　　　年　月　日	成绩	
		□合格　□不合格	

项目三　城市轨道交通车站客运设施与设备的运用

任务工单一　站台门单门关门故障处置

任务名称	站台门单门关门故障处置	学时	2	班级	
学生姓名		学生学号		任务成绩	
实训设备、工具及仪器	仿真站台门系统（滑动门≥2档，应急门≥1档，端门1~2档，就地控制盘1个）	实训场地	具备站台门系统的模拟站台	日期	
任务描述	某站上行列车车门关闭，站台门随之关闭时，站务员发现2号站台门未正常关闭，列车无法正常出站，需立即采取紧急措施进行处理				
任务目的	能够掌握站台门就地控制盒的操作方法，理解站台门系统各种控制方式的适用条件，能够根据站台门发生故障的情况，正确完成站台门单门关门故障处置作业，确保列车正常运行，减少列车延误时间				

一、资讯

1. 站台门系统中滑动门的数量与_____的数量一致，一般从车头方向依次编号。

2. 站台门滑动门的控制方式分为_____、_____和_____3种控制级别。

3. 站台门的控制方式中_____的控制优先级别最高，其中包含_____和紧急钥匙解锁控制两种方式；_____的控制优先级别最低。

4. 站台门就地控制盒一般设置_____、_____、_____、_____4个档位，正常情况下就地控制盒处于_____位。

5. 当站台门就地控制盒打至_____和_____位时，站台门系统与信号系统之间的联锁关系被切断，列车发车不再检测该档滑动门的状态。

二、计划与决策

请根据故障现象和任务要求，确定所需要的工、器具以及涉及的岗位，并对小组成员进行合理分工，制订详细的故障处置计划。

1. 需要的工、器具。

2. 小组成员分工。

3. 现场处置。

三、实施过程

站台门单门关门故障处置作业。

1. 故障现象。

某站上行列车即将出站时，2号站台门未正常关闭，列车无法正常出站。

2. 作业过程。

环节1 发现故障：站务员发现2号站台门无法正常关闭，立即上报_____。

环节2 先期处置：站务员一边上报一边跑向故障门（2号）处，检查该_____处是否有异物，若有，清除异物。再次确认该滑动门是否可以关闭。

环节3 现场处置：先期处置后，若故障门已关闭，则列车出站，报告车站控制室；若故障门仍然无法正常关闭，则通过钥匙操作2号站台门上方的就地控制盒，将就地控制盒由"自动"位打到_____位，向列车司机显示_____信号。

环节4 设置防护：现场处置后，若列车已发出，则报告_____，张贴故障贴纸，设置好防护，等待维修；若列车仍无法出站，使用_____互锁解除发车。

四、检查

任务完成后，做以下检查：

1. 是否注意安全规范操作：_____。

2. 是否按照流程进行操作：_____。

3. 工、器具及场地是否恢复：_____。

五、评价反思

在教师的指导下，反思自己的工作方式和工作质量。

评价表			
项目	评价指标	自评	互评
专业技能	能够正确识别故障现象	□合格　□不合格	□合格　□不合格
	能够正确操作就地控制盒控制站台门	□合格　□不合格	□合格　□不合格
	能够正确操作就地控制盘控制站台门	□合格　□不合格	□合格　□不合格
	能够正确操作"互锁解除"接发列车	□合格　□不合格	□合格　□不合格
	汇报用语标准，内容完整、准确	□合格　□不合格	□合格　□不合格
工作态度	上课着装规范，符合职业要求	□合格　□不合格	□合格　□不合格
	认真完成演练，小组成员团结协作	□合格　□不合格	□合格　□不合格
	目标明确，独立完成	□合格　□不合格	□合格　□不合格
个人反思		完成任务的安全、质量、时间和 6S 要求，是否达到最佳程度，提出个人改进建议	
教师评价	教师签字　　　年　月　日	成绩　　□合格　　□不合格	

任务工单二　站台门多门关门故障处置

任务名称	站台门多门关门故障处置	学时	2	班级	
学生姓名		学生学号		任务成绩	
实训设备、工具及仪器	仿真站台门系统（滑动门≥2档，应急门≥1档，端门1~2档，就地控制盘1个）	实训场地	具备站台门系统的模拟站台	日期	
任务描述	某站上行列车车门关闭，站台门随之关闭时，站务员发现该侧1号、6号、9号、10号站台门未正常关闭，列车无法正常出站，需立即采取紧急措施进行处理				
任务目的	能够掌握站台门就地控制盘及就地控制盒的操作方法，理解站台门系统各种控制方式的适用条件，能够根据站台门发生故障的情况，正确完成站台门多门关门故障处置作业，确保列车正常运行，减少列车延误时间				

一、资讯

1. 站台门系统就地控制盘一般设置在_____内侧，靠近列车司机室的位置。

2. 就地控制盘盘面上一般设置有_____、_____、_____和_____。

3. 就地控制盘上面的_____是用来提醒列车司机所有站台门是否关闭且锁紧，列车能否发车。

4. 就地控制盘上面的开、关门钥匙开关可以控制_____所有滑动门的开启和关闭。

5. 当没有发车信号时，站台安全后，站务员可以通过操作就地控制盘上面的_____钥匙开关，将其打到_____位，给列车发送强制发车信号。

二、计划与决策

请根据故障现象和任务要求，确定所需要的工、器具以及涉及的岗位，并对小组成员进行合理分工，制订详细的故障处置计划。

1. 需要的工、器具。

2. 小组成员分工。

3. 现场处置。

三、实施过程

站台门多门关门故障处置作业。

1. 故障现象。

某站上行列车车门已关闭，但该侧 1 号、6 号、9 号、10 号站台门未正常关闭，列车无法正常出站。

2. 作业过程。

环节 1 发现故障：站务员发现 1 号、6 号、9 号、10 号站台门无法正常关闭，立即上报车站控制室，并通知_____。

环节 2 先期处置：列车司机操作就地控制盘上面的"开、关门钥匙"将其打到_____位，站务员现场确认故障门是否关闭。

环节 3 现场处置：先期处置后，若故障门已关闭且锁紧，则列车出站，报告车站控制室；若故障门仍然无法正常关闭，则开启端门，通过操作就地控制盘上面的_____钥匙开关，将其打到_____位，上报车站控制室，站台岗向列车司机显示_____信号，提示列车司机发车。

环节 4 现场防护：现场处置后，现场站务员需利用发车间隔将故障门的就地控制盒打到_____位，并在故障门处张贴故障贴纸，设置好防护，等待维修。

四、检查

任务完成后，做以下检查：

1. 是否注意安全规范操作：_____。

2. 是否按照流程进行操作：_____。

3. 工、器具及场地是否恢复：_____。

五、评价反思

在教师的指导下，反思自己的工作方式和工作质量。

评价表			
项目	评价指标	自评	互评
专业技能	能够正确识别故障现象	□合格 □不合格	□合格 □不合格
	能够正确操作就地控制盒控制站台门	□合格 □不合格	□合格 □不合格
	能够正确操作就地控制盘控制站台门	□合格 □不合格	□合格 □不合格
	能够正确操作"互锁解除"接发列车	□合格 □不合格	□合格 □不合格
	汇报用语标准，内容完整、准确	□合格 □不合格	□合格 □不合格
工作态度	上课着装规范，符合职业要求	□合格 □不合格	□合格 □不合格
	认真完成演练，小组成员团结协作	□合格 □不合格	□合格 □不合格
	目标明确，独立完成	□合格 □不合格	□合格 □不合格
个人反思		完成任务的安全、质量、时间和6S要求，是否达到最佳程度，提出个人改进建议	
教师评价	教师签字　　　年　月　日	成绩	
		□合格　　□不合格	

任务工单三　站台门单门开门故障处置

任务名称	站台门单门开门故障处置	学时	2	班级	
学生姓名		学生学号		任务成绩	
实训设备、工具及仪器	仿真站台门系统（滑动门≥2档，应急门≥1档，端门1~2档，就地控制盘1个）	实训场地	具备站台门系统的模拟站台	日期	
任务描述	某站上行列车进站停车，车门开启，站台门随之开启时，站务员发现2号站台门未正常开启，列车无法正常出站，需立即采取紧急措施进行处理				
任务目的	能够掌握站台门就地控制盒的操作方法，理解站台门系统各种控制方式的适用条件，能够根据站台门发生故障的情况，正确完成站台门单门开门故障处置作业，确保列车正常运行，减少列车延误时间				

一、资讯

1. 某地铁1号线采用的是A型车，6辆编组，该站台每侧应设置_____档滑动门，并从车头方向依次编号。

2. 站台门的滑动门从站台侧，工作人员可以通过操作_____将其开启，或者通过_____紧急开启某档站台门。

3. 站台门的控制方式中，_____的控制优先级别最低。

4. 正常情况下，站台门的就地控制盒处于_____位，在进行维修时，工作人员需将其打到_____位。

5. 当站台门就地控制盒打至_____位和_____位时，站台门系统与信号系统之间的联锁关系被切断，列车发车不再检测该档滑动门的状态。

二、计划与决策

请根据故障现象和任务要求，确定所需要的工、器具以及涉及的岗位，并对小组成员进行合理分工，制订详细的故障处置计划。

1. 需要的工、器具。

2. 小组成员分工。

3. 现场处置。

三、实施过程

站台门单门开门故障处置作业。

1. 故障现象。

某站上行列车到站停稳后，车门开启，2 号站台门未正常开启，第一节车厢乘客乘降受到影响。

2. 作业过程。

环节 1　发现故障：站务员发现 2 号站台门无法正常开启，立即上报＿＿＿＿＿＿＿。

环节 2　先期处置：站务员一边上报一边跑向故障门（2 号）处，检查该＿＿＿＿＿＿＿处是否有异物，若有，则清除异物，再次确认该滑动门是否可以开启。

环节 3　现场处置：先期处置后，若故障门已开启，则组织乘客乘降，报告车站控制室；若故障门仍然无法正常开启，则通过钥匙操作 2 号站台门上方的就地控制盒，将就地控制盒由"自动"位打到＿＿＿＿＿＿＿位，引导乘客从其他开启的站台门上、下车。乘客乘降完毕后，确认车门全部关闭后，向列车司机发送＿＿＿＿＿＿＿信号。

环节 4　现场防护：现场处置后，若列车已发出，则报告车站控制室，张贴故障贴纸，设置好防护，等待维修；若列车仍无法出站，则使用就地控制盘＿＿＿＿＿＿＿发车。

四、检查

任务完成后，做以下检查：

1. 是否注意安全规范操作：＿＿＿＿＿＿。

2. 是否按照流程进行操作：＿＿＿＿＿＿。

3. 工、器具及场地是否恢复：＿＿＿＿＿＿。

五、评价反思

在教师的指导下，反思自己的工作方式和工作质量。

评价表			
项目	评价指标	自评	互评
专业技能	能够正确识别故障现象	□合格　□不合格	□合格　□不合格
	能够正确操作就地控制盒控制站台门	□合格　□不合格	□合格　□不合格
	能够正确操作就地控制盘控制站台门	□合格　□不合格	□合格　□不合格
	能够正确操作"互锁解除"接发列车	□合格　□不合格	□合格　□不合格
	汇报用语标准，内容完整、准确	□合格　□不合格	□合格　□不合格
工作态度	上课着装规范，符合职业要求	□合格　□不合格	□合格　□不合格
	认真完成演练，小组成员团结协作	□合格　□不合格	□合格　□不合格
	目标明确，独立完成	□合格　□不合格	□合格　□不合格
个人反思		完成任务的安全、质量、时间和6S要求，是否达到最佳程度，提出个人改进建议	
教师评价	教师签字　　　　　年　月　日	成绩	
		□合格　　　□不合格	

任务工单四　站台门多门开门故障处置

任务名称	站台门多门开门故障处置	学时	2	班级	
学生姓名		学生学号		任务成绩	
实训设备、工具及仪器	仿真站台门系统（滑动门≥2档，应急门≥1档，端门1~2档，就地控制盘1个）	实训场地	具备站台门系统的模拟站台	日期	
任务描述	某站上行列车到站停稳后，站台门随之开启时，站务员发现该侧1号、6号、9号、10号站台门未正常开启，乘客乘降受到影响，需立即采取紧急措施进行处理				
任务目的	能够灵活运用站台门就地控制盘及就地控制盒的功能，理解站台门系统各种控制方式的适用条件，根据站台门发生故障的情况，选择恰当的控制方式完成站台门多门开门故障处置作业，组织引导乘客乘降，确保列车正常运行，减少列车延误时间				

一、资讯

1. 站台门系统就地控制盘一般设置在端门内侧，靠近＿＿＿＿＿＿＿＿＿的位置。

2. 当整侧滑动门都正常开启到位时，就地控制盘上面的开门状态指示灯＿＿＿＿＿＿＿＿＿，乘客可以上、下车。

3. 就地控制盘上面的门关闭且锁紧状态指示灯＿＿＿＿＿＿＿＿＿时，表示列车可以发车。

4. 就地控制盘上面的开、关门钥匙开关可以控制＿＿＿＿＿＿＿＿＿所有滑动门的开启和关闭。

5. 就地控制盘上面的互锁解除钥匙开关一般是＿＿＿＿＿＿＿＿＿钥匙，站务员必须在列车全部出清站台后才能松手，否则列车将会＿＿＿＿＿＿＿＿＿。

二、计划与决策

请根据故障现象和任务要求，确定所需要的工、器具以及涉及的岗位，并对小组成员进行合理分工，制订详细的故障处置计划。

1. 需要的工、器具。

2. 小组成员分工。

3. 现场处置。

三、实施过程

站台门多门开门故障处置作业。

1. 故障现象。

某站上行列车到站停稳，但该侧 1 号、6 号、9 号、10 号站台门未正常开启，乘客乘降受到影响。

2. 作业过程。

环节 1　发现故障：站务员发现 1 号、6 号、9 号、10 号站台门无法正常开启，立即上报车站控制室，并通知＿＿＿＿＿＿＿。

环节 2　先期处置：列车司机操作就地控制盘上面的"开、关门钥匙"将其打到＿＿＿＿＿＿＿位，站务员现场确认故障门是否开启。组织引导乘客从开启的站台门上、下车。

环节 3　现场处置：先期处置后，无论故障站台门是否开启，站务员首先要组织乘客从其他开启的站台门上、下车并报告车站控制室，然后视情况操作故障门的就地控制盒，将其打到＿＿＿＿＿＿＿位，站台安全后向列车司机显示＿＿＿＿＿＿＿手信号，当列车司机关闭车站站台门后，车站工作人员需操作就地控制盘上面的＿＿＿＿＿＿＿协助列车司机发车。

环节 4　现场防护：现场处置后，现场工作人员需利用发车间隔视情况将故障门的就地控制盒全部打到＿＿＿＿＿＿＿位，并在故障门处张贴故障贴纸，设置好防护，等待维修。

四、检查

任务完成后，做以下检查：

1. 是否注意安全规范操作：＿＿＿＿＿＿。

2. 是否按照流程进行操作：＿＿＿＿＿＿。

3. 工、器具及场地是否恢复：＿＿＿＿＿＿。

五、评价反思

在教师的指导下，反思自己的工作方式和工作质量。

评价表			
项目	评价指标	自评	互评
专业技能	能够正确识别故障现象	□合格　□不合格	□合格　□不合格
	能够正确操作就地控制盒控制站台门	□合格　□不合格	□合格　□不合格
	能够正确操作就地控制盘控制站台门	□合格　□不合格	□合格　□不合格
	能够正确操作"互锁解除"接发列车	□合格　□不合格	□合格　□不合格
	汇报用语标准，内容完整、准确	□合格　□不合格	□合格　□不合格
工作态度	上课着装规范，符合职业要求	□合格　□不合格	□合格　□不合格
	认真完成演练，小组成员团结协作	□合格　□不合格	□合格　□不合格
	目标明确，独立完成	□合格　□不合格	□合格　□不合格
个人反思		完成任务的安全、质量、时间和6S要求，是否达到最佳程度，提出个人改进建议	
教师评价	教师签字　　　　年　月　日	成绩	
		□合格　　□不合格	

小贴士：现场处置原则，除了先通后复以外，根据故障站台门的数量以及位置不同。站务员所采取的措施也略有不同。需要注意的是，无论何种情况，都要确保同一节车厢至少有1档或2档站台门是能够供乘客上、下车使用的。如果一节车厢所有站台门都无法正常开启，通过就地控制盘开门时无效，此时，站台岗就要通过操作就地控制盒打开1档或2档站台门，为乘客乘降提供便利。

任务工单五　消防器材的使用

任务名称	消防器材的使用	学时	2	班级	
学生姓名		学生学号		任务成绩	
实训设备、工具及仪器	二氧化碳灭火器、干粉灭火器各 1 个，消防战斗服 1 套，演练用消防水管及消火栓 1 套	实训场地	具备相关设备的理实一体化教室	日期	
任务描述	车站工作人员要能够正确穿戴消防战斗服，正确使用灭火器及消火栓进行初期灭火				
任务目的	能够根据火灾特点正确选择灭火器完成初期灭火，能够迅速穿戴消防战斗服，能够在规定的时间内完成消防水管的拼接及消防泵的启动				

一、资讯

1. 灭火器的种类有很多，最常见的主要有＿＿＿＿＿＿＿、＿＿＿＿＿＿＿和＿＿＿＿＿＿。

2. ＿＿＿＿＿＿灭火器适用于易燃、可燃液体、气体及带电设备的初起火灾。

3. ＿＿＿＿＿＿＿灭火器主要用于扑救贵重设备、档案资料、仪器仪表、600V 以下电气设备及油类的初起火灾，例如车站自动售票机冒烟起火。

4. ＿＿＿＿＿＿＿＿是保护活跃在消防第一线的消防队员人身安全的重要装备品之一，它不仅是火灾救助现场不可或缺的必备品，也是保护消防队员身体免受伤害的防火用具，因此，车站工作人员必须掌握其穿戴方法。

5. ＿＿＿＿＿＿＿是消防供水设施的终端，在灭火时提供较高压力的水源供直接灭火或为消防车供水。

6. 使用灭火器进行灭火时，要站在＿＿＿＿＿＿＿位置，且距离起火点＿＿＿＿＿＿m 为宜。

7. 灭火器在检查时首先应检查＿＿＿＿＿＿＿是否在规定的范围内，储压式干粉灭火器指针应处于＿＿＿＿＿＿区域。当指针处于＿＿＿＿＿＿＿区域内表示罐体压力不足，需要重新充装；指针处于＿＿＿＿＿＿区域表示罐体压力过高，使用时应注意安全。

二、计划与决策

请根据车站火灾发生的情况，确定所需要的灭火器材、工具，并对小组成员进行合理分工，制订详细的诊断和修复计划。

1. 需要的工、器具检查。

1）灭火器的检查要点：

2）消火栓的检查要点：

3）消防服的检查要点：

2. 小组成员分工。

3. 现场处置要点。
1）灭火器的选用方法：

2）消防服及防毒面具的穿戴步骤及注意事项：

3）灭火器的使用步骤及注意事项：

4）消火栓的使用步骤及注意事项：

三、实施过程

1. 情景模拟。

2. 作业过程。
1）练习穿戴消防服及防毒面具，练习使用灭火器及消火栓。
2）根据情景模拟展开演练，发现火情，确定灭火方案。
3）正确穿戴消防服并计时。
4）选择并使用灭火器进行初起灭火。
5）根据火势变化情况，判断是否需要使用消火栓进行灭火。
6）演练完成，进行小组总结。

四、检查

任务完成后，做以下检查：
1. 是否注意安全规范操作：_____。
2. 是否按照流程进行操作：_____。
3. 工、器具及场地是否恢复：_____。

五、评价反思

在教师的指导下，反思自己的工作方式和工作质量。

评价表			
项目	评价指标	自评	互评
专业技能	在规定的时间内正确穿戴消防服	□合格　□不合格	□合格　□不合格
	根据火情正确选择灭火器	□合格　□不合格	□合格　□不合格
	正确使用灭火器	□合格　□不合格	□合格　□不合格
	正确使用消火栓	□合格　□不合格	□合格　□不合格
工作态度	上课着装规范，符合职业要求	□合格　□不合格	□合格　□不合格
	认真练习灭火器具的使用及消防服的穿戴	□合格　□不合格	□合格　□不合格
	目标明确，操作规范，独立完成	□合格　□不合格	□合格　□不合格
个人反思		完成任务的安全、质量、时间和6S要求，是否达到最佳程度，提出个人改进建议	
教师评价	教师签字　　　　　年　月　日	成绩	
		□合格　　□不合格	

任务工单六　车站电话系统的运用

任务名称	车站电话系统的运用	学时	2	班级	
学生姓名		学生学号		任务成绩	
实训设备、工具及仪器	移动电话（400M、800M）、车站调度分机、控制中心调度电话系统	实训场地	车控制、控制中心仿真教室	日期	
任务描述	车站工作人员之间正确使用移动电话，车控制中心人员与车站控制室之间完成各种情况的调度命令下达及客运信息的上报				
任务目的	能够结合城市轨道交通运营标准用语，正确使用 400M、800M 移动电话完成通话，调度中心能够正确使用调度系统下达相关调度命令				

一、资讯

1. 城市轨道交通的电话子系统是利用同一套程控交换机网组成的，包括 _____ 和 _____ 。

2. 公务电话多用于完成 _____ 通话功能，是为城市轨道工作人员与地铁内部及外部进行公务联络的通信子系统，其分布在每一个 _____ 及公司本部、车场、_____ 等区域。

3. 专用电话多用于完成 _____ 通话功能，是调度员和车站、停车场值班员指挥列车运行和下达调度命令的重要通信工具，主要包括 _____ 、_____ 和轨旁电话。

4. _____ 用于行车调度、电力调度、环控调度、专用调度所和各车站、车辆运用单位等用户之间的直接通话，可以实现 _____ 、_____ 、_____ 等调度功能。

5. _____ 由专用通道传递，拿起即直接接通，主要办理行车业务用。

6. _____ 指设置在线路轨道旁的电话，用于供有关专业人员和调度及其他有关分机联系，及时报告运行线路发生的故障及其他紧急情况。

7. _____ 子系统主要供处于移动状态的运营工作人员（列车司机、便携台作业人员、现场检修人员、公安及站务员等）与控制中心调度员，车辆段、车场值班员或指挥处所保持联系。

8. 无线通信设备可以用于发布调度口头命令，指挥行车，具有选呼、组呼、全呼、_____ 、呼叫优先级权限等调度通信、存储及监测等功能。

二、计划与决策

请根据任务要求，确定所需要的检测仪器和工、器具，并对小组成员进行合理分工，制订详细的诊断和修复计划。

1. 需要的工、器具。

2. 小组成员分工。

3. 明确任务、制订练习场景及计划。

三、实施过程

通过移动通信、调度电话等系统完成通话。

1. 明确任务情景，做好小组角色分工。

2. 根据任务情景内容准备相应的器具。

3. 分角色、分场景完成通信作业练习。

1）车站内员工间的通信作业。

2）车站向控制中心汇报通信。

3）控制中心向车站下发不同范围、不同级别的调度命令。

4. 教师考核与评价。

5. 小组总结，完善方案改进问题。

四、检查

任务完成后，做以下检查：

1. 是否注意安全规范操作：_____。

2. 是否按照流程进行操作：_____。

3. 工、器具及场地是否恢复：_____。

五、评价反思

在教师的指导下，反思自己的工作方式和工作质量。

评价表			
项目	评价指标	自评	互评
专业技能	正确使用 400M、800M 移动电话完成通话	□合格　□不合格	□合格　□不合格
	正确使用调度分机上报相关情况	□合格　□不合格	□合格　□不合格
	正确使用调度主机下发调度命令	□合格　□不合格	□合格　□不合格
	汇报用语标准	□合格　□不合格	□合格　□不合格
工作态度	上课着装规范，符合职业要求	□合格　□不合格	□合格　□不合格
	认真完成演练，小组成员团结协作	□合格　□不合格	□合格　□不合格
	目标明确，独立完成	□合格　□不合格	□合格　□不合格
个人反思		完成任务的安全、质量、时间和 6S 要求，是否达到最佳程度，提出个人改进建议	
教师评价	教师签字 　　年　月　日	成绩	
		□合格　　□不合格	

任务工单七　车站 CCTV 系统的运用

任务名称	车站 CCTV 系统的运用	学时	2	班级	
学生姓名		学生学号		任务成绩	
实训设备、工具及仪器	CCTV 系统设备 1 套	实训场地	车站控制室仿真实训室	日期	
任务描述	学会使用 CCTV 系统监控车站，必要时通过 CCTV 系统调查取证				
任务目的	能够正确使用 CCTV 系统监控站厅、站台及出入口情况，能够根据需要调取录像完成取证工作				

一、资讯

1. _____系统是通过安装在车站各处所的摄像设备。

2. CCTV 系统主要用于供_____的调度人员或车站的_____实时、有选择地监视沿线各车站或本站站台及站厅的状况。

3. CCTV 系统能够为控制中心的_____、各车站_____、列车_____等提供有关列车运行、防灾、救灾、乘客疏导以及社会治安等方面的视觉信息。

4. 中心一级的用户〔如行车调度员、环控（防灾）调度员〕能_____选择车站和车站内摄像机的图像，并切换至相应的监视器上。

5. 车站一级的用户（如车站值班员）应能任意选择_____内摄像机的图像，并切换至相应的监视器上。

6. 列车司机和站务员一级，供用户_____相应站台摄像机的图像，无控制功能。

7. 中心和车站的监视，均可采用固定监视和_____监视。

8. 不同级别的用户对车站内同一台摄像机的控制按照_____的原则来实现。

二、计划与决策

请根据任务要求，确定所需要的工、器具，并对小组成员进行合理分工，制订详细的诊断和修复计划。

1. 需要的工、器具。

2. 小组成员分工。

3. 明确任务、制订练习场景及计划。

三、实施过程

通过车站及控制中心的 CCTV 系统完成相应画面的监视及调取作业。

1. 明确任务情景，做好小组角色分工。

2. 根据任务内容准备相应的器具。

3. 分角色、分场景完成监视及取证作业练习。

1) 调整车站 CCTV 系统监控画面，完成站台客流情况监视工作。

2) 根据客服中心请求，调取自动售票机前购买车票的监控画面。

3) 在控制中心调取某一车站站台及站厅的监视画面，调整焦距及监控角度完成监视作业。

4. 教师考核与评价。

5. 小组总结，完善方案改进问题。

四、检查

任务完成后，做以下检查：

1. 是否注意安全规范操作：_____。

2. 是否按照流程进行操作：_____。

3. 工、器具及场地是否恢复：_____。

五、评价反思

在教师的指导下，反思自己的工作方式和工作质量。

评价表			
项目	评价指标	自评	互评
专业技能	正确使用车站 CCTV 系统完成客流监视作业	□合格　□不合格	□合格　□不合格
	正确调取 CCVT 即时回放画面	□合格　□不合格	□合格　□不合格
	根据需要截取某段时间节点的监视画面	□合格　□不合格	□合格　□不合格
	在控制中心调用车站内的某一监视画面	□合格　□不合格	□合格　□不合格
工作态度	上课着装规范，符合职业要求	□合格　□不合格	□合格　□不合格
	认真完成演练，小组成员团结协作	□合格　□不合格	□合格　□不合格
	目标明确，独立完成	□合格　□不合格	□合格　□不合格
个人反思		完成任务的安全、质量、时间和 6S 要求，是否达到最佳程度，提出个人改进建议	
教师评价	教师签字　　　　　　年　月　日	成绩	
		□合格　　□不合格	

项目四　城市轨道交通车站日常运作

任务工单一　城市轨道交通车站各岗位工作模拟演练

任务名称	城市轨道交通车站各岗位工作模拟演练	学时	6	班级	
学生姓名		学生学号		任务成绩	
实训设备、工具及仪器	模拟地铁车站及配套设备设施	实训场地	理实一体化教室	日期	
任务描述	根据车站各岗位一班工作流程，结合实训设备进行演练				
任务目的	能够熟悉车站各岗位的一班工作流程				

一、资讯

1. 值班站长班前与_____进行交接，熟知上一班的运营情况；本班上岗前_____ min 召开班前会，班前会时间不少于_____ min。

2. 值班站长班前检查、清点_____、_____对讲设备以及执法证、文书、票据等备品。

3. 值班站长班前完成交接后早班要在"_____"上签名。

4. 值班站长班后检查本班所填写的台账：_____、_____、_____、"每日防火巡查本""行车日志""故障设备设施跟踪处理表"。

5. 值班站长班后在"_____"上签名下班。

6. 行车值班员班前检查、阅读_____、_____、_____、"行车日志""设施故障登记表"等台账。

7. 行车值班员班后注销退出_____。

8. 行车值班员班后在"_____"上签名。

9. 客运值班员班前检查_____、_____、_____、票务设备备品情况。

10. 客运值班员班前检查上一班的_____。

11. 客运值班员班后注销退出_____。

12. 站务员票亭岗班前到 AFC 票务室领取_____、票务备品及_____。

13. 站务员票亭岗班前在_____上填好半自动售票机上左、右票箱的车票数量，做好开窗的一切准备。

14. 站务员票亭岗班前管理卡认证成功后，登录_____。

15. 站务员票亭岗班后结账完毕到值班站长处报到，在"_____"上签名下班。

16. 站务员站台岗班前领取相关_____，在"门禁卡、钥匙借用登记本"上登记，领取站台应急卡、电喇叭、口哨、切门控钥匙+贴纸、信号灯或信号旗、对讲机等，在"_____"上登记。

17. 站务员站台岗班后按照_____的原则，协助关闭站台至站厅的自动扶梯。

18. 简述值班站长班中的主要工作内容。

19. 简述行车值班员班中的主要工作内容。

20. 分别简述客运值班员白班和夜班的主要工作内容。

21. 简述站务员票亭岗班中的主要工作内容。

22. 简述站务员票亭岗交接班的主要内容。

23. 简述站务员站台岗班中的主要工作内容。

二、计划与决策

某地铁各岗位白班及夜班一班工作流程见表 4-1 和表 4-2，请根据演练需要，确定所需要的资料及工、器具，并对小组成员进行角色分工，制订详细的实施计划。

表 4-1　某地铁各岗位白班及白班一班工作流程

时间	工作内容及工作地点	工作岗位
7:40—7:50	工作内容：提前到站，放置私人物品，更换工装，签到。工作地点：更衣室、车站控制室	站务员 A
7:50—8:00	工作内容：向夜班客运值班员领币、领票。工作地点：票务室	站务员 A
8:00—8:35	工作内容：为乘客提供充值、兑零、咨询等乘客事务。工作地点：客服中心	站务员 A
8:35—8:40	工作内容：提前到站，放置私人物品，更换工装。工作地点：更衣室	除站务员 A 外的其他班组人员
8:40—8:50	工作内容：签到，召开或参加班前会议。工作地点：车站控制室前（公共区）、会议室	
8:50—9:00	工作内容：与夜班相同岗位进行交接。工作地点：车站控制室、会议室	值班站长、行车值班员
	工作内容：与夜班客运值班员进行交接。工作地点：票务室	客运值班员
	工作内容：向夜班客运值班员领取票务备品，领用备用金、单程票。工作地点：票务室	站务员 B
9:00—10:00	工作内容：替换夜班站台岗，监控站台门状态，引导乘客上、下车，确认站台安全。工作地点：站台	站务员 A
	工作内容：替换票亭岗，进行客服中心乘客事务处理工作。工作地点：客服中心	站务员 B
	工作内容：巡视站厅、站台、出入口及车站设施、设备，做好记录。工作地点：站厅、站台、出入口	值班站长
	工作内容：班中作业。工作地点：车站控制室或其他	行车值班员
	工作内容：班中作业。工作地点：票务管理室、票亭、站厅	客运值班员
10:00—11:00	工作内容：班中作业及替换站台岗作业。工作地点：站厅、站台、站长室或车站控制室	值班站长
	工作内容：休息，签阅文件，协助值班站长处理车站事务。工作地点：车站控制室及其他	站务员 A
	工作内容：班中作业。工作地点：票务管理室、票亭、站厅	客运值班员
	工作内容：班中作业并根据值班站长安排适时顶岗。工作地点：车站控制室或其他	行车值班员

（续）

时间	工作内容及工作地点	工作岗位
11:00—12:00	工作内容：替换行车值班员吃饭。工作地点：车站控制室	值班站长
	工作内容：吃午饭。工作地点：会议室	行车值班员
	工作内容：替换票亭岗吃饭。工作地点：客服中心	站务员 A
	工作内容：替换站台岗作业。工作地点：站台	站务员 B
	工作内容：班中作业并根据值班站长安排适时顶岗。工作地点：票务室、票亭、站厅	客运值班员
12:00—13:00	工作内容：替换客运值班员吃饭。工作地点：票务室、票亭、站厅	值班站长
	工作内容：班中作业及根据值班站长安排，适时顶岗。工作地点：车站控制室或其他	行车值班员
	工作内容：吃午饭。工作地点：会议室	客运值班员
	工作内容：休息，吃饭。工作地点：会议室	站务员 B
13:00—14:00	工作内容：吃饭。工作地点：车站控制室或会议室	值班站长
	工作内容：替换票亭岗作业。工作地点：客服中心	站务员 B
	工作内容：休息，吃饭。工作地点：会议室	站务员 A
	工作内容：班中作业及根据值班站长安排，适时顶岗。工作地点：站厅、票亭	客运值班员
	工作内容：班中作业及根据值班站长安排，适时顶岗。工作地点：车站控制室或其他	行车值班员
14:00—15:00	工作内容：巡视站厅、站台、出入口及车站设施、设备，做好记录。工作地点：站厅、站台、出入口	值班站长
	工作内容：班中作业及根据值班站长安排，适时顶岗。工作地点：车站控制室或其他	行车值班员
	工作内容：替换站台岗作业。工作地点：站台	站务员 A
	工作内容：班中作业及根据值班站长安排，适时顶岗。工作地点：站厅、票亭	客运值班员
15:00—16:00	工作内容：查班组作业情况，处理乘客事务、文件，据需顶岗。作业地点：站厅、站台、出入口	值班站长
	工作内容：班中作业及根据值班站长安排，适时顶岗。工作地点：车站控制室或其他	行车值班员
	工作内容：班中作业及根据值班站长安排，适时顶岗。工作地点：站厅、票亭	客运值班员
	工作内容：替换票亭岗作业。工作地点：客服中心	站务员 A
	工作内容：替换站台岗作业。工作地点：站台	站务员 B

（续）

时间	工作内容及工作地点	工作岗位
16:00—17:00	工作内容：查班组作业情况，处理乘客事务、文件，据需顶岗。工作地点：站厅、站台、出入口	值班站长
	工作内容：班中作业及根据值班站长安排，适时顶岗。工作地点：车站控制室或其他	行车值班员
	工作内容：班中作业及根据值班站长安排，适时顶岗。工作地点：站厅、票亭	客运值班员
	工作内容：票亭岗作业。工作地点：客服中心	站务员 A
	工作内容：休息，协助值班站长完成工作。工作地点：车站控制室或会议室	站务员 B
17:00—18:00	工作内容：巡视站厅、站台、出入口及车站设施、设备，做好记录。工作地点：站厅、站台、出入口	值班站长
	工作内容：班中作业及根据值班站长安排，适时顶岗。工作地点：车站控制室或其他	行车值班员
	工作内容：为早班票亭岗结算、班中作业及适时定岗。工作地点：票务管理室、票亭	客运值班员
	工作内容：休息，协助值班站长完成工作。工作地点：车站控制室或会议室	站务员 A
	工作内容：替换票亭岗作业。工作地点：客服中心	站务员 B
18:00—19:00	工作内容：查班组作业情况，处理乘客事务、文件，据需顶岗。工作地点：站厅、站台、出入口	值班站长
	工作内容：班中作业及根据值班站长安排，适时顶岗。工作地点：车站控制室或其他	行车值班员
	工作内容：班中作业及根据值班站长安排，适时顶岗。工作地点：站厅、票亭	客运值班员
	工作内容：替换站台岗作业。工作地点：站台	站务员 A
	工作内容：票亭岗作业。工作地点：客服中心	站务员 B
19:00—19:50	工作内容：查班组作业情况，处理乘客事务、文件，据需顶岗。工作地点：站厅、站台、出入口	值班站长
	工作内容：班中作业及根据值班站长安排，适时顶岗。工作地点：车站控制室或其他	行车值班员
	工作内容：班中作业及根据值班站长安排，适时顶岗。工作地点：站厅、票亭	客运值班员
	工作内容：结算，替换其他票亭岗结算。工作地点：站台或票务室	站务员 A
	工作内容：向夜班票亭岗交班；替换站台岗，早班票亭岗下班，其他票亭岗结算。工作地点：站台或票务室	站务员 B

（续）

时间	工作内容及工作地点	工作岗位
	工作内容：监督各岗位完成交接班，与接班值班站长交流开交接班会。工作地点：车站控制室或者会议室	值班站长
	工作内容：参加交接班会，与夜班行车值班员交接。工作地点：车站控制室或者会议室	行车值班员
19:50—20:00	工作内容：与夜班客运值班员交接，为晚班票亭岗准备票务备品。工作地点：票务室	客运值班员
	工作内容：向夜班站台岗交班，交接行车备品。工作地点：站台	站务员A
	工作内容：参加交接班会，做好收尾工作。工作地点：车站控制室或者会议室	站务员B
20:00—	工作内容：签退。工作地点：车站控制室	白班班组成员

表4-2　某地铁各岗位夜班及夜班一班工作流程

时间	工作内容及工作地点	工作岗位
18:30—18:50	工作内容：提前到站，放置私人物品，更换工装，签到。工作地点：更衣室/车站控制室	站务员C
18:50—19:00	工作内容：向白班客运值班员领币、领票。工作地点：票务室	站务员C
19:00—19:30	工作内容：为乘客提供充值、兑零、咨询等乘客事务。工作地点：客服中心	站务员C
19:30—19:45	工作内容：提前到站，放置私人物品，更换工装。工作地点：更衣室	除站务员C外其他班组人员
19:45—19:50	工作内容：签到，召开或参加班前会议。工作地点：车站控制室前（公共区）、会议室	
	工作内容：与白班相同岗位进行交接。工作地点：车站控制室前（公共区）或者是会议室	值班站长、行车值班员
19:50—20:00	工作内容：与白班客运值班员进行交接。工作地点：票务室	客运值班员
	工作内容：向客运值班员领取票务备品，领用备用金、单程票。工作地点：票务室	站务员D

（续）

时间	工作内容及工作地点	工作岗位
20:00—21:00	工作内容：巡视站厅、站台、出入口及车站设施、设备，做好记录。工作地点：站厅、站台，出入口站厅、站台，站长室或车站控制室	值班站长
	工作内容：班中作业，根据值班站长指示适时顶岗。工作地点：车站控制室或其他	行车值班员
	工作内容：检查、维修、维护 AFC 设备，监督票亭岗作业。工作地点：站厅、票亭	客运值班员
	工作内容：替换白班站台岗作业。工作地点：站台	站务员 C
	工作内容：替换票亭岗作业。工作地点：客服中心	站务员 D
21:00—22:00	工作内容：查班组作业情况，处理乘客事务、文件等。根据现场需要进行顶岗。工作地点：站厅、站台，出入口站厅、站台，站长室或车站控制室	值班站长
	工作内容：班中作业，根据值班站长指示适时顶岗。工作地点：车站控制室或其他	行车值班员
	工作内容：检查、维修、维护 AFC 设备，监督票亭岗作业。工作地点：站厅、票亭	客运值班员
	工作内容：替换站台岗作业。工作地点：站台	站务员 D
22:00—22:40	工作内容：检查班组作业标准、劳动纪律及工作状态等，处理乘客事务，做好末班车客运服务以及运营结束后关站及巡视工作。工作地点：站厅、站台、站长室或车站控制室	值班站长
	工作内容：日常监控并适时将部分进站自动检票机和自动售票机设置为暂停服务模式，播放末班车广播。适时播放车站关站广播。工作地点：车站控制室	行车值班员
	工作内容：与其中 1 个中班票亭岗人员结算，调整部分自动售票机状态，收取钱箱、票箱，适时顶岗。工作地点：站厅、票亭	客运值班员
	工作内容：替换客服中心岗作业。工作地点：客服中心	站务员 D
	工作内容：替换站台岗作业，末班车发出前做好乘客解释，末班车驶离后关停扶梯。工作地点：站台	站务员 C

（续）

时间	工作内容及工作地点	工作岗位
22:40—23:00	工作内容：做好末班车客运服务以及运营结束后关站及巡视工作。工作地点：站厅、站台、出入口	值班站长
	工作内容：乘客全部出站后，通过 CCTV 系统检查站厅、站台、出入口等处是否有人逗留。将所有自动售票机和自动检票机设为暂停服务模式。按要求关闭广告灯箱、出入口吸顶灯，关闭车站部分照明等。工作地点：车站控制室	行车值班员
	工作内容：调整剩余 AFC 设备状态，与票亭结算，完成清点、结算等作业及报表填写作业。工作地点：票务管理室	客运值班员
	工作内容：协助值班站长关站，关停扶梯，与客运值班员共同完成票务结算、清点工作。工作地点：票务室、站厅及其他	站务员 C、站务员 D
23:00—次日 2:00	工作内容：做好当日车站运营信息的收集和上报工作。组织本班组员工进行学习和演练。工作地点：车站控制室或会议室	值班站长
	工作内容：办理施工请、销点手续。收集、整理有关运营信息，协助值班站长报送日报。工作地点：车站控制室	行车值班员
	工作内容：为次日运营做准备，清点票款、填写并录入台账，票款打包。工作地点：票务室	客运值班员
	工作内容：协助客运值班员完成票务收尾工作。听从值班站长指挥，完成各项演练培训。工作地点：票务室、车站控制室及其他	站务员 C、站务员 D
2:00—4:00	工作内容：根据工作情况适当休息。工作地点：会议室、休息室或车站控制室	全体班组
4:00—4:30	工作内容：巡视车站，检查施工出清情况，做好运营前检查工作。作业地点：站厅、站台、出入口	值班站长
	工作内容：确认夜间轨行区施工全部销点，人员、工具出清，线路空闲。按要求开启隧道风机并检查运行情况，然后进行运营前检查作业。检查各种设备开启情况，出入口照明、车站照明、广告灯箱、扶梯、站级 AFC 设备等。监控压道车、空载客车的运行情况。工作地点：车站控制室或其他	行车值班员

（续）

时间	工作内容及工作地点	工作岗位
4:00—4:30	工作内容：与站务员一起为 AFC 设备补币、补票。简单盘点备用金、票卡及台账、报表、票务备品库存情况，不足时及时做好记录，次日进行申报。梳理交接班重点事项等。工作地点：票务管理室	客运值班员
	工作内容：跟从值班站长完成运营前检查工作。工作地点：站厅、站台、出入口	站务员 C
4:30—5:00	工作内容：同行车值班员共同完成运营前检查	值班站长
	工作内容：同 4:00—4:30。工作地点：车站控制室或其他	行车值班员
	工作内容：与客运值班员完成补币、补票，盘点备用金工作。工作地点：票务室	站务员 C
5:00—5:30	工作内容：同行车值班员共同完成运营前检查。工作地点：站台、轨行区及其他	值班站长
	工作内容：同 4:00—4:30。工作地点：车站控制室或其他	行车值班员
	工作内容：与客运值班员完成补币、补票，盘点备用金工作。工作地点：票务室	站务员 C
	工作内容：迎接轧道车。工作地点：站台	站务员 D
5:30—6:00	工作内容：同行车值班员共同完成运营前检查。工作地点：站台、轨行区及其他	值班站长
	工作内容：与客运值班员完成补币、补票，盘点备用金工作。工作地点：票务室	站务员 C
6:00—6:30	工作内容：组织做好开站工作，检查车站设备、设施运行情况。工作地点：站厅、站台、站长室或车站控制室	值班站长
	工作内容：做好各项监控、施工管理，适时播放广播。梳理班组作业。工作地点：车站控制室	行车值班员
	工作内容：配票、巡视、处理设备故障、检查工作，适时定岗。工作地点：票务管理室及其他	客运值班员
	工作内容：协助值班站长完成开站，开启扶梯。工作地点：站厅	站务员 D
	工作内容：向客运值班员领取票务备品，领用备用金和单程票。工作地点：票务室	站务员 C

（续）

时间	工作内容及工作地点	工作岗位
6:30—7:50	工作内容：查班组作业情况，处理乘客事务、文件，据需顶岗。工作地点：站厅、站台、出入口	值班站长
	工作内容：做好各项监控、施工管理，适时播放广播。梳理班组作业。工作地点：车站控制室	行车值班员
	工作内容：站台作业。工作地点：站台	站务员D
	工作内容：客服中心作业。工作地点：客服中心	站务员C
	工作内容：配票、巡视、处理设备故障、检查工作，适时定岗。工作地点：票务管理室及其他	客运值班员
	工作内容：为白班票亭岗配票，发放备用金、单程票。工作地点：客服中心	客运值班员
	工作内容：为夜班票亭岗结算。工作地点：客服中心	客运值班员
	工作内容：完成票务结算、上交备用金。工作地点：票务室	站务员C
8:45—9:00	工作内容：与白班同岗位交接班。工作地点：车站控制室或会议室	值班站长、行车值班员
	工作内容：与白班客运值班员交接。为白班其他票亭岗配票、备用金。工作地点：票务室	客运值班员
	工作内容：休息、签阅文件，协助值班站长完成车站事务。工作地点：车站控制室及其他	站务员D
	工作内容：替换站台岗休息。工作地点：站台	站务员C
9:00—	工作内容：签退。工作地点：车站控制室	夜班班组成员

1. 需要的工、器具。

2. 对应工作地点，确定演练场所。

3. 准备所需要的备品、报表和文件等资料。

4. 小组成员角色分工。

5. 决策方案。

三、实施过程

1. 根据小组分工，结合表 4-1 和表 4-2 内容进行车站日常作业的演练。
2. 对车站的日常作业流程提出优化设想。

3. 小组协作，根据优化设想完成对新工作流程的演练。
4. 教师考核，小组自评和互评。
5. 完善方案，改进问题。

四、检查

任务完成后，做以下检查：
1. 是否注意安全规范操作：_____。
2. 是否按照流程进行操作：_____。
3. 工、器具及场地是否恢复：_____。

五、评价反思

在教师的指导下，反思自己的工作方式和工作质量。

评价表			
项目	评价指标	自评	互评
专业技能	正确地完成值班站长日常作业	□合格　□不合格	□合格　□不合格
	正确地完成行车值班员日常作业	□合格　□不合格	□合格　□不合格
	正确地完成客运值班员日常作业	□合格　□不合格	□合格　□不合格
	正确地完成站务员日常作业	□合格　□不合格	□合格　□不合格
工作态度	上课着装规范，符合职业要求	□合格　□不合格	□合格　□不合格
	分工协作，严谨认真	□合格　□不合格	□合格　□不合格
	目标明确，积极主动	□合格　□不合格	□合格　□不合格
个人反思		完成任务的安全、质量、时间和 6S 要求，是否达到最佳程度，提出个人改进建议	
教师评价	教师签字　　　　年　月　日	成绩	
		□合格　　□不合格	

任务工单二　车站的开启、关闭作业流程演练

任务名称	车站的开启、关闭作业流程演练	学时	2	班级	
学生姓名		学生学号		任务成绩	
实训设备、工具及仪器	模拟地铁车站及配套设备设施	实训场地	理实一体化教室	日期	
任务描述	根据车站的开启和关闭作业流程，结合实训场地及设备完成演练作业				
任务目的	能够熟悉并掌握车站的开启和关闭作业流程				

一、资讯

1. 原则上，在首班车到达前_____，完成所有服务准备工作，开启车站所有出入口。

2. 每日开始运营前_____左右，根据控制中心_____的指令，车站开展行车作业准备检查工作，由值班站长负责。

3. 早班售票员在首班车到站前_____到车站票务室客运值班员处领票、备用金，客服中心钥匙、相关票务钥匙，到客服中心上岗。

4. 末班车开出前_____，行车值班员开始在全站播放末班车提示广播，提醒需要乘车的乘客抓紧时间购票进站。

5. 末班车开出前_____，行车值班员关停自动售票机和进站自动检票机，并通知售票员停止售票，播放运营结束广播。

6. 客服中心关站后，售票员在窗口放置_____，退出票务处理机。

7. 简述关站作业的主要内容。

二、计划与决策

某地铁开站程序及车站各岗位人员的职责见表4-3，关站前，车站各岗位的有关工作见表4-4。请根据演练需要，确定所需要的资料及工、器具，对小组成员进行角色分工，制订详细的实施计划。

表4-3　某地铁开站程序及车站各岗位人员的职责

时间	工作内容	责任人
每日4:30后	巡视车站，按照行车调度员的命令试验道岔，检查站台和线路出清情况，并汇报行车调度员	行车值班员 值班站长
首班车到站前30min	配好票，并检查售票员的到岗情况	客运值班员
首班车到站前15min	到岗	保安
首班车到站前15min	打开照明开关	行车值班员
首班车到站前15min	领票、款到岗	售票员
首班车到站前10min	开启车站大门、自动扶梯、垂直电梯，开始服务	厅巡、保安
首班车到站前10min	开启所有自动售票机和自动检票机	值班站长
开站后	按照要求开启环控设备（节能模式），向乘客广播候车的注意事项	行车值班员

表4-4　关站程序

时间	工作内容	责任人
最后一班车开出前10min	开始广播	行车值班员
最后一班车开出前5min	暂停自动售票机，通知售票员停止售票，暂停进站自动检票机，并播放广播	行车值班员
最后一班车开出前	进行检查，确认站台乘客均已上车，无异常情况	值班站长
最后一班车开出后	清客，关闭车站自动扶梯、垂直电梯和出入口	厅巡、保安
停止服务后	收拾票、款，整理客服中心备品，注销票务处理机，回车站票务室结账	售票员
关站后	与售票员结账，做好车站运营结算工作	客运值班员
运营结束后	执行车站节电照明模式，按照要求关闭部分环控设备	行车值班员

1. 需要的工、器具。

2. 准备所需要的备品、报表和文件等资料。

3. 小组成员角色分工。

4. 决策方案。

三、实施过程

1. 小组成员结合演练实际情况探讨本组演练工作中存在的问题。

2. 对车站的开启、关闭作业流程提出优化设想。

3. 小组协作，根据优化设想完成对新工作流程的演练。
4. 教师考核，小组自评和互评。
5. 完善方案，改进问题。

四、检查

任务完成后，做以下检查：
1. 是否注意安全规范操作：_____。
2. 是否按照流程进行操作：_____。
3. 工、器具及场地是否恢复：_____。

五、评价反思

在教师的指导下，反思自己的工作方式和工作质量。

评价表			
项目	评价指标	自评	互评
专业技能	正确地完成车站的开启作业流程	□合格　□不合格	□合格　□不合格
	正确地完成车站的关闭作业流程	□合格　□不合格	□合格　□不合格
工作态度	上课着装规范，符合职业要求	□合格　□不合格	□合格　□不合格
	分工协作，严谨认真	□合格　□不合格	□合格　□不合格
	目标明确，积极主动	□合格　□不合格	□合格　□不合格
个人反思		完成任务的安全、质量、时间和 6S 要求，是否达到最佳程度，提出个人改进建议	
教师评价	教师签字 年　月　日	成绩	
		□合格　　　□不合格	

项目五 城市轨道交通客流组织

任务工单一 车站日常客流组织演练

任务名称	车站日常客流组织演练	学时	2	班级	
学生姓名		学生学号		任务成绩	
实训设备、工具及仪器	车站站厅层、站台层相关设备	实训场地	仿真车站实训室	日期	
任务描述	模拟完成车站的日常客流组织作业				
任务目的	能够根据车站日常客流组织原则及客流情况进行日常客流组织，尤其是高峰时期的客流组织				

一、资讯

1. 城市轨道交通车站日常客流组织主要包括_____、_____和_____等。

2. _____客流组织包括进入车站、站厅购票、检票进闸、站台候车、乘车等环节，_____客流组织包括下车、验票出闸、出站 3 个环节。

3. 进入车站客流组织的关键是_____的组织，在组织客流时应结合实际的客流状况，当车站设施能够满足客流需求时，各出入口全部_____，乘客可进出站_____使用；必要时可在出入口处或楼梯上设置_____设施，保证进出站客流不相互干扰，不发生客流冲突；当出站客流较大时，也可将自动扶梯均调整为_____方向，供乘客出站使用。

4. 组织引导部分需要购买单程票的乘客在自动售票机、客服中心或临时票亭购票，关键是组织乘客_____购票，必要时，可使用空闲的半自动售票机预制车票，加开_____，提高售票速度，缩短排队长度。

5. 乘客进站组织时，应组织乘客由_____自动检票机进站，提示乘客注意进站自动检票机上方均显示表示设备正常的_____箭头；乘客刷卡进站时，应指导乘客_____持票，站在自动检票机通道外（黄线外侧），按顺序刷卡进站。

6. 在乘客排队检票入闸时，队伍不得影响出闸乘客，遵循"_____"的原则。

7. 若站台设有站台门，在列车到站前，要提示乘客不要_____站台门，越过安全线，避免站台门开启时乘客被夹伤或摔倒。引导乘客按乘车箭头方向_____候车，不要聚集，分散候车。随时关注站台门的_____，加强站台巡视。

8. 列车到站停稳开门后，引导乘客按_____的顺序乘车，当关门提示铃响或者门头灯闪烁时，应_____乘客抢上、抢下。

9. 通过出站自动检票机时，要引导手持_____的乘客将票卡投入回收口，手持_____的乘客右侧刷卡出闸，进入站厅层非付费区。

10. 乘客出闸后，通过导向标识，必要时配合_____引导，帮助乘客尽快找到所要到达目的地的出入口，耐心回答乘客的_____。

二、计划与决策

请根据任务要求，确定所需要的演练场景及客流组织关键点，对小组成员进行分工，制订详细的实施计划。

1. 设置演练场景。

2. 小组成员分工。

3. 决策方案。

三、实施过程

1. 开启车站，小组成员分角色上岗就位。

2. 根据设置场景，模拟演练如何通过人工引导指引乘客进、出站。
（1）进站乘车组织。
①进站 ②售票（自动售票机/客服中心）③安检 ④检票入闸 ⑤站台候车

（2）下车出站组织。
①下车 ②验票出自动检票机 ③出站

（3）设置场景回答乘客问询。
3. 教师考核，小组自评和互评。
4. 完善方案，改进问题。

四、检查

任务完成后，做以下检查：
1. 是否注意安全规范操作：_____。
2. 是否按照流程进行操作：_____。
3. 工、器具及场地是否恢复：_____。

五、评价反思

在教师的指导下，反思自己的工作方式和工作质量。

评价表			
项目	评价指标	自评	互评
专业技能	正确完成出入口客流组织	□合格　□不合格	□合格　□不合格
	正确完成进站客流组织	□合格　□不合格	□合格　□不合格
	正确完成出站客流组织	□合格　□不合格	□合格　□不合格
工作态度	上课着装规范，符合职业要求	□合格　□不合格	□合格　□不合格
	分工协作，严谨认真	□合格　□不合格	□合格　□不合格
	目标明确，积极主动	□合格　□不合格	□合格　□不合格
个人反思		完成任务的安全、质量、时间和 6S 要求，是否达到最佳程度，提出个人改进建议	
教师评价	教师签字　　　　年　月　日	成绩	
		□合格　　□不合格	

任务工单二 换乘站客流流线分析

任务名称	换乘站客流流线分析	学时	2	班级	
学生姓名		学生学号		任务成绩	
实训设备、工具及仪器	联网手机、拍照和录像设备、A4纸、铅笔、橡皮、钢直尺等	实训场地	理实一体化教室	日期	
任务描述	根据所学内容调研并分析北京地铁某换乘站的换乘客流流线				
任务目的	能够分析车站的换乘方案，能够优化车站的换乘方案				

一、资讯

1. 按照换乘的地点不同，地铁车站换乘方式分为_____和_____两种。

2. 城市轨道交通不同线路间的换乘方式主要有_____、_____、_____、站外换乘和组合式换乘几种形式。

3. 站台直接换乘有_____和_____两种方式。

4. 在所有换乘方式中，同站台换乘的换乘能力_____，适用于优势方向换乘客流较大的情形。这种换乘方式的主要制约因素是_____与_____。

5. 上下层站台换乘模式要求换乘楼梯或自动扶梯应有足够的宽度，以免高峰客流时发生乘客聚集和拥挤。在所有换乘方式中，这种换乘模式的换乘能力_____，其制约因素是_____的运量。

6. _____是指乘客由一个站台通过楼梯或自动扶梯到达另一站的站厅或两站共用站厅，再通过站厅前往另一站台乘车的换乘方式。

7. _____换乘是指在两个或几个单独车站之间设置联络通道等换乘设施，方便乘客完成换乘的方式。

8. 在所有换乘方式中，_____所需的换乘时间和换乘距离最长，给乘客的换乘带来很大不便，应尽量避免。

9. 根据城市轨道交通系统的构成，改善换乘客流组织的措施主要从_____优化和_____两个方面采取。

10. 改善空间效率的措施主要是通过对各种换乘设施进行优化设计，_____换乘走行距离，_____换乘流线间的干扰，_____换乘导向标识。

二、计划与决策

请根据任务要求，确定所需要的资料及工、器具，对小组成员进行分工，制订详细的实施计划。

1. 需要的工、器具。

2. 需要的资料。

3. 小组成员分工。

4. 决策方案。

三、实施过程

1. 根据小组分工对北京地铁西直门站的客流组织方案展开调研，并完成表 5-1 的填写。

表 5-1　北京地铁西直门站换乘流程调查表

线路名称	站台形式	换乘方式及换乘时间	

2. 对北京地铁西直门站现有的换乘流线进行分析及讲解。

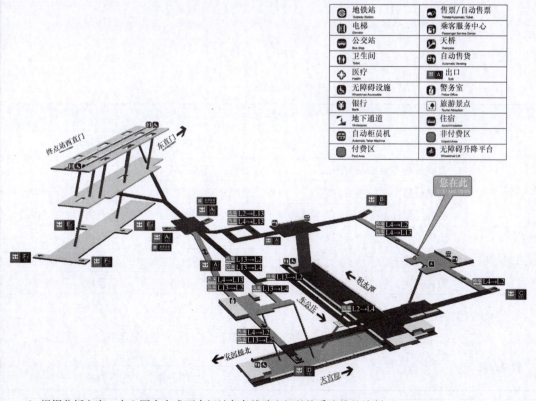

3. 根据分析方案，在上图中完成西直门站各条线路之间的换乘流线的绘制。

4. 结合所学知识及调研情况探讨该站换乘方案中存在的问题。

5. 对西直门站的换乘方案提出优化设想。

6. 小组协作，根据上述思路完成对北京地铁西直门站换乘流线的分析。

7. 教师考核，小组自评和互评。
8. 完善方案，改进问题。

四、检查

任务完成后，做以下检查：

1. 是否注意安全规范操作：_____。
2. 是否按照流程进行操作：_____。
3. 工、器具及场地是否恢复：_____。

五、评价反思

在教师的指导下，反思自己的工作方式和工作质量。

评价表			
项目	评价指标	自评	互评
专业技能	正确分析车站的站台形式	□合格　□不合格	□合格　□不合格
	正确分析车站的换乘方式	□合格　□不合格	□合格　□不合格
	正确绘制各条线路间的换乘流线	□合格　□不合格	□合格　□不合格
工作态度	上课着装规范，符合职业要求	□合格　□不合格	□合格　□不合格
	分工协作，严谨认真	□合格　□不合格	□合格　□不合格
	目标明确，积极主动	□合格　□不合格	□合格　□不合格
个人反思		完成任务的安全、质量、时间和6S要求，是否达到最佳程度，提出个人改进建议	
教师评价	教师签字　　　　年　月　日	成绩	
		□合格　　　□不合格	

任务工单三　车站大客流组织演练

任务名称	车站大客流组织演练	学时	2	班级	
学生姓名		学生学号		任务成绩	
实训设备、工具及仪器	铁马、隔离带、告示、手提广播等导流设施，完整的车站运营场景及设备设施	实训场地	地铁车站仿真实训场	日期	
任务描述	根据所学内容完成特定场景下车站大客流组织预案的演练				
任务目的	能够熟练运用三级人潮客流控制方式组织客流，能够正确运用各类导流设备完成客流引导，能够正确采取大客流组织措施完成客流组织，能够正确响应大客流组织预案				

一、资讯

1. _____是指车站在某一时段集中到达的，客流量超过车站正常客运设施或客运组织措施所能承担的流量时的客流。

2. 一级大客流的判定标准：各车站根据本站的正常乘客数量进行比较，站台聚集人数达到或超过站台有效区域可容纳人数的_____，并且持续时间超过_____者，为一级大客流。

3. 二级大客流判定标准：各车站根据本站的正常乘客数量进行比较，站台聚集人数达到站台有效区域可容纳人数的_____，并有持续不断_____的趋势。

4. 按照客流的时效性可分为_____与_____两大类。

5. 根据客流产生的原因可分为_____、_____、_____、恶劣天气大客流和上下班高峰大客流。

6. 车站大客流组织时客运设备设施准备包括_____的准备、_____的准备、_____的准备、自动扶梯和垂直电梯的准备、临时导向标识和隔离设备的准备等方面。

7. _____负责地铁线路的客流组织工作，车站的客流组织由_____负责。

8. 在大客流的情况下，车站应采取有效措施对车站人流进行控制，客流控制应遵循_____的原则。

9. 当车站遭遇特大客流时，可以采取_____控制、_____客流控制、_____客流控制三级客流控制方法。

10. 第一级控制站台客流，控制点可设在_____处；第二级控制付费区客流，控制点可设在_____处；第三级控制非付费区客流，控制点可设在_____处。

11. 车站的大客流组织措施包含哪几个方面？

_____

_____

_____

_____

_____

二、计划与决策

请根据任务要求，设置大客流演练场景并确定所需要的资料及工、器具，对小组成员进行分工，制订详细的实施计划。

1. 大客流演练场景的设置（见表5-2）。

表5-2　演练场景设置表

演练场景	大型活动大客流	暴雨天气大客流	节假日大客流	早晚高峰大客流
小组序号				

2. 确定所需要的设备设施及数量（见表5-3）。

表5-3　设备设施数量计划表

设备设施名称	设备数量	设置位置

3. 小组成员分工（见表5-4）。

表5-4　小组成员分工表

姓名						
岗位						
备注						

4. 决策方案。

三、实施过程

1. 选定大客流演练场景，明确演练任务。

2. 明确各岗位在大客流组织过程中的岗位职责（根据需要填写）。

1）值班站长： _____

_____。

2）行车值班员： _____

_____。

3）客运值班员： _____

_____。

4）售票员：_____

_____

5）站厅巡视岗：_____

_____

6）站台安全员：_____

_____

7）列车司机：_____

_____

8）行车调度员：_____

_____

3. 根据演练场景，模拟完成车站大客流组织作业，见表5-5。

表5-5　大客流组织作业

客流组织阶段	演练情景	采取的措施	涉及岗位	引导位置
第一阶段：客流引导	信息上报求援			
	站厅引导、加速进站			
	支援人员到位			
第二阶段：客流控制	启动一级客流控制办法控制站台客流			
	启动二级客流控制办法控制站厅付费区客流			
	启动三级客流控制办法控制站厅非付费区客流			
第三阶段：客流缓解	取消三级客流控制			
	取消二级客流控制			
	取消一级客流控制			
	车站恢复正常运作			

4. 教师考核，小组自评和互评。

5. 完善方案，改进问题。

四、检查

任务完成后，做以下检查：

1. 是否注意安全规范操作：_____。

2. 是否按照流程进行操作：_____。

3. 工、器具及场地是否恢复：_____。

五、评价反思

在教师的指导下，反思自己的工作方式和工作质量。

评价表			
项目	评价指标	自评	互评
专业技能	正确执行一级客流控制	□合格　□不合格	□合格　□不合格
	正确执行二级客流控制	□合格　□不合格	□合格　□不合格
	正确执行三级客流控制	□合格　□不合格	□合格　□不合格
工作态度	上课着装规范，符合职业要求	□合格　□不合格	□合格　□不合格
	分工协作，严谨认真	□合格　□不合格	□合格　□不合格
	目标明确，积极主动	□合格　□不合格	□合格　□不合格
个人反思		完成任务的安全、质量、时间和 6S 要求，是否达到最佳程度，提出个人改进建议	
教师评价	教师签字 　　　　年　月　日	成绩	
		□合格　□不合格	

任务工单四　车站突发事件客流组织演练

任务名称	车站突发事件客流组织演练	学时	2	班级	
学生姓名		学生学号		任务成绩	
实训设备、工具及仪器	完整车站运营场景及各设备设施及救援工、器具	实训场地	地铁车站仿真实训场	日期	
任务描述	根据所学内容模拟特定场景下的突发事件客流组织				
任务目的	能够根据突发事件情况响应相应预案，能够明确各岗位在突发事件中的岗位职责				

一、资讯

1. _____是指在没有任何征兆的前提下，在城市轨道交通车站内、列车上或是其他设施设备内突然发生的危及人身安全的情况。

2. 突发事件发生时车站可根据实际情况采用不同的客流组织方式对乘客进行疏导，主要有_____、_____和_____3种方法。

3. 疏散是指在紧急情况发生时，城市轨道交通工作人员利用一切通道和出入口迅速将乘客从危险区域全部_____到安全区域。

4. 按照疏散地点可分为_____疏散组织办法和_____疏散组织办法。

5. 列车在区间内因火灾无法继续运行到前方车站或设备故障灯原因被迫停车都需要采用_____疏散组织办法。

6. _____是指乘客由一个站台通过楼梯或自动扶梯到达另一站的站厅或两站共用站厅，再通过站厅前往另一站台乘车的换乘方式。

7. 列车头部着火时，应组织乘客向_____一侧疏散；列车尾部着火时，应组织乘客向_____一侧疏散；列车中部着火时，尽量组织乘客向列车两端疏散。

8. _____是指在遇到运营设备故障、列车暂时中止服务或行车组织发生变更调整时，需要将乘客从某一区域全部转移到另一区域。

9. 清客组织办法常用在_____清客、列车在_____发生故障的清客以及_____情况下的清客等。

10. _____是指采用某种方式或设备人为地隔开人群或封闭某个区域。

11. 根据造成隔离的原因，隔离的组织方法可以分为_____、_____、_____和_____。

二、计划与决策

请根据任务要求，确定演练场景及所需的工、器具等，对小组成员进行分工，制订详细的实施计划。

1. 设置演练的突发事件场景（见表5-6）。

表5-6　突发事件场景设计表

自动扶梯逆行造成乘客受伤事件	车站火灾情况下应急处置演练	有可疑物品掉入轨道情况下的应急疏散	列车故障区间迫停情况下的疏散作业

2. 需要的工、器具（见表5-7）。

表5-7　工、器具计划表

设备设施名称	设备状态及用途

3. 小组成员分工（见表5-8）。

表5-8　小组成员分工表

姓名							
岗位							
备注							

4. 决策方案。

三、实施过程

1. 选定突发事件演练场景，明确演练任务。

2. 明确各岗位在演练过程中的岗位职责（根据需要填写）。

1）值班站长：_____

_____。

2）行车值班员：_____

_____。

3）客运值班员：_____

_____。

4）售票员：_____

_____。

5）站厅巡视岗：_____

_____。

6）站台安全员：_____

_____。

7）列车司机：_____

_____。

8）行车调度员：_____

_____。

3. 根据选定的演练场景，模拟完成疏散或清客客流组织作业，见表5-9。

表 5-9　疏散或清客客流组织作业

处置阶段	采取的措施	涉及岗位	注意事项
第一阶段：先期处置			
第二阶段：疏散、清客或隔离			
第三阶段：恢复运营			

4. 教师考核，小组自评和互评。

5. 完善方案，改进问题。

四、检查

任务完成后，做以下检查：

1. 是否注意安全规范操作：_____。

2. 是否按照流程进行操作：_____。

3. 工、器具及场地是否恢复：_____。

五、评价反思

在教师的指导下，反思自己的工作方式和工作质量。

评价表			
项目	评价指标	自评	互评
专业技能	正确执行先期处置措施	□合格　□不合格	□合格　□不合格
	正确执行疏散、清客或隔离	□合格　□不合格	□合格　□不合格
	正确执行恢复运营作业流程	□合格　□不合格	□合格　□不合格
工作态度	上课着装规范，符合职业要求	□合格　□不合格	□合格　□不合格
	分工协作，严谨认真	□合格　□不合格	□合格　□不合格
	目标明确，积极主动	□合格　□不合格	□合格　□不合格
个人反思		完成任务的安全、质量、时间和 6S 要求，是否达到最佳程度，提出个人改进建议	
教师评价	教师签字 　　　年　月　日	成绩	
		□合格　　□不合格	

项目六 城市轨道交通车站客运组织方案编制

任务工单一 城市轨道交通客流特征分析

任务名称	城市轨道交通客流特征分析	学时	2	班级	
学生姓名		学生学号		任务成绩	
实训设备、工具及仪器	联网手机、拍照和录像设备、A4纸、碳素笔等	实训场地	理实一体化教室	日期	
任务描述	根据所学内容对项目五任务工单二调查出来的数据进行分析，了解北京地铁西直门站在时间和空间上的分布特征				
任务目的	能够分析车站客流的时间分布特征，能够分析车站客流的空间分布特征				

一、资讯

1. 城市轨道交通客流的时间分布特征包括＿＿＿＿＿＿、＿＿＿＿＿＿、＿＿＿＿＿＿、＿＿＿＿＿＿和＿＿＿＿＿＿5种。

2. 轨道交通1日内小时客流随着人们的生活节奏和出行特点而变化，在1日内呈起伏＿＿＿＿＿＿状图形。

3. 车站客流时间分布曲线分为＿＿＿＿＿＿、＿＿＿＿＿＿、＿＿＿＿＿＿、＿＿＿＿＿＿和＿＿＿＿＿＿5种。

4. 各条线路客流分布的不均衡包括＿＿＿＿＿的不均衡和＿＿＿＿＿＿的不均衡两个方面，它们构成了整个轨道交通线网客流分布的不均衡。

5. 车站客流空间分布特征主要包括＿＿＿＿＿＿、＿＿＿＿＿＿、＿＿＿＿＿＿和＿＿＿＿＿＿4种。

6. 断面客流分布为阶梯形时，可采用＿＿＿＿＿＿区段和＿＿＿＿＿＿区段分别开行不同数量列车的衔接交路方案，或在大客流区段＿＿＿＿＿＿的混合交路方案。

二、计划与决策

请根据任务描述及目的，确定所需要的资料及工、器具，对小组成员进行分工，制订详细的实施计划。

1. 需要的工、器具。

2. 需要的资料。

3. 小组成员分工。

4. 决策方案。

三、实施过程

1. 对北京地铁西直门站的调查数据进行分析，得出该站客流的特征。

2. 分小组收集某条地铁线路历年的全日客流数据并分析其特征。

3. 收集某条线路上、下行方向的断面客流数据并分析其特征。

4. 收集某站全日客流及全日分时客流等数据并分析其特征。

5. 以某站客流数据为依据，对该站的设备设施布局进行评价。

6. 整理分析数据，提交报告。
7. 教师考核，小组自评和互评。
8. 完善数据资料，改进问题。

四、检查

任务完成后，做以下检查：
1. 是否注意安全规范操作：_____。
2. 是否按照流程进行操作：_____。
3. 工、器具及场地是否恢复：_____。

五、评价反思

在教师的指导下，反思自己的工作方式和工作质量。

评价表			
项目	评价指标	自评	互评
专业技能	合理收集地铁线路及车站的客流数据	□合格　□不合格	□合格　□不合格
	准确分析客流数据，报告资料规范	□合格　□不合格	□合格　□不合格
	根据车站客流数据，准确评价设备设施布局	□合格　□不合格	□合格　□不合格
工作态度	上课着装规范，符合职业要求	□合格　□不合格	□合格　□不合格
	团结互助，严谨认真	□合格　□不合格	□合格　□不合格
	目标明确，积极主动	□合格　□不合格	□合格　□不合格
个人反思		完成任务的安全、质量、时间和 6S 要求，是否达到最佳程度，提出个人改进建议	
教师评价	教师签字　　　年　　月　　日	成绩	
		□合格　　□不合格	

任务工单二　车站客运组织方案的编制

任务名称	车站客运组织方案的编制	学时	2	班级	
学生姓名		学生学号		任务成绩	
实训设备、工具及仪器	完整的车站运营场景及相关客运设施与设备	实训场地	地铁车站仿真实训场	日期	
任务描述	根据所选车站完成该站客运组织方案的编制				
任务目的	能够熟练运用客运组织措施完成车站在正常及非正常情况下客运组织作业，能够明确车站客运组织方案编制的主要内容、步骤及方法				

一、资讯

1. 城市轨道交通的应急预案体系主要由＿＿＿＿＿＿、＿＿＿＿＿＿和现场处置方案构成。

2. 车站客运组织预案的编制必须遵循＿＿＿＿＿＿的基本原则。

3. 车站的位置及周边环境介绍要结合本站的地理位置，分析本站周边功能区域特点，梳理本站周边的＿＿＿＿＿＿、＿＿＿＿＿＿、＿＿＿＿＿＿以及本站周边服务的居民小区及业态功能区域情况。

4. 在轨道交通运营过程中，需要对客流的＿＿＿＿＿＿进行系统分析，掌握客流的现状以及客流的变化规律。

5. 客运组织工作是城市轨道交通运营生产的重要组织部分，施行客运组织工作最重要的环节是对＿＿＿＿＿＿的安排。

6. 客流组织预案的主要内容有哪些?

_____

_____

_____

_____

_____

二、计划与决策

请根据任务要求，确定所需要的资料及工、器具，对小组成员进行分工，制订详细的实施计划。

1. 需要的工、器具。

2. 需要的资料。

3. 小组成员分工。

4. 决策方案。

三、实施过程

1. 选定车站，根据小组分工完成相关资料的调研工作。

2. 根据客流组织方案的编制步骤，制订该站正常情况下的客运组织方案。

第 1 部分：方案编制的目的及适用范围。

（1）编制目的：

（2）适用范围：

第 2 部分：车站背景资料分析。

（1）地理位置分析：

（2）周边情况介绍及出入口分布情况分析。

① 周边情况介绍：_____

② 出入口分布情况分析（见表 6-1）。

表 6-1　出入口分布统计分析表

序号	出入口	分布方位	对应的功能区

（3）车站内部结构分析。

① 车站站厅平面布局图：

② 功能结构分析：

第3部分：车站客流分析。

（1）车站工作日小时客流分布特征：

（2）车站客流特性分析（见表6-2）。

表6-2　客流特征分析表

客流来源	时间分布特征	空间分布特征

第4部分：车站站内布局与设施分析。

（1）车站站内布局分析：

（2）设备设施能力分析。

① 客运服务设施情况（导向标识系统等）分析：

② AFC设备分布情况、服务能力分析：

③ 安检设施分布情况分析：

④ 自动扶梯、楼梯的通过能力分析：

⑤ 站台及站厅付费区容纳能力分析：

⑥ 运营情况及列车编组情况分析：

⑦ 车站整体能力分析：

⑧ 车站客流瓶颈分析：

⑨ 出站路径通过能力分析：

⑩ 换乘通过能力分析（如果有）：

第5部分：车站人员及岗位职责分析。

1）值班站长：_____

_____。

2）行车值班员：_____

_____。

3）客运值班员：_____

_____。

4）售票员：_____

_____。

5）站厅巡视岗：_____

_____

6）站台安全员：_____

_____

第 6 部分：车站的客流组织作业。

（1）车站日常客流组织作业（见表 6-3）。

表 6-3　车站日常客流组织作业

项目	作业内容	涉及岗位	注意事项
日常运营各项准备工作	检查 AFC 系统全部终端设备		
	自动售票机加币、加票		
	客服中心票卡、备用金配备		
	安检设备		
高峰期间的常态化客流控制	常态化客流控制措施		
	广播及引导用语的运用		
	对外宣传		
平峰期间客流组织	乘车引导作业		
	广播及引导用语的运用		
	站内的常态巡视作业		

（2）车站大客流组织作业（见表 6-4）。

表 6-4　大客流情况下的岗位设置情况表

序号	地点	岗位	岗位职责	携带备品
室内及出入口共_____人				
1				
2				
3				
4				
5				
6				
7				
8				

"三级"客流控制的启动条件及实施流程：

① 一级客流控制的启动条件及控制关键点：_____

_____ 。

② 二级客流控制的启动条件及控制关键点：_____

_____。

③ 三级客流控制的启动条件及控制关键点：_____

_____。

④ 客流控制实施流程。

第 1 步客流控制准备：

第 2 步人员安排：

第 3 步控制联动措施：

第 4 步广播及引导用语：

第 5 步采取客流控制（见表 6-5）。

表 6-5　车站大客流控制措施表

大客流情况	进站大客流	出站大客流	进、出站同时大客流	换乘大客流	列车延误
采取的控制措施					

3. 各小组展示并讲解自己的方案。

4. 教师评价，小组自评和互评。

5. 完善方案，改进问题。

四、检查

任务完成后，做以下检查：

1. 是否注意安全规范操作：_____。

2. 是否按照流程进行操作：_____。

3. 工、器具及场地是否恢复：_____。

五、评价反思

在教师的指导下，反思自己的工作方式和工作质量。

评价表			
项目	评价指标	自评	互评
专业技能	明确各岗位职责	□合格　□不合格	□合格　□不合格
	正确分析车站概况	□合格　□不合格	□合格　□不合格
	正确进行客流分析	□合格　□不合格	□合格　□不合格
	正确执行客流组织	□合格　□不合格	□合格　□不合格
工作态度	上课着装规范，符合职业要求	□合格　□不合格	□合格　□不合格
	分工协作，严谨认真	□合格　□不合格	□合格　□不合格
	目标明确，积极主动	□合格　□不合格	□合格　□不合格
个人反思		完成任务的安全、质量、时间和 6S 要求，是否达到最佳程度，提出个人改进建议	
教师评价	教师签字　　　　　　年　月　日	成绩	
		□合格　　　□不合格